# 在教学研究中成长

## 通融课堂课例解析（第1辑）

许贻亮◎主编

海峡出版发行集团
THE STRAITS PUBLISHING & DISTRIBUTING GROUP
福建人民出版社

**图书在版编目（CIP）数据**

在教学研究中成长：通融课堂课例解析．第 1 辑 / 许贻亮主编．--福州：福建人民出版社，2022.8

ISBN 978-7-211-08900-0

Ⅰ．①在…　Ⅱ．①许…　Ⅲ．①小学数学课—教学研究　Ⅳ．①G623.502

中国版本图书馆 CIP 数据核字（2022）第 115446 号

**在教学研究中成长：通融课堂课例解析（第 1 辑）**

ZAI JIAOXUE YANJIU ZHONG CHENGZHANG：TONGRONG KETANG KELI JIEXI（DI 1 JI）

---

**主　　编**：许贻亮

**责任编辑**：谢云英

**助理编辑**：王丹艺

**出版发行**：福建人民出版社　　**电　　话**：0591-87533169（发行部）

**网　　址**：http://www.fjpph.com　　**电子邮箱**：xyying2006@163.com

**地　　址**：福州市东水路 76 号　　**邮政编码**：350001

**经　　销**：福建新华发行（集团）有限责任公司

**印　　刷**：福州印团网印刷有限公司

**地　　址**：福州市仓山区建新镇十字亭路 4 号　　**电　　话**：0591-87881810

**开　　本**：700 毫米×1000 毫米　1/16

**印　　张**：19.75

**字　　数**：323 千字

**版　　次**：2022 年 8 月第 1 版　　**印　　次**：2022 年 8 月第 1 次印刷

**书　　号**：ISBN 978-7-211-08900-0

**定　　价**：52.00 元

---

本书如有印装质量问题，影响阅读，请直接向承印厂调换。

本书系福建省教育科学“十三五”规划课题“小学数学‘通融课堂’的深化研究”（编号：FJJKXB18-340）研究成果。

# 序　一

许贻亮老师告知我，他领衔组建的工作坊正在策划结集出版一本研究专著，我欣喜之余也不禁感慨。感慨的缘由有三：一是时间过得太快了，自2020年初新冠肺炎疫情发生以来，外出讲学交流的机会少了许多，我和小许也很久没有能够“秉烛夜谈”；二是小许及其工作坊所主张的“通融课堂”能够推陈出新，不断地梳理研究中的新收获、新课例、新策略，展示出新样态和新发展，作为师父从内心深处有一种满足感；三是工作坊践行的“通融课堂”和无痕教育的核心追求在研究方向上是完全一致的，在工作坊成立6周年之际将相关成果结集出版，别有无痕教育“随风潜入夜，润物细无声”的意境。

小许是我在全国各地为数不多的徒弟之一。2007年7月，我应邀到晋江市参加由福建省小学数学教育研究会主办的研讨活动，作示范课及专题讲座，时任《福建教育》编辑的钟建林推荐他拜我为师。当时他刚从农村小学竞聘到晋江市第二实验小学，在市、县教研员的推荐和时任校长许长华的支持下，我们开启了长达15年的深度交流。小许写过《无痕教育：桃李不言，下自成蹊——追梦路上师父徐斌给予我的示范与指导》《行“通融”之径　进“无痕”之境》等文章来记录他与我之间的交往历程，对我而言也是一份难得的回忆。2019年仲夏，全国第五届无痕教育学术年会在厦门举行。会上，我们聘请小许担任苏州大学无痕教育研究所副所长，这是对他践行“无痕教育”研究的一种褒奖和激励，也是对他能够提出自己的教学主张（通融课堂）并不断推广实践的一种肯定和鞭策。当然，我也希望他能够早日把“通融课堂”提升到“通融教学”乃至“通融教育”的高度。

“许贻亮小学数学工作坊”从定位上来说，是一个民间的小学数学教学研究团队；从层次上来说，是在县级区域的一个自发组建的研究团队；从本质上来说，是一个基于“通融课堂”课题成果推广的研究团队。按小许自己的说法，这是一个根植于晋江海洋文化、“爱拼敢赢”、非典型的“三无团队”——无主管部门、无挂靠单位、无活动经费。但是，从工作坊的实践、探索、推广的效果看，工作坊却呈现出“三有”的特征：有梦想、有举措、有情怀。这实属不易。我参与过许多省、市名师工作室的组建与活动，很少能够感受到如此纯粹地因为喜爱小学数学教学教研而团结在一起的研究团队。我欣赏它的“土气”“根气”和“傻气”，不为名利、不为证书、不为跟风，积极地向农村一线学校进行“送教送研”活动，积极地开展“一对一”的课堂诊断活动，积极地践行基于农村教学实际的“无课件教学”展示活动，积极地以公益的“前沿发布”进行团队研究成果的推广活动等。从中，我深刻地感受到，工作坊已经成了小许及其团队成员内心深处学术研究的“基地”和“首府”，他们在此欢聚，在此欢唱。正如其成员王荣妙老师所说的：“我愿意为此‘无药可救’。”

2020年以来，虽然近距离交流的机会少了，但与小许及工作坊之间的联系其实不少。我们通过“腾讯会议”相聚云端，也曾因《无痕教育数学课堂18例》一书而畅谈笔端。其实，自工作坊2016年3月成立以来，我们之间的交流就从未中断。有时是借助于我到福建讲学交流的机会，有时是借助于“无痕教育”联盟学校的研训活动，我的好几位徒弟也与工作坊成员结成了同行的伙伴。近几年来，小许主持的两个课题，分别于2017年和2020年被确认为福建省教育科学规划课题结题“优秀”等级；2021年12月，他获得全国新世纪小学数学杰出人才发展工程第六届高级研修班“优秀学员”称号；2022年3月，经考核，他被认定为“福建省中小学第三批教学名师”。从中可以窥见小许在这个研究团队中的成长速度，也可见这个研究团队成员的优秀程度，更可见这个研究团队团结、协作、共享、共生的学术氛围。而这，也是我在“无痕教育”联盟学校中倡导且践行的。小许及其团队能够身体力行，我乐见其成，并积极地回应工作坊线上讲座分享的需求。

“通融课堂”作为践行“无痕教育”的四种具体实践路径之一，是对生活哲学、传统文化、学习心理、教育理念的一种传承与创新。它不仅符合小学数学课堂教学的实际情况，也契合新时期教育教学发展变化的追求。作为学校副校长，又任教一个班的数学，我坚持做一个“完整的小学数学教师”。如何平衡学校工作与课堂教学？我的经验是“当堂练、当堂清、当堂明、当堂强”，这和工作坊提出的“作业又少，质量又好”有着相同的意蕴。特别是在“双减”背景下，更应注意每一节课教学的“无痕”推进，在不知不觉中、在潜移默化中、在循序渐进中、在春风化雨中，了解、理解、掌握、应用、经历、体验、感悟、探索，获得“四基”的良好发展和数学核心素养的扎实提高。从这个角度说，本书的结集出版是对“无痕教育”在另一层面上的一种丰富和呈现。为此，当小许第三次邀请我为本书作序时，我还是第一时间给予肯定答复并伏身书桌推敲着文字的表达。

“一个人可以走得很快，一群人可以走得很远。”我希望，小许及其工作坊成员能够秉承教育的初心与使命，“走共享的路，发温暖的光”，在“追寻智慧且有品质的教学生活”的愿景中，“处无为之事，行不言之教”，以团队的学术魅力、以团队的研究风格、以团队的践行路径，吸引更多一线教师加入其中、参与其中、践行其中，让“通融课堂”开出更幽香、更醉人、更隽永的实践之花、探究之花、创新之花，书写出“为学生数学发展服务”的团队答卷。

徐斌

2022 年 7 月写于姑苏城外

（**徐斌**，苏州大学实验学校副校长，全国著名特级教师，苏州大学基础教育研究院无痕教育研究所所长）

# 序　二

贻亮是2007年7月通过公开竞聘考入晋江市第二实验小学的，那时刚好我任校长。他看起来瘦小又黝黑，但给我的印象是谦逊、爱思考、肯钻研。来到学校后，他用心钻研与实践，在课堂教学和各级教研中开始崭露头角，取得了不错的成绩，为自己也为学校赢得了荣誉。例如，荣获华东六省一市第十三届小学数学课堂教学观摩研讨活动一等奖、福建省第三届中小学教师教学技能大赛特等奖等，这也使他逐渐成为学校、晋江市乃至更大范围的数学教学教研的领军教师之一。除了业务发展外，他还积极承担学校的行政管理工作，先后担任学校教导处副主任、教导处主任、副校长。从现在看，进入晋江市第二实验小学的这些年，正是他成长的“高速期”。作为校长，我由衷地感到高兴。

“许贻亮小学数学工作坊”是2016年3月2日成立的民间研究团队。成立时，时任晋江市教师进修学校副校长陈淑端，晋江市教育局初教科科长蔡金禄、副科长洪清松，晋江市教师进修学校小学教研室副主任蔡福山、教研员林培育都莅临表示祝贺。可以说，工作坊的诞生得益于晋江各级领导的支持，得益于晋江海纳百川、爱拼敢赢的教研文化的浸润，也得益于一群有共同梦想的青年教师的携手。

作为校长，我为有这样的研究团队感到高兴。“和而不同，止于至善”是晋江市第二实验小学的办学理念，“崇德、求真、自强、致远”是学校的校训。为打造优质的教师队伍，从立校开始，我们构建并践行着“五坛十课”活动，努力做到“不落下一位教师的专业成长”，形成优秀教育人才梯队、人才高地。教师培养经验在《中国教育报》2014年9月专版上被报道，引起了良好反响。同时，作为晋江市第一所省级示范小学，我们有义务也有责任为推动区域均衡发展作出自己的努力。为此，从2005年起，我们牵头组建了区域发展共同体，悦纳兄弟学校的校长、骨干教师到学校跟岗交流学习，营造人才培养的“硅谷”。2013年5月，学校率先成立教育集团，探索集团化办学中共享共赢的路径。工作坊作为公益性的研究团队，与学校的办学思路是较为契合的，因此我是支持的。

在成立之初，工作坊就明确了团队的研究方向、工作策略，提出“脚踏实地、仰望星空、内强素质、外树形象”的创建思路，可以说既有针对性又有引领性。工作坊不仅开展多元的内部培训，还积极地与农村一线教师分享交流，同时能够紧扣小学数学教学的热点问题，与时俱进。成立几年来，团队用心打造出许多品牌活动，如首映课堂、干货讲座、圆桌分享、对话教研、前沿发布等。虽然我平时忙于学校管理，较少参与到工作坊的具体活动中，但作为工作坊的学术顾问之一，贻亮每学期初或期末都向我汇报工作坊的工作设想和工作成效，让我也持续地见证着团队发生的可喜变化：团队很多成员获得职称晋升，获得学术荣誉称号，在各级教研活动、技能比赛中也取得很不错的成绩。更可贵的是，他们还尝试建立“可进可出”的成员更新机制：

欢送发展成熟的成员，同步吸纳一些35周岁以下的青年教师。工作坊的“火炬”功能，得到了发扬，较好地达成了自我设定的工作目标。

这些年来，工作坊始终秉持开放、共享的心态，不断地拓展“朋友圈”和“交流群”。贻亮多次到全国各地讲学，工作坊也应邀到安徽等地进行多场次交流，并在晋江市教育局、晋江市教师进修学校的支持下开展“区域名师团队联研活动”和“通融论坛”，邀请江苏、厦门、福州等地名师进行联合研讨，针对热点问题进行交流，一起开阔视野、取长补短。在泉州市教育科学研究所的支持下，到安溪、南安等地开展推广活动，均取得良好的效果，也进一步树立起团队品牌。

一转眼，工作坊成立6年多了。如果从时间序列来看，和一个稚童幼儿园毕业差不多。值此“升学”的时机，工作坊把多年来探索与践行的成果结集出版，我觉得很有必要。这既是整个研究团队的一次集中展示，也可以让更多有志于小学数学教学研究、教研团队建设的骨干教师和教研员有直观的、形象的参考和借鉴。通览全部书稿，“通融课堂”的核心内涵在新时期教学改革中有新的发展，能够积极地关注当前“双减”工作及《义务教育数学课程标准（2022年版）》等，具有一定的前瞻性和引领性；“通融课堂”的课例解析经过精挑细选，并按小学数学的四个学习领域进行分类，可以看出研究上“点”与“面”的延伸和拓展，具有一定的适用性和实践性；“通融课堂”的实践策略，针对一线教师关注的教材解读、教材加工、教学设计、课堂增效等话题展开，切口虽小却很实用，具有一定的指导性和推广性。现在我虽然已退休多年，但作为见证工作坊不断发展的老教师、老领导，当贻亮邀请我为本书作序时，我还是欣然提笔。

“追寻智慧且有品质的教学生活”是工作坊的愿景。我希望能以此书的出版为起点，立足于新时期教育教学的新要求继续努力，培养更多、更优秀的团队成员，辐射更远、更广阔的教师群体和学生群体，让高品质的“教学相长”成为看得见、用得上、行得通的教学路径、教学策略、教学范式。

许长华

2022年7月

（**许长华**，原晋江市第二实验小学校长，特级教师，福建省首批中小学“名校长”）

# 目　录

第一章　“通融课堂”的基本内涵 ………………………………… (001)
一、“通融课堂”的核心要素解读 ………………………………… (003)
二、“通融课堂”的核心底蕴解析 ………………………………… (021)
三、“通融课堂”的核心价值追求 ………………………………… (026)

第二章　“通融课堂”课例解析 ………………………………… (029)
“数与代数”领域 ………………………………… (031)
一、《数一数（一）》课例解析 ………………………………… (031)
二、《乘法分配律》课例解析 ………………………………… (045)
三、《字母表示数》课例解析 ………………………………… (060)
四、《“数”数》课例解析 ………………………………… (073)
“图形与几何”领域 ………………………………… (088)
一、《什么是周长》课例解析 ………………………………… (088)
二、《什么是面积》课例解析 ………………………………… (101)
三、《体积与容积》课例解析 ………………………………… (114)
四、《平面图形面积的整理与复习》课例解析 ………………………………… (127)
“统计与概率”领域 ………………………………… (142)
一、《可能性》课例解析 ………………………………… (142)
二、《平均数》课例解析 ………………………………… (158)
三、《小小鞋店》课例解析 ………………………………… (172)
四、《折线统计图》课例解析 ………………………………… (185)

"综合与实践"领域 …… (200)
一、《搭配中的学问》课例解析 …… (200)
二、《密铺》课例解析 …… (215)
三、《烙饼问题》课例解析 …… (234)
四、《你会数数吗?》课例解析 …… (246)

第三章　"通融课堂"的教学策略 …… (259)
一、教材解读策略——走近教材，走进教材 …… (261)
二、教材加工策略——从"教材"到"教学材料" …… (266)
三、教学设计策略——生本·序列·波澜 …… (273)
四、课堂增效策略——向"减"求"增" …… (280)

附　录 …… (287)
工作坊团队建设思考 …… (289)
工作坊"前沿发布"内容清单 …… (295)
主要参考文献 …… (297)

后　记 …… (299)

# 第一章
# “通融课堂”的基本内涵

数学，是科学皇冠上的明珠。简言之，数学是一门有关智慧的科学。教智慧的数学就要有智慧地教学，要讲究方法、策略、艺术。如果教学的目标追求是让学生会学数学、喜欢数学、享受数学，那就应让教学变得有趣味、有意思，令人欣喜。晋江市许贻亮小学数学工作坊自成立起，就以“通融课堂”为研究课题，6 年多来，在领衔人的带领下，全体成员一起研究、一同实践、一心探寻，对于“通融课堂”的认识也逐渐清晰、深入。

## 一、“通融课堂”的核心要素解读

“通融”是个俗语。现在人们遇到为难的事，常想或常说：“能否通融一下？”大致意思就是“能否行个方便”。如电视剧《觉醒年代》中，1919 年当北大学生因反对北洋政府在《凡尔赛和约》上签字开展游行请愿活动而被警察总署逮捕、监禁时，蔡元培校长及其他几位北平院校校长到警察总署协商可否取保让学生回家时便说：“那能不能通融一下？”得到的回答是：“能通融的地方，我一定通融。”由此可见，“通融”即指“给人以方便”。

本书中的“通融”是两个单字的组合：其一为“通”；其二为“融”。要理解“通融”，就需要理解何谓“通”、如何“通”、何谓“融”及如何“融”。

### （一）何谓“通”

中医理论说：“通则不痛，痛则不通。”暑期里，有些人难免中暑，头晕乏力。如果采取中医的治疗方式，可以尝试“刮痧”。拿一枚硬币，倒一点白酒，人趴着露出后背，用硬币沾点白酒，往背上筋络从上向下用力一刮，这时感觉到的就是“痛”。继续刮，就继续痛，甚至不禁喊出声来。但等到把筋络中的“瘀血”刮出来后，人就会感觉浑身轻松，这就是“通”了，似乎人也不那么“痛”了。这就是“通则不痛，痛则不通”。筋络不通畅，人就乏累；筋络一通畅，人就轻松。

其实，不论是人的筋络、气血还是思想等，都是同理。曾听过这样的话：

“今天再大的事，明天都是小事；今生再大的事，来世都是传说。”有的人遇到事，就会苦恼、徘徊、纠结，甚至因想不开而走向极端，“若不放开皆是苦”，这就是“不通”。当把事想明白了、理顺了，再回过头来看，虽不敢说一定有“会当凌绝顶，一览众山小”的豁达，但一定有“也没什么嘛”的感悟。

对于经济发展，道路畅通是重要保障。“要想富，先修路”是改革初期的经验概括。而如今，不论是“一带一路”中的中国高铁建设，还是粤港澳大湾区的港珠澳大桥修建等，都在说明“通”的重要性。

对于小学数学课堂教学，其实也是同理。对教师而言，常有这些问题：为什么教？为什么这样教？为什么这样教学生仍学不会？对学生而言，也常有不少问题：为什么要学？为什么这题要这样分析、这样解决？教与学的过程，其实就是发现问题、提出问题、分析问题、解决问题的过程，也就是在“不通”中求“通”的过程。其实，诸多教师肯定会有在备课中迷茫、纠结、困顿的经历，有的走了出来，“柳暗花明又一村”，有的却怎样都突破不了，“山重水复疑无路”。前者是“通”，后者是“不通”，都属于常态。当备课思路理顺了，便会浑身舒坦，像冲开了任督二脉，这就是“通”的魔力。其实，在我们的课堂教学中，从低效到高效、从低质量到高质量、从大众化到精品化的过程，本身也是“通”的过程。

因此，教与学中必须求“通”，以师之“通”求得生之“通”。然而，教学中“不通”的地方还是常常存在，只是有时我们感受更真切，而有时只是淡淡地或没有察觉。在《小学数学“通融课堂”的教学实践》《通融课堂：追寻智慧且有品质的教学生活》两本书中，已罗列了小学数学教学中一些“不通”的现象，下面再列举 2 个。

**1. 假分数**

**例** 画图或举例表示$\frac{5}{4}$。

许多学生的答案是：“把一个整体，平均分成 4 份，取其中的 5 份。”然后涂了又写、写了又涂。为什么呢？因为他自己对这样回答也持否定的态度：“平均分成 4 份，怎么可能取出其中的 5 份呢？假分数，好假啊！”

其实，从科学史上看，假分数的命名和分数的产生、发展并不同步。公元前 1650 年，《莱因德纸草书》中就有关于分数的记载，至今有 3600 多年。中国最早的记录见于《九章算术》，其中已经有了真分数以及真分数计算后得到的带分数。例如，$\frac{1}{2}$、$\frac{2}{3}$、$\frac{3}{4}$、$\frac{4}{5}$四个分数相加，和是多少？答：$2\frac{43}{60}$。据研究，假分数的命名距离现在不过100年左右。1905年商务印书馆出版的教材中，一开始取的名字叫“混分数”，1912年改为“假分数”并沿用至今。正如张奠宙先生在《小学数学教材中的大道理——核心概念的理解与呈现》一书中所说，“假警察不是警察”，这个“假”是“真假”的“假”；“假分数也是一个分数”，这个“假”就不是“真假”的“假”。

那么，为何命名为“假分数”？从我们目前看到的数学史料，尚无法得到一个科学的回答。正如为何命名为“分母”“分子”，真的是“母子关系”吗？此解释似乎也太牵强附会。比如$\frac{1}{4}$，说“母”为4、“子”为1，似乎还比较合理；那么$\frac{3}{4}$、$\frac{4}{4}$、$\frac{5}{4}$，又怎样解释呢？难道是“子”慢慢就比“母”大的意思？因此，此“假”必不是“真假”的“假”。联系到命名时处于文言文与白话文共生交织之际，是否有可能是文言文的“通假”语法？以“假分数”$\frac{5}{4}$通“带分数”$1\frac{1}{4}$？正如诗句“风吹草低见牛羊”中的“见”，其实是通“现”。异字同音，借彼代此。

这是从字面意思给出的一个假设性的解释。

从分数的意义来看，分数具有多重意义，如份数意义、度量意义、商的意义、比的意义等。$\frac{5}{4}$从份数意义的角度来解释，确实有逻辑上的困难，“平均分成4份，取其中的5份”。但从度量意义来看，“每份是$\frac{1}{4}$，有这样的5个$\frac{1}{4}$”；或者借助“5÷4”“5∶4”，都可以得到较好的解释。因此，学生的认知盲区在于教师教学切入的角度，在于教学路径的选择，在于分数意义的定位等。而其中，更为关键的是，教师能否联通相关的教学素材，通透分数的多重意义，以通俗的语言形式加以表达、阐释，最终构建学生良好的数学认知结构。

**2. 最大公因数**

**例**　8和16的最大公因数是（　　）。

“因数与倍数”是北师大版五年级上册的教学内容（本书的编写是基于教育部2012年、2013年审定的由北京师范大学出版社出版的小学数学教材，简称北师大版教材），也是该套教材关于“数论”最为集中的一个教学单元。因数与倍数，是整数间的一种特殊整除关系。与该单元教学内容相关的，有诸多的数学概念：倍数、因数、质数、合数、奇数、偶数、公因数、最大公因数、公倍数、最小公倍数等。

在完成本题时，很多学生会“屡教不改”地填“16”。为什么呢？因为受到了“最大”二字的强干扰。本题中，8 和 16 比，显然 16 更大，因此部分学生仅关注到局部字眼（“最大”二字）而忽略了整体表达（“最大公因数”）。按字面理解，应是“最大的公因数”，即两个整数或多个整数的公因数中最大的一个。

我们知道，公倍数和公因数的求法不同。公倍数是向外寻找的，是两个整数或多个整数在倍增中的“重合”，其中第一次的“重合”就是最小公倍数。因此，最小公倍数是在诸多倍增“重合”中的最小一个。而公因数是向内寻找的，是两个整数或多个整数在拆分中的“重合”，按从小到大排列，最后一次的“重合”就是最大公因数。因此，最大公因数是在诸多拆分“重合”中的最大一个。

只有把“最大公因数”和“最小公倍数”两个概念的内涵与外延剖析通透，学生在面对数学问题时才有更强的应用迁移力及判断、纠偏的定力，才能自如地举一反三，以“最大公因数”的认知消除“最小公倍数”的干扰。

因此，教学中如果感到“痛”、不舒畅、不好办等，那么可以肯定的是有“不通”的地方。作为教师，就要想方设法找到它、理解它，最终打通它、攻克它。可以这样说，“通”需要力量，更需要智慧。

## （二）如何“通”

虽然“通”只一个字，但要做到“通”并非简单的事。这里面需要力量，更需要智慧。简单地说，想不通就继续想，从而做到应“通”尽通，一“通”百通。

本书中的“通”，有四层含义：通俗、联通、通透、变通。要实现“通”，就需要对这四层含义有较深入的认识，这样才能更到位地践行。

**1. 通俗——通俗教学要素，通俗才能易懂**

因为年龄特点，适合小学生的话语系统和成年人的话语系统是不一样的。往低年级走，和学生交流的话语系统应趋向于儿童化、生活化、通俗化。即使到了高年级，仍要着重关注直观、形象的话语交流，这是教育教学中的规律。为什么呢？可以用“通俗易懂”来解释，通俗了才能易懂。

通俗了，才能把小学数学教“简单”了，把本来就不难的小学数学内容教到学生的心里去，让他们发自内心觉得数学可学、可亲、可爱。

要做到通俗，教师需要在备课的深入思考后，更多地在“浅出”方面下功夫，特别是教学语言设计、教学素材选择、教学形式组织等方面。

对教学语言，不能信马由缰。课堂是生成的，但重要的教学语言一定不是随口说说的，它体现了教师深刻的预设。要不断地琢磨：准确吗？简洁吗？生动吗？学生能听得懂吗？口语化了吗？能否换种方式说？学生会喜欢吗？如此一来，才能更好地走近学生，走进学生的内心。有人说，教学是一门语言艺术。语言承载着情感交流、信息交流等重要功能，一定要保证其通畅、优质。

对教学素材，不能“大锅乱炖”。课堂容量是有限的，教学时间也是有限的。每一个教学素材的择取，都必须基于一定的深思：贴切吗？鲜活吗？巧妙吗？能否做到一材多用？能否更贴近学生的生活现实？能否从学生原有的认知中撷取相关资源？会不会有歧义？会不会指向不明？教学素材的选择，不是简单的事，需要“捻断数茎须”地推敲再推敲，从而找到有意思的、适切的、巧妙的教学素材，支撑备课的思考。

对教学形式，不能墨守成规。教学要做到有意思、有挑战性，形式与内容就必须相互配合好。如果丰富的思考配上干瘪的形式，教学效果也会大打折扣。“好马配好鞍”，方能相得益彰。当然，这并不代表教学形式越多越好、越新奇越好，而是说，教学形式要丰富，要贴近学生的心理需求：可以吗？还有吗？够了吗？时效性怎样？和教学内容契合吗？有没有更好的组织方式？是这样好还是那样好？要让学生对课堂教学有期待，个别环节甚至可以有仪式感，从而使其不仅在知识、技能上有所得，也能够在情感态度等方面有所益。

例如，教学北师大版二年级下册《“重复”的奥妙》。什么是“重复”？有的说，大灯笼，接下来是小灯笼，再大灯笼，再小灯笼，这就“重复”了。这叫作描述现象，并没有真正理解“重复”。

怎样才能让学生走进“重复”的数学内核？如何使之“通俗”起来？教学中，可以组织学生分一分、看一看、说一说：“每一组中，什么相同？”让学生在交流中认识到，每一组中形状相同、数量相同、大小相同、次序相同等。简言之，也就是“每组都是一样的”。每组都是一样的，一组接着一组，这就是“重复”。这样教学，“重复”就简单易懂了，也就可以展开后续的推理、迁移：“从你现在看到的，想到你现在还没看到的。”

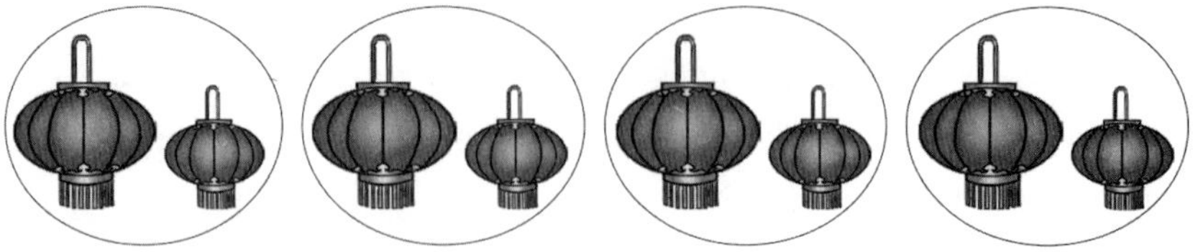

**2. 联通——联通经验点阵，联通更有力量**

数学本身就充满丰富的联系。这些联系本来就存在，只是有时我们没有发现，让它们散落着，静默着。“联通你我，通向世界。”“让一切自由连通。”这是中国联通的广告语，对于小学数学而言，也是如此。唤醒相关的经验点阵，使之有机地联通，就可以通向学生的认知世界，使之“在一起，更出彩”。

小学数学中的任何知识，都不是凭空产生、无根生长的。仔细分析，它们各有其土壤，有其根系，有其枝叶。有的同根而异枝，有的异源而同路，不一而足。

在联通的过程中，需重点关注数学与生活、数学与已有经验、数学与其他学科之间的联通，从而实现“跳出数学学数学”。

在这里，要特别强调数学知识内部的联通。把原有知识技能与新的知识技能联通起来，把不同的数学知识联通起来，在异中求同，甚至发现“它们是一样的”。通过寻找合适的“生长点”“联结点”，架构好联通的桥梁，实现知识、技能、经验、方法、思想等的串联、并联甚至串并联，在建构数学认知结构的同时提升数学的力量。单根的小棒易断，但成捆的小棒在联结中可以相互支持，可以承受更大的压力。

当然，数学教学中的联通，要自然、恰当、无痕。不能为联通而联通，否则可能会浪费教学时间甚至给学生造成不必要的认知干扰，特别是在新知刚刚建立起来的时候。因此，联通数学知识与技能等，也需考虑联通的点位和时机，这样才能“把好事办好，把实事办实”。

在联通中，还需要关注多元智能理论的教学应用。要把学生的多种感官联通起来，动手、动口、动眼、动耳、动脑，形成一个联通的“小世界”。

例如，教学北师大版四年级上册《路程、时间与速度》。可以从动物跑步的速度、交通工具的速度拓展到生活中多样的速度，如吃饭的速度、写字的速度、跳绳的速度、说话的速度等。可以引用“大胃王 8 分钟吃 200 个寿司”和主持人华少口播广告的速度（“4 秒 31 个字”）等信息，打开学生认知速度的整体视野。还可以从一般的速度拓展到植树的速度、打字的速度（工作效率），把工效和速度合二为一。甚至还可以着眼于后续的学习，由“速度＝路程÷时间”引发联想：□＝□○□，使求路程、求时间的数学模型与本节课联通成一个整体。借助“联通”教学，学生对“速度”的认知是丰富的、多层次的、深刻且有张力的，既能让学生喜欢，又能带着学生走向远方。

**3. 通透——通透数学认知，通透才真理解**

语文教学有时讲求朦胧美，觉得雾里看花、水中望月是一种美的体验。小学数学教学则不能如此。所教学的内容如果似是而非、含糊不清，就会给学生的认知造成困扰甚至混乱。这种认知困扰或者认知混乱一旦产生，短时间内是很难消除干净的，它直接导致的结果是，学生答题时对时错，学习质量时好时差。因此，有经验的数学教师常会告诫新教师，新课一定要教好、教准、教透。对于课堂教学，我们常说：“想不明白，就先不上。不上比上好。什么时候想明白了（或者说比以前更明白了），什么时候再上。”磨刀不误砍柴工，“刀”磨好了，砍“柴”才可以又快又好。

通透，就是不迷糊、不含糊，就是看得清、说得明。是什么、怎么办、为什么，能条理清晰地一一道来，有理有据，能够透过现象看清本质，能够穿过繁杂直击要点。不是“迷迷糊糊一大片”，而是“清清楚楚一条线”。

首先，教师对小学数学相关内容要有认识上、理解上的通透。这是首要条件。教师如果“昏昏”，而要求学生“昭昭”，这无异于缘木求鱼、竹篮打水。如果对某些内容想不通、教不好，就需查阅资料学习，就需请教更有经验或更有研究的同伴、师长，再继续想努力想，从而期许能够豁然开朗。其次，学生也要对小学数学相关内容有认识上、理解上的通透。这是首要目标。如果学生只是单纯地模仿，依葫芦画瓢，这样的学习是苍白的、机械的、没有生命力的。“一公里宽、一英寸深”的浅层次学习，不是教师教学追求的“彼岸”。只有真理解，知识与技能才有灵性，在不同情境甚至陌生的劣构情境中才能得到灵活应用。这就是通透的力量，也是通透的具体体现。齐白石老人说：“学我者生，似我者死。”学生的学习是如此，教师的教学也是如此，可以时常揣摩之、反思之。

通透，就是要做到对小学数学知识、技能等了然于胸，教学中善于举例、善于分析、善于联系，善于用简单的方式化解认知中的困扰，善于针对学习的重点、难点精心设计，善于培养学生的数学思维，处理教学问题时善于触类旁通。通透了，教学就可以举重若轻。

例如，教学北师大版六年级下册《图形的运动》。“顺时针”一词在教材中的表述是“时针、分针旋转的方向就是顺时针方向。”有的老师让学生把这句话画出来、背下来，以为这就达成教学要求了；有的老师会再让学生用手比画一下，绕着画圈，以为这就达成教学要求了；还有的老师会进行分解，把顺时针分解为“从上到右—从右到下—从下到左—从左到上”，以为这就达成教学要求了……但是，学生在解决具体情境的数学问题时却时对时错、反反复复。有的老师摸不着头脑，以为是练习量不足，于是题海战术就开始了。结果呢？学生还是时对时错、反反复复。我们以为，最根本的问题是学生没有真正地、通透地理解“顺时针”，而其根源是教师没有真正地、通透地认识“顺时针”。其实，这一内容可以用一年级的知识来加以同化，让学生发现“它们是一样的啊！”我们知道，12 时又可称为 0 时，那么顺时针不就是从 0 至 12 正着数吗？数字从小到大，就是顺时针；反之，倒着数就是逆时针。多么简单！

只有师“昭昭”，生才不会“昏昏”。因此，教师要加强对小学数学相关内容的分析与解读，这样教学才会慢慢地变轻松、慢慢地变简单、慢慢地变得有品质。懂得通融，方能从容。

**4. 变通——变通数学能力，变通显真本事**

《易经》中的“易”有三种含义：其一是简易，认为它很简单；其二是不易，认为它是不变的规律；其三是变易，认为它是变化的，唯一的不变就是变。在中国人的文化基因中，“变通”是个活性因子。“穷则变，变则通，通则达，达则久。”这是古人对经验与规律的总结提炼，小学数学学习也是如此。

小学数学的习题有多少道？夸大点说，可以有无数道习题。而教师在课堂上能教给学生的有多少？如果不教“变通”，如果学生不能“变通”，那么以“有限”去应对“无穷”，结局估计只能是吃亏、悲叹。这显然不是教师教学应追求的常态。教师要做的是让学生在有限的学习中，获得更多的变通之力，以自如地应对未来的无穷变化。正如怀海特在《教育的目的》一书中写的：“过去知识的唯一用处就是武装我们以应对现在。”未来已来，我们为现在的学习做好准备了吗？如果没做好这方面的准备，我们能够说已经尽心尽力地教学生了吗？近年来，核心素养的研究在国内外风生水起，其实关注的就是现在的学习在未来的“核心竞争力”，关注的是学生如何在未来的竞争中脱颖而出，领先一步。自主创新是根本出路。正如联合国教科文组织提出的“学会改变”的主张，我们要教给学生的核心意识、核心能力是“学会变通”。

写文章时，我们说“文似看山不喜平”，要有冲突、有波折、有情节、有变化，这样才能跌宕起伏、扣人心弦。对于小学数学课堂而言，其实也要有“冲突”。教师要善于创设认知冲突，这样才能使认识从表层走向深层、从单一走向丰富，拓宽理解的广度、挖掘理解的深度。教师要在教学常式中适时地引入变式，让学生去尝试、去挑战、去打破常规、去自我创造，这样才能更好地吸引学生、发展学生，最终成全学生。

例如，教学北师大版六年级上册《圆的面积（二）》。当学生初步掌握圆面积的计算方法后，可以让学生尝试计算正方形内切一个最大圆的面积。如图①所示，已知正方形的面积为 8 平方厘米，那么圆的面积是多少平方厘米？

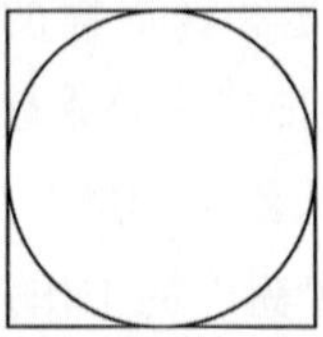

①

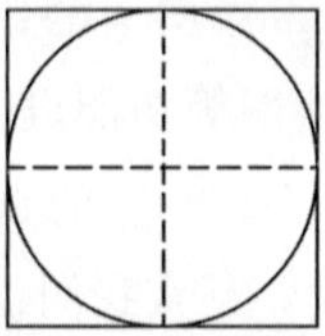

②

题目中，提供的数学信息是“正方形的面积为 8 平方厘米”，学生根据已有的数学知识没有办法推导出正方形的边长，也就无法推导出圆的半径。这时，学生便会产生困惑：本题是否有误？本题是否无解？其实，解决问题的思路就在于圆的面积公式之中。求圆面积的思考路径除了“半径⟶面积”，还可以是“半径的平方⟶面积”。只需作简单的辅助线，如图②所示，把原正方形平均分成 4 个小正方形，每个小正方形的面积为 2 平方厘米，也就是圆半径的平方为 2，再乘以 3.14，便可得出圆的面积为 6.28 平方厘米。

会变通、善变通，才是学生应知、应会的真本事。这样的学习才有更多的灵性和生命力，学生才可以举一反三，灵活地处理更多的生活问题和数学问题。

### （三）何谓“融”

司马迁在《报任安书》中谈及自己的理想：“究天人之际，通古今之变，成一家之言。”其中就包含了中国传统文化学习观中的“融”：综观全局、触类旁通。

“不谋全局者，不足谋一域。”谋事、布局是如此，小学数学教学也是如此。

小学数学知识间充满联系，知识、技能的安排是循环往复、螺旋上升的。那么，怎样使学习的“前世”更好地为学习的“今生”“来世”服务，打好基础呢？没有全局观，是不可能做好的。因此，我们常会听到专家说，要心中有“数”、胸中有“书”，要熟稔小学阶段的全套教材甚至多个版本的教材，这样才能前瞻后顾、应对自如。

“举一隅不以三隅反，则不复也。”做学问是如此，教学也是如此。郑毓信先生曾提出小学数学教师需要具备三种基本功：善于举例、善于提问、善于比较和优化。其中的“善于举例”，就是要善于从生活、数学等不同层面发现与教学内容相关的要素，并把它们撷取整合起来，让学生能够由通俗的例子感悟数学本质，从而融化认知中的“冰点”。

“融”其实是一种较为高明的思维方式。许多科学发明，细拆分来看，就是“融”的结果。例如：带橡皮头的铅笔，是铅笔和橡皮擦的融合；现在的智能手机，是通信、拍照、上网等功能设备的融合。把诸多要素融合在一起，并通过设计使之融洽，实现“1＋1＞2”的整体效果，这就是“融”的魅力。

对于小学数学教学，其实我们也常做许多“融”的工作。其一，把生活与数学相融；其二，把旧知与新知相融；其三，把常式与变式相融；其四，把知识与情感相融；其五，把个体与集体相融；等等。特别地，我们的课堂教学设计是多种教育理论或教育思考的不断相融。行为主义、建构主义、多元智能理论、尝试教学法、无痕教育等等，都可以在设计或教学中找到或多或少或浓或淡的印迹。区别在于，融合得是否贴切、自然，应用得是否到位、恰当，执行得是否娴熟、无痕。

在思考“融”的过程中，我们对华罗庚先生的观点十分赞同。他曾对学习历程提出两个递进性的观点：“把书读厚”和“把书读薄”。我们以为，这也是一线教师在小学数学教学过程中应不断琢磨的思维指南。

> 首先是“由薄到厚”。比如学一本书，每个生字都查过字典，每个不懂的句子都进行过分析，不懂的环节加上了注解，经过这一番工夫之后，觉得懂多了，同时觉得书已经变得更厚了。有人认为这样就算完全读懂了。其实不然。每一章每一节、每一字每一句都懂了，这还不是懂的最后形式。最后还有一个“由厚到薄”的过程，必须把已经学过的东西咀嚼、消化，组织整理，反复推敲，融会贯通，提炼出关键性的问题来，看出了来龙去脉，抓住了要点，再和以往学过的比较，弄清楚究竟添了些什么新内容、新方法。这

样以后，就会发现，书，似乎“由厚变薄”了。经过这样消化后的东西，就容易记忆，就能够得心应手地运用。

因此，教与学中必须求“融”。以师之“融”求得生之“融”。但是，教学中“不融”的地方还是常常存在，只是我们不曾去想或者想得不深、不透罢了。在《小学数学“通融课堂”的教学实践》《通融课堂：追寻智慧且有品质的教学生活》两本书中，已罗列了小学数学教学中一些“不融”的现象，下面再列举2个。

**1. 分数基本性质与单位换算**

“分数基本性质”是北师大版五年级上册的内容，是在分数大小不变的前提下，对分数进行等值的改写。“单位换算”从小学一年级开始就已经涉及，既有数的换算，也有形的换算。例如，2个十就是20个一，2米等于20分米等。其实，二者之间也有许多可以相融的地方。

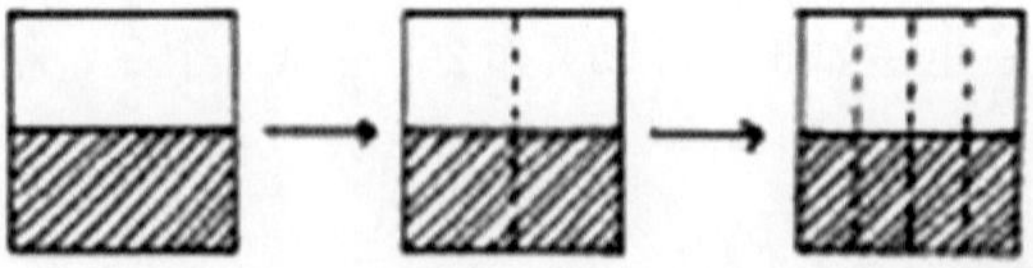

如图，$\frac{1}{2}=\frac{2}{4}=\frac{4}{8}$。“分数的分子和分母都乘或除以相同的数（零除外），分数的大小不变。”这是从图中可以归纳、迁移得出的结论。有许多教师还会把这个内容与商不变规律［被除数和除数同时乘或除以相同的数（零除外），商不变］联系起来，发现二者“同出而异名”。但是这样的分析，总有些“同谓之玄”的感觉。

其实，分数基本性质还可以化归为学生熟悉的单位换算。如$\frac{1}{2}=\frac{2}{4}$，就是1个$\frac{1}{2}$等于2个$\frac{1}{4}$，把分数单位变小到原来的$\frac{1}{2}$，分数单位的数量就扩大到原来的2倍。再如，2米等于20分米，也是如此。同一数量，计数单位或计量单位的变化，一定会引发其度量数值的变化，二者成反比例，最终在互相抵消中回到“原点”。

这样的变化，可以通过面积模型来体现，也可以通过数线模型、长度模型等来体现，从而让学生感受到“变中不变”，感受到许多数学知识是相通的。

**2. 分数乘法与小数乘法**

“分数乘法”是北师大版五年级下册的教学内容，包含分数乘整数、整数乘分数和分数乘分数三部分运算内容。“小数乘法”是北师大版四年级下册的教学内容，包含小数乘整数、整数乘小数、小数乘小数三部分运算内容。从运算对象上来看，它们分属不同的数的运算，但小数本质上就是一种特殊的十进制分数，二者运算法则也有许多看似不融其实相融的地方。

从运算法则上来说，分数乘法与之前的整数乘法、小数乘法不同，后两者都可以列竖式计算，并可以统一表述为“末位对齐，从最低位乘起”等。分数乘法要分为两种：一是分数与整数相乘；一是分数与分数相乘。前者，分母不变，分子与整数相乘作积的分子；后者，分子乘分子作积的分子，分母乘分母作积的分母。

其实，从数学本质上来说，分数乘法就是小数乘法运算法则的变式应用。0.2 乘 0.4，可以看作 2 个 0.1 乘 4 个 0.1，相乘后的计数单位是 0.01，共有 8 个，即 0.08；$\frac{2}{3}$乘$\frac{4}{5}$也是如此，可以看作 2 个$\frac{1}{3}$乘 4 个$\frac{1}{5}$，相乘后的计数单位是$\frac{1}{15}$，共有 8 个，即$\frac{8}{15}$。

$$0.2\times0.4=(2\times0.1)\times(4\times0.1)=(2\times4)\times(0.1\times0.1)=8\times0.01=0.08$$

$$\frac{2}{3}\times\frac{4}{5}=\left(2\times\frac{1}{3}\right)\times\left(4\times\frac{1}{5}\right)=(2\times4)\times\left(\frac{1}{3}\times\frac{1}{5}\right)=8\times\frac{1}{15}=\frac{8}{15}$$

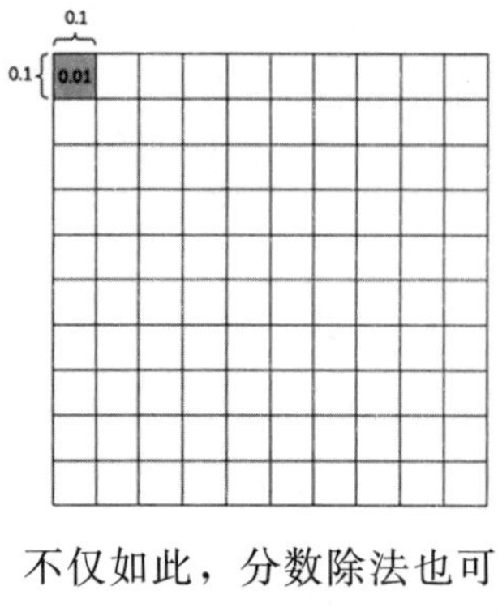


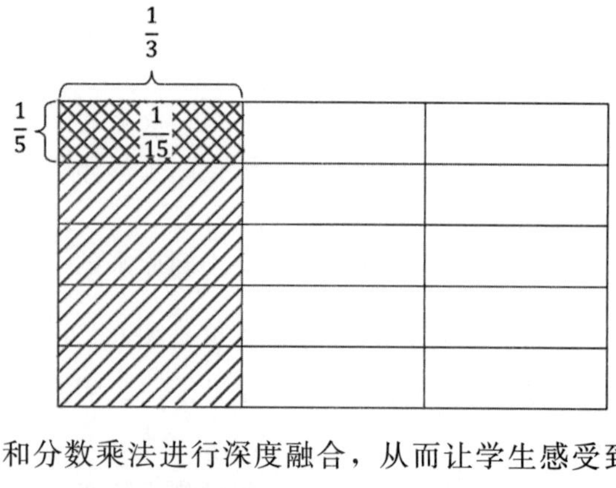


不仅如此，分数除法也可以和分数乘法进行深度融合，从而让学生感受到数学本身所蕴含的简洁美。例如，$\frac{4}{3}\div2$，可以迁移应用分数乘整数的已有经验，分母不变，分子除以整数的商作分子。这是被除数的分子与除数成倍数关系时的情况。再如，$\frac{4}{3}\div 3$又该如何？我们引入新的运算法则：“除以一个不为零的数，等于乘这个数的倒数。”难道原有的运算法则不适用了吗？难道不可以应用分数基本性质把$\frac{4}{3}$转化为$\frac{12}{9}$再来计算吗？显然，这样的运算思路也是可以的。不过，需要把被除数转化为等值分数，运算上涉及的分子、分母都需作一定的改变，增加了运算的跨度，不利于运算的简洁、简便。更别说到了分数除以分数时，迁移分数乘分数的运算经验常会遇到除不尽的情况。引入“除以一个不为零的数，等于乘这个数的倒数”后，可把分数除法与分数乘法融合在一起，“算除想乘”，以“乘”做“除”，实现运算一致性的联通，从而形成更有联系、更有张力的数学认知结构。

因此，教学中如果感到杂乱、零散、琐碎等，那么可以肯定的是有“不融”的地方。作为教师，就要想方设法找到它、认清它，最终联结它、消解它。可以这样说，“融”需要眼光，更需要胸怀。

### （四）如何“融”

虽然“融”只一个字，但要做到“融”也不是简单的事。这里面需要眼光，更需要胸怀。简单来说，“融”不了就继续“融”，从而做到可“融”尽融，一“融”百融。

本书中的“融”，有四层含义：融合、融洽、融化、融汇。要实现“融”，就需要对这四层含义有较深入的认识，这样才能更到位地践行。

**1. 融合——融合前世未来，融合更有营养**

小学数学知识间是充满联系的。教师不仅要认识到这些丰富的联系，还要把这些联系呈现给学生，让他们也能感受到、体会到，从而以所学内容为基，构建自己的“世界图景”。

融合，存在于数学与生活之中。要发展学生“用数学的眼光观察世界”，教师就要以身作则，善于从生活中发现数学的原型，善于把生动有趣、富有生活气息的教学素材通过设计引入到教学中，让学生观察、操作、探究，既觉得“数学很近”，又觉得学习有意思。同时，要把所学到的数学知识应用到生活中，让学生去调查、去分析、去解决简单的实际问题。

融合，存在于旧知与新知之中。要让学生发现它们之间的“生长点”“联结点”与“分化点”，同时还要关注新知的后续发展。简言之，就是要关注知识的

“前世”“今生”和“未来”。在教学中，要时常问以下三个问题：从哪来？现在在哪？到哪去？不了解知识的“前世”，教学是无根的，是任性的；不理解知识的“今生”，教学是浅层的，是粗糙的；不展望知识的“未来”，教学是茫然的，是短视的。只有看清了知识的“前世”与“未来”，才能更好地把握知识的“今生”。因此，教师只有做到胸有成竹，才能妙笔生花。除此之外，旧技能与新技能、旧方法与新方法、旧经验与新经验之间，也应时常融合起来，发现它们的联系，从而让学生有更多自主发展的动力。

融合，存在于数学与文化之中。要把数学与其他学科的联系及数学史料、历代数学家的名言等，作为教学中有用的素材来源，让学生感受数学的文化魅力。教师要眼观六路、耳听八方，把它们融合到教学之中，让数学知识丰富起来。

通过融合，不同的“营养”汇集起来，共同“熬制”出数学课堂教学的美味，让学生享受到“好吃又有营养的数学”，体会数学的神奇与魅力。

例如，教学北师大版四年级上册《加法交换律和乘法交换律》。在学生发现规律并会用字母表示规律之后，教师可以和学生交流：“其实，早在二年级我们就学过交换律了，你知道吗？”带领学生回顾乘法口诀，如二四得八，可以得出 $2\times4=4\times2$，从而领悟乘法交换律的存在。一年级数的拆分其实也是加法交换律的一种存在形式，如 3 的两种拆法：$1+2=2+1$。在交流之后，接着发问：“既然以前早就学过了，为什么我们今天还要学呢？”引发学生思考今天学习本课内容的价值，然后对两道计算题（“$19+72+81$”“$5\times17\times2$”）进行提问抢答，让学生感受运用交换律可以达成简便运算。这样的教学，把知识的“前世”“今生”和“未来”融合在一起，既让学生明白其来时的根，又让学生看到它未来发展的路。这样学习，惊喜、新奇便容易产生，也能更好地使学生爱上有滋有味的数学。

**2. 融洽——融洽多元素材，融洽产生合力**

在撷取诸多教学素材进课堂的过程中，融洽就显得特别重要。因为融洽即和，和即融洽。如果诸多教学素材不能融洽，那么就会互相影响、互相干扰甚至互相破坏。这样的话，多融合一份教学素材，可能反而会减少几分教学效果。欲多反少，欲得反失，适得其反的例子不少，我们应当警惕。

融洽，存在于素材与素材之间。需要考量素材之间的层次、类属、亲疏等问题，从而在融合中撷取最为贴切的部分作为课堂教学的素材。正如我们常说的：“要给学生一杯水，教师先要有一桶水。”找寻能够融合的教学素材，前期不妨尽量多些积累，利于优中选优。其实，对一节课而言，40 分钟是全部的时长，教学素材多不如少，最好是少而精，能够一材多用。

融洽，存在于内容与内容之间。需要考量内容之间的先后、轻重、梯度等问题，从而在安排中实现教学的序与心理的序、学习的序、发展的序并行推进。要不断推敲内容是否可以合并、是否可以删减、是否可以替换，突出重点、突破难点，从而使课堂教学舒缓有致，向着“行乎其所当行，止乎其所当止”的无痕课堂境界迈进。

融洽，存在于内容与形式之间。需要考量二者之间的对应、吻合、变化等问题，像打磨一件艺术品，使课堂教学呈现出一种独特的美。“没有概念的直观是无用的，没有直观的概念是盲目的。”如果套用这句话来表达内容与形式的关系，那么可以说：没有内容的形式是无用的，没有形式的内容是苍白的。要使内容与形式融洽起来，相得益彰。

融洽，还存在于通用教学形式与个人教学风格之间、教学内容与教学环境之间、教学各个环节与教学整体之间、课堂教学与学生发展之间等。和则取之，不和则改之、舍之。这样，才能够创设出适合学生、成全学生的数学课堂。

例如，教学北师大版四年级上册《路程、时间与速度》，我们曾做过多次调整。其一，原本是先比较乌龟和兔子的速度——路程相同，时间越少速度越快。学生看到出示的乌龟和兔子，依据生活经验都会说“兔子比较快”，这时课件上出示两段相等的路程，本意是让学生由此推导出“乌龟跑的时间长，兔子跑的时间短”，但学生受到童话故事“龟兔赛跑 1”和“龟兔赛跑 2”的影响，以及两段相等路程的表象刺激，课堂意外竟此起彼伏：肯定是兔子跑太快撞树晕倒了，后来乌龟追上了；它们一起下山，乌龟用滚的方式，和兔子同时到达；兔子跑着跑着，遇到一条河，过不去，等乌龟来了再把它背过去……课后反思中，我们发现这个环节设计的次序有问题，因为它属于“逆向思维”。教学时，应该先“顺”后“逆”，更符合学生的思维特点。于是，把猎豹和兔子比赛的内容前移——时间相同，路程越长速度越快，再出示乌龟和兔子的比赛信息，上述这些课堂意外自然消弭于无形。其二，原本教学中还和学生就如何理性地选择交通工具（自行车、汽车、动车、飞机）进行交流，学生一开始都会选最快的，因为第一感觉倾向于节省时间。这时追问学生：“如果你从家到学校，会选择坐飞机吗?”“如果从教室的前面走到后面，又该怎么选择?”课堂上，学生总会在大悟中大笑。但仔细分析，这个内容和本课的教学联系不够密切，于是也自觉地把它删去了。

多而杂，不如少而精。一材多用，一材多变，这样才能在简洁中透出丰富，在简单中蕴含深刻。融洽，需要在教学上做更多权衡。这取决于教师的教学偏好与课堂教学的目标追求，没有一定之规，但不能不加以细细考量。

**3. 融化——融化认知“冰点”，融化产生自信**

学习不可能是一帆风顺的，肯定会有些认知的盲区、认知的困惑，甚至还会有一时打不倒的“拦路虎”，这是正常的现象。

没有困难的挑战，就没有成功的喜悦。教师要通过学习，走出自己认知的盲区，消除“前概念”影响，从而为教好小学数学作更多技能、工具、思想的准备。学生也要通过学习融化自己认知中的“冰点”改造与数学理解不相符的“前概念”，在更新认识、克服困难中获得学习自信：我能行！我真棒！

许多后进生的产生，就是由于面对数学知识、数学技能应用时的“无能为力”。想不通，理不清，融不开，化不掉。面对一次又一次的相同遭遇，开始畏难、自暴自弃，最终演变成“习得性无助”。这里面有学生自己的问题，也有教师教学的问题。教师既要教学生如何理解、掌握数学，也要教学生如何融化认知“冰点”。这方面，教师其实可以做得更多。

融化认知“冰点”，并不是说学习过程中不要让学生承受些挫折，遭遇些困难。课堂是“学生出错的地方”，是学生“化错的地方”。学生在学习中产生一些偶然或必然的错误，是无可厚非的。有时候，为了使教学更深入，教师还会有意地创设认知冲突、设置认知障碍，有意让教学难点“飞得再久一些”。只有这样，才能产生新体验，才能从根本上让学生树立更强的自信心。认知的“冰点”，有时是道美丽的风景，需要教师精心营造，并带领学生好好地领略它。这里面，除了要有教学智慧外，还需要教学温暖。教师要有耐心，要让学生有安全的心理空间，这样学生才敢想、敢说、敢做、敢错、敢创新、敢从零出发。教数学，一定不能眼中只有知识、技能，更要时时关注“人”。成全学生，才能更好地成就教师自己。

融化，需要时间，更需要策略。“说着说着，就悟了；错着错着，就对了；想着想着，就明白了。”这些策略，教师不仅要多掌握，还要教给学生，从而实现“教是为了不教，学是为了会学”。

例如，教学北师大版四年级上册《商不变的规律》。18÷6＝(18＋12)÷(6＋____)，这是商不变规律的变式应用。有学生受刚学内容的“强干扰”——“相同的数（零除外）”，不假思索地填了“12”，却没有注意到被除数和除数是“加上一个数”而不是“同时乘或除以”。消除学生的认知盲区，一方面，要教学生学会检验，把 12 代入计算，原题目变成 30÷18，商不等于 3，商变了，不符合条件。另一方面，要教学生如何突破认知难点。方法一：计算。抓住商不变的特点，18÷6＝3，所以后面算式的商也应该等于 3，18＋12＝30，30÷3＝10，10 就是现在的除数，10－6＝4，可知应该加上的数是 4。方法二：推理。18 是 6 的 3 倍，要保证商不变，18 和 6 所加的两个数之间也应是 3 倍关系，12÷3＝4。如此一来，学生发现，原来这一道变式题是 3 次“商不变的规律”应用的融合：18 和 6，12 和 4，30 和 10。此时，学生的认知“冰点”就真的融化了，而且能更自如地迁移应用到更有挑战性的题目上，如 18÷6＝(18×2)÷(6＋____)等。

让学生知其然，更知其所以然。在这个过程中，学生充分调动自己的经验和思考，从充满困惑到理解透彻，感受数学思考的魅力，坚定学好数学的信心。

**4. 融汇——融汇认知结构，融汇更能长远**

同样的教材、同样的教学内容，不同教师采取不一样的教学方式，教学效果常会不一样。就像铅笔芯和钻石，虽然组成元素均是碳元素，但原子排列方式的不同使得它们有了价值上的巨大差别。

“教数学，就是教理解，就是教结构。”要让学生通过学习，形成较为牢固的、充满联系的、具有张力的数学认知结构。这样，学生才能更好地面对学习中无穷的“未知”，才能更好地通过今天的学习一步一步地向着更好的明天行进。

融汇，就要在“不同”中发现“相同”，在“变化”中寻找“不变”，把零散的点串成线、连成面、形成体。在课堂教学中，时常作些小结；在单元教学或阶段教学后，加强梳理与沟通，通过复习课、思维导图、数学周记等形式，让学生逐步地建构、完善自己的数学认知结构。

融汇，是一件长久的事，短时间内可能看不出成效，但“久久为功”。这意味着教师对学生的成长负责，也对自身教学工作负责。融，则不杂；融，则有力。有了融汇的数学认知结构，我们更能期待学生长远且深刻的发展。

例如，教学北师大版六年级下册《圆柱的表面积》。本课的教学重难点是求取圆柱侧面积的方法，发展学生的空间想象力，能够“化曲为直”地把圆柱侧面积转化为长方形面积。在这个转化过程中，实现了“等积变形”。但是，在这个转化过程中，需要进行更深入的融汇，以免造成学生的认知困扰。如在沿高把圆柱侧面剪开后，一线教师常有这样的表达：“剪开后，圆柱的底面周长等于长方形的长，圆柱的高等于长方形的宽。”仔细分析，这样的表达是值得进一步推敲的。学生在学习长方形时，对长和宽的认知是“通常把较长的边称为长，较短的边称为宽”。那么，圆柱侧面展开图一定是底面周长比高长吗？如果是一个细长的圆柱体，它的侧面展开图中高的长度大于底面周长，那么是否就变成了“圆柱的底面周长等于长方形的宽，圆柱的高等于长方形的长”？如果真是这样的话，那么圆柱的底面周长到底是等于长方形的长还是宽？教师是否要“打补丁”式地告诉学生：“当底面周长更长时……当底面周长更短时……”？这样“打补丁”，学生的学习会轻松吗？会深刻吗？其实，只要教师带着融汇的眼光看待这个问题，就可以很好地融化认知“冰点”，实现相关知识的融合、融汇。如借助“平行四边形的面积＝底×高”，把长方形的长和宽也看作是一组底和高，突出二者互相垂直的依存关系，弱化长短关系，便可以得到如下统一的对应关系：

圆柱的侧面积＝底面周长×高

长方形的面积＝　底　×高

这样教学，把圆柱的侧面积、长方形、平行四边形的认知在“底”和“高”两个概念的统整下融汇起来，透过其“异”发现其“同”，在认知“冰点”处感受其中的“通”与“融”。这样教学的结构“视界”，将影响教师的教学“眼界”，最终影响学生学习后的“整个世界”。

当然，在“通融课堂”的实践中，“通”与“融”不是一组永不相交的平行线，也不是没有交叉的两个子集，它们常常相互联通、互相交融。更为常见的是通中有融，融中有通。例如，联通中有融合，有融洽；融化中有通透，有变通。因通而融，因融而通。“通”在前，是手段，是形式；“融”在后，是内容，是目标。

如果对这8个“通融课堂”的践行策略词进行梳理，大致有如下结构，它们共同致力于智慧且有品质的教学生活的构造。

通俗——{联通——融合——融洽；通透、变通＞融化}——融汇

（执笔：晋江市第二实验小学　许贻亮）

## 二、“通融课堂”的核心底蕴解析

在探索和践行“通融课堂”的过程中，我们越发感觉到“通融”本身具有厚实的教育学、心理学、社会学底蕴。它并不是随意编造的名词，而是对处世哲学、文化底蕴、学习心理、教育理念等的一种凝练表达。

### （一）“通融”折射出处世哲学

生活中，难免遇到许多事。其实，遇到事并不可怕，可怕的是不好好处理或处理不好。“通融”并非没有原则，而是在实际情况下，根据具体问题进行具体分析、具体处理。

例如，当你排队等候安检进动车站时，后边有人着急地跑过来：“不好意思，我的动车还剩8分钟就开了，麻烦通融一下！”如果你的动车也只剩8分钟出发，那么你可以不通融，让他看一下你的车票就可以了。而如果你的时间还比较宽裕，那么这时就可以通融，允许他先行验票、安检，这就是“给人以方便”。

古人云：“事急从权。”要懂得权变，懂得灵活处理。例如，童话故事《阿里巴巴和四十大盗》，当匪徒在阿里巴巴家门口做了白色记号打算进行定点报复时，被外出的仆人发现了，怎么办呢？擦的话，肯定会留下痕迹，怎么化解？仆人的做法十分有智慧：她在所有邻居家的门上也做了同样的白色记号，让赶来报复的匪徒无功而返。还有在影片《金刚川》中，前行的桥被美国飞机多次炸断后，重新用木板搭建已经来不及了，可敬的志愿军战士用肩膀、用手搭“桥”，保障前线战士顺利通过。这样的事例还有非常多，大到关乎前途命运，小到生活琐事。懂得通融，更显从容，更容易赢得先机。

在经济发展的浪潮中，我们看到了许多企业的兴起，也看到了许多企业的衰退。特别是上市公司，有可能这两年风生水起，过两年就消失了。它们背后的投资失利，很多是方向上的失误，是只重“融合”而不关注“融洽”的结果。开超市的，也投资房地产，看起来是“鸡蛋不放在同一个篮子里”，实际上更多时候是“从熟悉到陌生”，一不留神钱就没了。不仅没有做大做强，反而伤筋动骨，教训很残酷。而许多成功的案例，也在给我们启示。三一重工在2012年全球水泥泵车制造经济不景气之时，积极寻找创新的出路，设计、制造了一种高端的消防泵车，一举占领了大份额的市场。其中，“融合”“变通”的思维方式起着重要作用。

2020年春季，一位大连的旅客，因中途在武汉动车站误下车，刚好碰到武汉“封城”。一转眼，售票窗口没人了，买不到回家的票。手机搜酒店，没有；搜出租车，也没有；搜美食，还是没有。举目无亲，怎么办？他就搜“志愿者”，想让好心人帮他一把。结果发现，没有志愿者可以帮他，却有招募志愿者的通告，并且“包吃包住”。于是，他立即报名，并在第二天就到定点医院参与志愿者工作。这个过程中，“在错误的地点下车”是事，搜酒店、搜打车软件是在寻求解决办法，看能否先安顿下来或者换种方式回家，使难事得以解决。但现实是这些方法都行不通，结果一律显示“没有”。于是，他便联想到了“志愿者”，这肯定是基于其生活经验中的“联通”，虽然找不到可以帮他的志愿者，但他自己可以去当志愿者，不仅解决了实际问题，还为疫情防控贡献了力量。

由此可以清晰地看出，在日常生活中，小到一个人，大到一个企业，“通融”的思维方式无不影响着事情的分析、处理，显示出深刻的处世哲学。

### （二）“通融”浸润于文化底蕴

“通融”在中国的儒家、道家、佛家等文化中都有丰富的蕴藏。

儒家经典《大学》的开篇说：“大学之道，在明明德，在亲民，在止于至善。”把“明明德”“亲民”“止于至善”三者互联起来，就是“融汇”。据《论语·先进》记载，子路和冉有都问孔子：“听到了，就去做吗？”孔子却分别给出了两种不同的回答。他对子路说：“父亲和兄长都在，怎么能闻风而动呢？”而对冉有说：“当然，听到了，就去做。”公西华不解，问孔子其中的道理。孔子答：“求也退，故进之；由也兼人，故退之。”（冉有做事畏缩不前，所以要鼓励他大胆进一步；子路敢作敢为，有时不够慎重，所以要抑制约束他慎重地退后一步。）同一件事，不同的回答，这就是变通，也就是我们常说的“因材施教”。因材施教、因时施教、因地施教，都源自通透的认识和变通的策略。“学然后知不足，教然后知困。”“博学之，审问之，慎思之，明辨之，笃行之。”“师者，所以传道受业解惑也。”这些都是对为学、为师之道等的高度融合、提炼。语虽简，意不简，值得我们细细品味、思索。

道家经典《道德经》中有很多关于“通融”的表述：“道生一，一生二，二生三，三生万物。”启示我们，教学要学会做“减法”，融多为一，达成以简驭繁的教学效果。“五色令人目盲，五音令人耳聋。”因此，教学中要尽可能地守拙、朴实，在通俗中才能使思考更加深入。“曲则全，枉则直，洼则盈，敝则新，少则得，多则惑。”因此，要融合，要辩证地看待形式与内容，要关注事物发展的本质，注重通则通法。“人法地，地法天，天法道，道法自然。”由此，要向自然学习，向身边的事物学习，在联通中融洽，在融洽中发展。“知人者智，自知者明。”在培养学生数学思维的同时，要关注学生的“元认知”，这样才能使学生融汇的数学认知结构获得“智”和“明”的力量。

佛家经典《金刚经》有云：“无我相，无人相，无众生相，无寿者相。”“一切有为法，如梦幻泡影，如雾亦如电，应作如是观。”所以，要学会“通透”，透过现象看清本质。在禅宗的佛教故事中，有一则关于马祖道一和南岳怀让的故事。怀让问：“年轻人，你在这里坐禅，究竟图什么？”道一答：“成佛。”怀让找来一块砖头在墙上使劲地磨，说他要做镜子。道一问：“磨砖岂能成镜子？”怀让答：“磨砖不能成镜，坐禅岂能成佛？”在问与答、行与思中，马祖道一如醍醐灌顶。佛家文化强调：“放下屠刀，立地成佛。”启示我们，一时的迷茫（存在认知盲区、认知“冰点”）没有关系，重要的是要思索与顿悟，才能念头通透。想不开，放不下，就无法“成佛”（获得理解）。

可以说，中国传统文化中的儒家、道家、佛家，都蕴含着诸多关于“通融”的表达。简言之，中国传统文化是“通融课堂”深植的土壤。

### （三）“通融”根植于学习心理

皮亚杰的建构认知心理学认为，认知的形成与发展是一种建构过程，是在个体与环境不断的相互作用中实现的。这个过程涉及图式、同化、顺应及平衡四个方面。其中，同化是指将外界元素整合到一个有机体正在形成或已经形成的结构之内，即把外部信息直接纳入自己已有认知结构的过程。同化即求“融”，感悟不同知识之间的联系：“它们是一样的！”顺应，是指主体通过调整自己的认知结构，使其与外界信息相适应的过程。当个体不能利用原有图式接受和理解新刺激时，其认知结构由于刺激的影响而发生改变。顺应即求“通”，发现新知与原有认知结构之间的区别：“原来是这样啊！”学习便在“同化”与“顺应”中，在“平衡—不平衡—平衡”中，在“通”与“融”中不断建构、不断完善。

进一步说，“通融”也符合杜宾斯基的 APOS 理论（一种建构主义学习理论）。内化、调和、压缩、一般化是 APOS 理论的建构认知方法。内化，对应的是通俗、联通、融合、融洽；调和，对应的是通透、融化；压缩，对应的是融汇；一般化，对应的是变通。

再者，“深度学习”和“通融”的内涵也是相吻合的。在深度学习中，把“教材”变成“教学材料”，就要关注通俗、联通、变通、融化；寻找学生认知的“最近发展区”，就要确定学生自身与现有发展水平相对应的“不通”“不融”的区间，通过教与学，使学生变“不通”为“通”，变“不融”为“融”，从而获得发展；“核心内容群”则更是“通”与“融”的标准样式。甚至透过时下热门的“大观念教学”“单元整体教学”或“项目式学习”，我们也可窥见“通融”的身影。把教学单元内容、领域教学内容或相关学科教学内容进行融合与变通，扩大数学思考、数学探究的空间，发挥教学的“结构力”，以教学设计使之结构融洽，在组织教学中使之通俗、联通、通透、融化，从而发展学生的自主学习能力、迁移能力，最终建立融汇的数学认知结构。

### （四）“通融”契合着教育理念

不论是《义务教育数学课程标准（2011 年版）》还是《义务教育数学课程标准（2022 年版）》，都存在诸多有关“通融”的要素与因子。

《义务教育数学课程标准（2011 年版）》在第 45 页“实施建议”中提出：“数学知识的教学，要注重知识的‘生长点’与‘延伸点’，把每堂课教学的知识置于整体知识的体系中，注重知识的结构和体系，处理好局部知识与整体知识的关系，引导学生感受数学的整体性，体会对于某些数学知识可以从不同的角度加以分析、从不同的层次进行理解。”这样的实施建议，其实就表明了“通融”的重要性与必要性。把每堂课置于体系之中，注重知识间、局部与整体间的关系，这就是“融”的视野与胸怀。从不同角度分析、从不同层次理解，这就是“通”的力量与智慧。

《义务教育数学课程标准（2022 年版）》在第 17 页“课程内容”中提出：综合与实践“重在解决实际问题，以跨学科主题学习为主”；在数与代数中把小学阶段学习内容梳理、归整为“数与运算”和“数量关系”两个主题，并强调“学段之间的内容相互关联，由浅入深，层层递进，螺旋上升，构成相对系统的知识结构”。在第 18 页提出：“感悟数的概念本质上的一致性”和“体会数的运算本质上的一致性”。在图形与几何领域内容的学习中，也有相似的提法和要求，如“感受统一度量单位的意义，基于度量单位理解图形长度、角度、周长、面积、体积”。而在第 85 页“教学建议”中更鲜明地提出“整体把握教学内容”，要“注重教学内容的结构化”，“引导学生从数学概念、原理及法则之间的联系出发，建立起有意义的知识结构。通过合适的主题整合教学内容，帮助学生学会用整体的、联系的、发展的眼光看问题，形成科学的思维习惯，发展核心素养”。不论是“核心素养的整体性”“教学的一致性”还是数学认知的“结构化”，都指向教师与学生的双向“通融”。通过“通”与“融”，知识与素养、课时与单元、当下与长远等更有机地构成整体、形成合力，使教学的发生在每一课时、每一天都指向发展学生的核心素养。

“通融”是有方法的、有策略的，简言之，是“有痕迹的”。但是，正如全国著名特级教师徐斌所说的，教育的最高境界是“无痕”的：无痕教育，教育无痕。似是无痕，实则有迹。这是“通融课堂”追求的理想教学境界。“行‘通融’之径，向‘无痕’之境。”在践行“通融课堂”教学主张时，需要时刻用“无痕”的教育理念来审视与映照教学思考和教学行为。

无痕教育的实施策略是：不知不觉中开始，潜移默化中展开，循序渐进中深入，春风化雨中提升。基于此，课堂教学要从根本上实现“通融”需要做到：在不知不觉中开始“通融”，在潜移默化中展开“通融”，在循序渐进中深入“通融”，在春风化雨中提升“通融”。在这样的理念指导下，“通融”既变成自己的一种教学导向，也成为一种教学习惯。

（执笔：晋江市第二实验小学　许贻亮）

# 三、“通融课堂”的核心价值追求

“通融课堂”的核心价值追求，简言之，就是“追寻智慧且有品质的教学生活”。

## （一）什么是智慧？

聪明，是否就等同于智慧？显然，二者之间不能简单地画上等号。聪明者常会“取巧”，“大智”者却往往“若愚”。

一方面，小学数学的教学，要让学生长智慧，逐步发展并形成数学眼光、数学思维、数学表达。学生不仅记住相关的知识、技能、方法，还理解和掌握这些知识、技能、方法，并能在具体问题情境中加以灵活应用，从而实现以简驭繁、举一反三。同时，知道哪里要下苦功、下硬功，坐得下、耐得住、舍得改。“这一题，从来没见过，我试试。”学生不惧疑难问题，不怕挑战，有一颗勤奋、拼搏的心。

另一方面，小学数学的教学，要让教师长智慧，厚积并提升自己教学的数学眼光、数学思维、数学表达。能够通过所教内容的表象，看清内在教育教学的本质；能够在教学过程的变化中，发现不变的特质与内涵；能够清晰地知道自己在哪、自己想去哪、怎样更快到达；能够在“核心处”“要害处”敢于驻足，善于驻足，似慢实快。落实40分钟的课堂教学实效，不深陷课后作业、试卷题海等窠臼。如此教学，这个月和前一个月比、这一年和前一年比，虽“年年岁岁花相似”，却可以岁岁年年“课”不同，有无声的“拔节”。

拥有教学智慧的老师，会思考、有担当、肯下硬功夫，能够积极、自觉地向有经验的老师学，向书籍报刊学，向学生学，向生活学，向教学研究前沿学。敢于反思自己、革新自己教学的已有经验；敢于重启尝试，从失败走向成功再迈向新的成功。“吃苦在前，享乐在后。”最终，乐享自己通过学习、实践、思考获得的教学幸福。

所以，智慧并不只是有小聪明的“巧干”，还要有一股子“傻劲”，有“钉子精神”，有“敢为天下先”“从头再来”的勇气。只要每天进步一点点，只要每年进步一点点，只要现在比过去有想法、有措施、有效益，“智慧”总会在摸索中“金石为开”。

### （二）什么是品质？

品质不等于品位。对于“通融课堂”而言，品质特指一种教学的状态、学习的状态、生活的状态。

对学生而言，有品质地学习，意味着他对学习是有感觉的，有感悟的：小学数学简单、好玩、充满联系、神奇、富有挑战、有魅力等。学生学数学，能够以旧知新、推陈出新、自主创新。许多时候，他们会调整自己的“元认知”，克服学习困难，从中享受学习数学的乐趣。他们会从课堂中学习，从他人身上学习，从错误中学习，不断地减少错误，尽量提升正确率、通关率，轻松且高质量地学数学、用数学。

对教师而言，有品质地教学，意味着他对教学是有感觉的，有感悟的：小学数学简单、有意思、充满联系、有认知冲突、有规律、有挑战，自身有许多值得不断提升或完善的空间。教师教数学，能够举重若轻，举一反三。每天教学，教师的身心是愉悦的，因为和学生一起学习数学很快乐、很享受。进课堂是微笑的，上课中是微笑的，下课后还是微笑的。“作业又少，质量又好”，是工作坊2016年就提出的愿景，它不仅契合2021年“双减”的政策要求，其实也是小学数学教学本身所提出的历史命题。什么时候我们做到了“作业又少，质量又好”，就说明我们的课堂教学有了较高的品质。课堂要减负增效，教师就应更加关注向课堂40分钟要质量，要在教学中研究教学，不断提高“投入”与“产出”的比值，从而提升教学的获得感、幸福感。

值得注意的是，品质不是高消费的娱乐、消遣，而是一种教学状态，自足且从容。它不以消费金钱的多寡来衡量高低，而以心灵感受、生活体验的质量为标准。

有一点需要特别说明的是，对教师而言，“通融”其实也是个人成长的路径。如果以自身的成长经历作为思考对象，大家应该会发现，每一次教学业务的学习都是一次“通融”的过程。作为教师，我们大多不是教育教学理论、方法的提出者，而是一线实践者。从理论到实践的巨大空间就是我们的广阔舞台，这个空间中存在许多不一样的区间：有舒适的区间，有冲突的区间，也有许多需要我们根据自身的本体性知识、条件性知识作出即时反应的区间。这就需要我们进行联通、融化、变通等。今天，试试这样做，如果行，就坚持下来再试试或者推广；如果不行，明天再试试看或者换种方式等。久久为功，就能掌握更多的教学技巧、教学方式，从而更自如地开展课堂教学。推而广之，有时学校的不同工作间也可以“通融”：教学管理与课堂教学之间，作讲座与写论文之间，组织主题会议与开展教研活动之间，接纳跟岗挂职与发展业务能力之间……不协调的地方肯定有，但可“通融”的地方更多，要找到它、理解它、实践它、优化它、和谐它，其实考验的就是教师的“通融”智慧。“通”得了，“融”得开，智慧就进一步，品质就上一层。

在“通融”中成长，既是对学生而言，也是对教师而言。如果非要安排一个先后次序的话，我们更希望是“教师第一，学生第二”。把全校的教师培养好、发展好，他们不仅可以各司其职，还可以自觉地发挥各自的长处，创造性地开展教育教学工作，把一届又一届的学生带好。所以，“教师第一，学生第二”关注的是学校工作重心的次序问题，最终的落脚点仍是为学生的发展服务，而且是尽可能提供优质的服务。

“通融课堂”的价值追求，不仅在于学生的发展，还在于教师的发展，致力于实现更高品质的“教学相长”。“学然后知不足，教然后知困。”于是，在回应新时代教育需求中“知不足”“知困”，自觉展开新的学习、实践、思考，获得新一轮的成长、经验、思考，如此循环往复。“苟日新，日日新，又日新。”只有这样，我们才能充满信心，以现在的努力去迎接期待的未来。

（执笔：晋江市第二实验小学　许贻亮）

# 第二章
# “通融课堂”课例解析

“数与代数”领域

# 一、《数一数（一）》课例解析

**教学内容**　北师大版二年级下册第 19 页

## 三　生活中的大数

**数一数(一)**

● 再添 1 个珠子是多少？

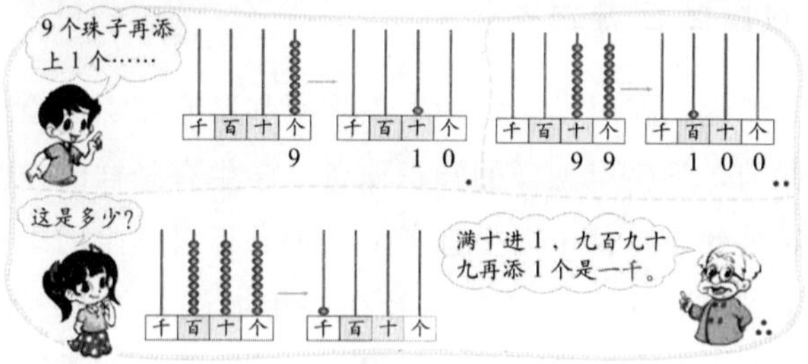


● 有多少个？借助附页 2 数一数。

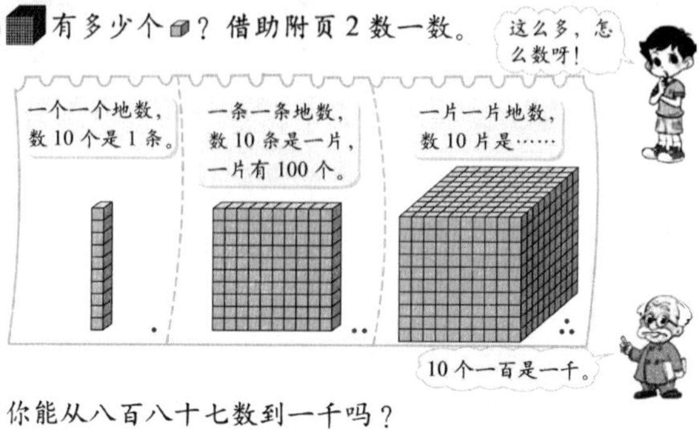


● 你能从八百八十七数到一千吗？

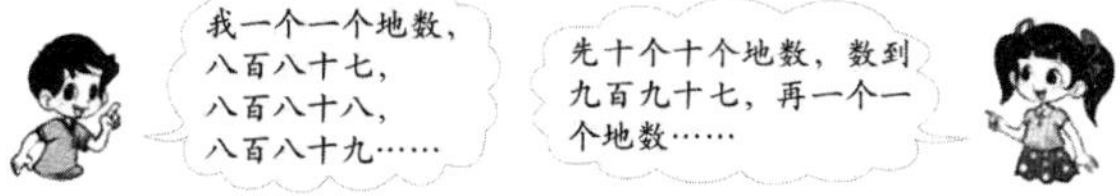


19

## 教学目标

1. 借助操作活动，认识新的计数单位“千”，了解个、十、百、千等计数单位之间的关系，初步发展位值概念，感受千的大小。

2. 结合在计数器上拨数、数方块等多种数数活动，理解大数的实际意义，渗透数形结合的思想。

3. 培养学习数学的兴趣和信心，逐步发展学生的数感。

## 通融思考

《数一数（一）》是北师大版二年级下册第三单元《生活中的大数》的起始课，其教学内容为“千以内数的认识”，隶属于整数的认识范畴。小学阶段，对于整数的认识，教材分四次安排教学。《数一数（一）》是学生第三次接触整数的认识。

### （一）教学的盲区在哪里？

有效的教学必然建立在对学生认知发展水平和已有知识经验充分了解的基础之上。在学习本课前，学生有怎样的知识储备？学生有怎样的经验积淀？学生学习本课真正的困难是什么？基于以上思考，我展开了对学生的学情前测。通过分析，不难发现在学习本课之前，学生已经在一年级认识了 20 及 100 以内的数，借助前一阶段的学习以及在日常生活中积累的经验，学生对千以内数的读法、写法以及数的意义已有初步的了解。千以内数的认识也为学生学习万以内数的认识做好了铺垫，如果这部分知识掌握得扎实了，学生便可把学习方法类推到学习万以内的数上。那么学生在本课的学习中可能遇到什么问题和阻力呢？

### （二）仅教学“千”够吗？

与第三版教材不同，第四版教材把“千以内数的认识”独立编写为一课时，以往版本教材中它只属于“万以内数的认识”的一部分。如今，由于这一内容相对独立，便可承载多重目标。那么在起始课的教学中，我们除了让学生充分地认识“千以内的数”，是否还可以将后续学习的万以内数的读与写、数位顺序表、数大小比较、估算甚至三位数的加法等知识点在本节课的活动中进行有机的渗透和融合呢？在数的概念教学中，我们能否用简约的材料与过程承载厚重的思想与目标，引领学生深入理解数的意义，正确建构数的概念，培养良好的数感，为后续知识的学习打好基础？

## 教学过程

### （一）经验对接，复习导入

**1. 复习已学的数：100**

师：这个数你们认识吗？

生：100。

师：关于100，你知道什么？

生$_1$：100有10个10。

生$_2$：100里面有100个1。

生$_3$：100是三位数。

师：三位数，从右边起，第一位是（个位），第二位是（十位），第三位是（百位）。

（学生边说教师边在黑板上贴出“个位”“十位”“百位”。）

**2. 说一说比100大的数**

师：比100大的数，你知道吗？谁来说一个？

生：200，500，1000，10000，……

师：比100大的数多吗？

生：很多，说也说不完。

师：这节课我们就来学习比100大的数。

### （二）操作探究，新课展开

**1. 认识1000以内的数**

（1）用数字卡片摆三位数

师：庄老师这里有三张数字卡片0、1、6，请你摆出比100大的数。

生$_1$：把1摆在百位上，6在十位上，0在个位上。（板书：160）

生$_2$：百位上摆6，十位上摆1，个位上摆0。（板书：610）

生$_3$：百位上摆6，十位上摆0，个位上摆1。（板书：601）

生$_4$：百位上摆1，十位上摆0，个位上摆6。（板书：106）

（2）交流摆法、读法、写法

师：刚才摆的这些数你们认识吗？

师（指着106）：这个数读作什么？

生：一百零六。（板书）

师：中间这个“0”要读吗？要写吗？

生：要读，也要写，不写的话就变成16了。

师：说得很有道理，中间的“0”要读也要写出来。

师：能在计数器上把106表示出来吗？（请学生上台拨计数器。）

师：谁来介绍一下它的组成？

生：106是由一个百和六个一组成的。

师：庄老师再指一个数，谁会读？（再指一个数：610）

生：六百一十。（板书）

师：这个“0”要读吗？要写吗？

生：不用读出来，但是要写出来。

师：对的，末尾的“0”不用读，但要写出来。

（3）用计数器表示数，说说它们的组成

师：黑板上还有两个数（指向601和160），谁来读一读？（学生读）

师：这两个数你们能在计数器上表示出来吗？请大家在学习单上完成。

师：谁来说说你是怎么画的？（学生表述，教师课件演示。）

师：请同学们仔细观察，这两个6表示的意思一样吗？

生：不一样。左边的6个珠子在百位上，表示6个百；右边的6个珠子在十位上，表示6个十。

师：两个6所在的位置不一样，它们表示的意思也就不一样。

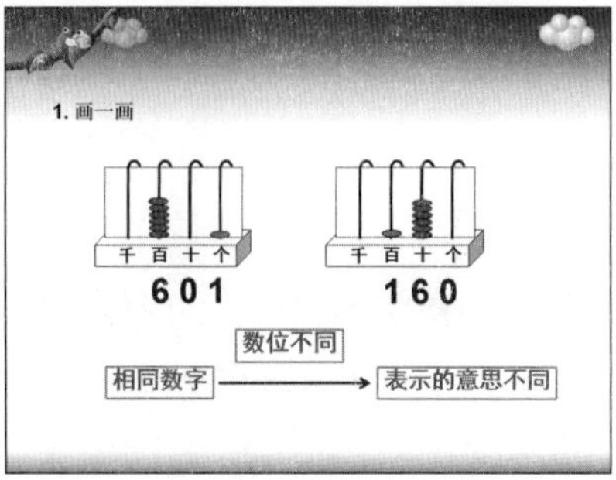

师：继续观察，你们还有什么发现？

生$_1$：我还发现，左边的 1 个珠子在个位上，表示 1 个一；右边的 1 个珠子在百位上，表示 1 个百。

生$_2$：还有，左边的 0 在十位上，表示 0 个十；右边的 0 在个位上，表示 0 个一。

师：大家观察得很仔细，相同的数在不同的数位上表示的意思不一样。

## （三）变式练习，巩固提升

### 1. 看计数器数数

师：刚才通过摆三张数字卡片，我们认识了一些比 100 大的数。现在庄老师想留下 106 和 601 这两个数，让同学们继续来数一数。（出示课件）

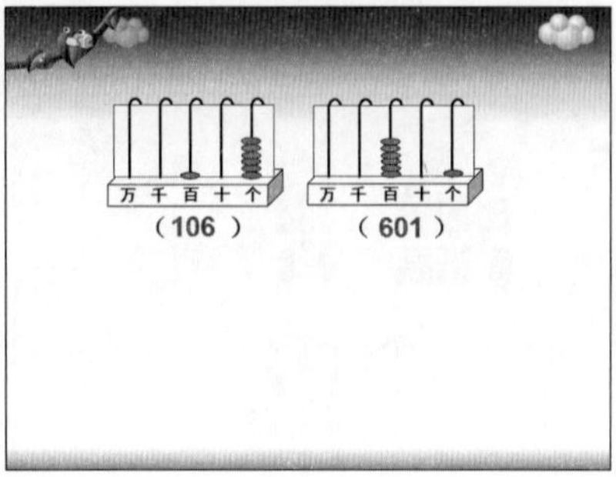


师：106 这个数，请你们一个一个顺着往后数五个数，谁来试试？

生：107，108，109，110，111。

（学生边数，课件计数器边演示一个一个地加珠子，到 109 停下。）

师：109 后面为什么是 110？你们是怎么想出来的？

生：因为个位上是 9，再加上 1 个就是 10 个，个位满十要向十位进 1，所以是 110。

师：顺着数没问题，倒着数呢？601，这个数，请你们倒着，一个一个地往前数五个数，行不行？数给你的同桌听听。

生：600，599，598，597，596。

（学生边数，课件计数器边演示，到 600 停下。）

师：600 前一个数是 599，你是怎么想的？谁能在这个计数器上拨一拨？

生$_1$（边拨边说）：从百位上拿出一个珠子，换成 10 个十，再从十位拿出一个珠子换成 10 个一，10－1＝9，所以是 599。

生$_2$：我还有一种想法，因为 599 的后面是 600，所以 600 的前一个数是 599。

师：大家的想法都很有道理，601 倒着数五个数，最后一个是 596。

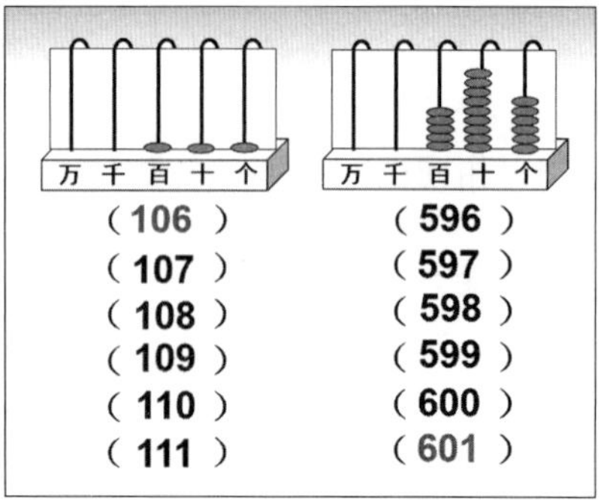


（课件出示小棒图：100 根一捆的有 9 捆，10 根一捆的有 9 捆，还有 9 个一根的。）

师：你们能从这些小棒中圈出 596 根吗？在学习单上圈一圈。

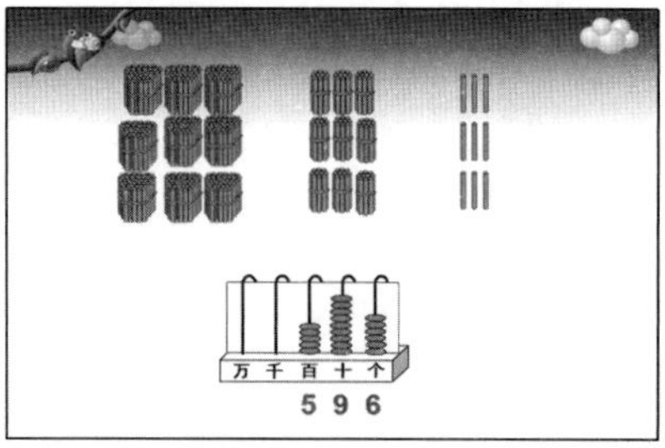


生$_1$：我圈了 5 捆 100 根的、9 捆 10 根的、6 个一根的。

生$_2$：596 由 5 个百、9 个十和 6 个一组成，就圈 5 捆大捆的、9 捆小捆的和 6 个一根的。

师：大家分析得很有道理。现在屏幕上剩下的小棒有多少根？

生：还剩 4 个百和 3 个一，一共是四百零三根。

师：剩下的这些小棒，我们继续圈一圈、数一数。596 再加上剩下的 3 根，是多少？

生：再加 3 根就是 599 根，在个位上拨 3 个珠子。

师：接着数，597，598，599。

（学生边数，课件计数器边演示个位上一个一个地加珠子。）

师：还有四百根小棒，我们可以接着怎么数？

生：一百一百地数。

师：这个想法真不错，开始吧。

生：599，699，799，899，999。

（学生边数，课件计数器边演示百位上一个一个地加珠子。）

师：一百一百地往前数，哪个数位上的数发生变化呢？

生：百位上一次比一次多1，十位和个位不变。

师：大家观察得很仔细。数完后，大家看看一共有多少根小棒？

生：合起来一共是999根小棒。

师：庄老师偷偷告诉大家，999是一个很特别的数。你们知道它特别在哪里吗？

生$_1$：各个数位上都是9。

师：那这三个9表示的意思一样吗？

生$_1$：不一样。左边的9表示9个百，中间的9表示9个十，右边的9表示9个一。

师：表达得很完整。

生$_2$：999是最大的三位数。

师：“最大的三位数”是什么意思？

生$_2$：如果再加上1，999就变成了一千，就是四位数了。

师：是这样吗？庄老师的计数器上也拨出了999，如果再加上1会变成多少呢？谁能来拨一拨？

（请学生上台拨计数器，边拨边说。）

生$_3$：个位上有9个，再加1个就满十，个位满十向十位进一；十位上本来有9个，再加1个也满十了，向百位进一；百位也满十向千位进一，就是一千了。

（现场响起了掌声）

**2. 认识计数单位“千”，感知一千的大小**

（1）认识计数单位“千”

师：为什么这一个小小的珠子就能表示1000？

生：因为它在千位上，表示1个千。

师：我们一起在计数器上把千位找出来。

生：千位是从右边数起的第四位。

师：看，我们又认识了一个新的计数单位——“千”。

（边说边在黑板上贴出“千位”。）

师：会写一千吗？

生：千位上写1，百位写0，十位、个位也写0。（板书）

师：这就是我们今天要学习的“千以内数的认识”。（板书课题）

（2）感知一千的大小

①出示1000个小立方体。

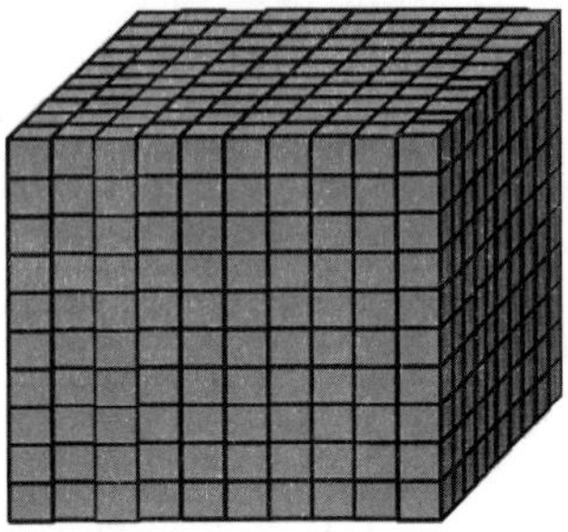

师：你们知道这个大正方体里面有多少个小正方体吗？你是怎么看出来的？

生$_1$：有1000个，因为一面是100个，它有10面，10个100是一千。

生$_2$：竖着数，一列有10个，一面就是100个，有10面就是1000个。

生$_3$：它的一面有100个，有6个面，所以至少有600个。但是呢……我们不能只看它的外表，它的里面也有小正方体，不然就掉下去了，所以它有1000个。

（学生大笑）

师：那么到底是不是1000个呢？我们现在就把它拆了，一起来数一数。

（课件演示小正方体移动的过程，同时学生数数。）

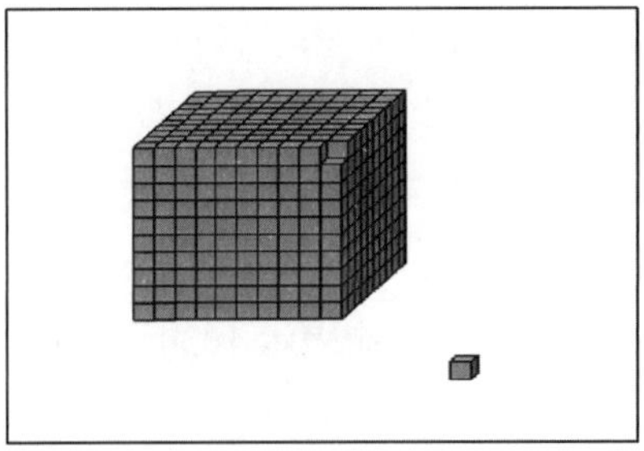

师：一个一个地数。

生：1个，2个，3个，…，10个。

师：10个一是（十）（板贴：10个一是十）

生：这样数太慢了，要数很久。

师：怎样数才能加快速度？

生：十个十个地数。

师：好，听你们的。

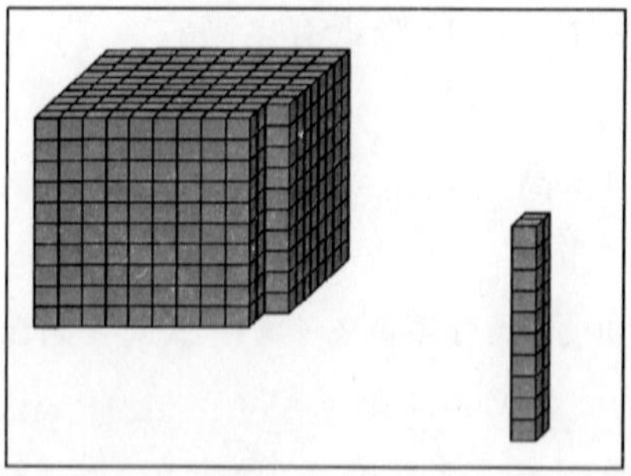

生：10，20，30，…，100。

师：刚才数了几个十？

生：10个十是一百。(板贴：10个十是一百)

师：还能再快点吗？

生：一百一百地数，100，200，300，…，1000。(板贴：10个一百是一千)

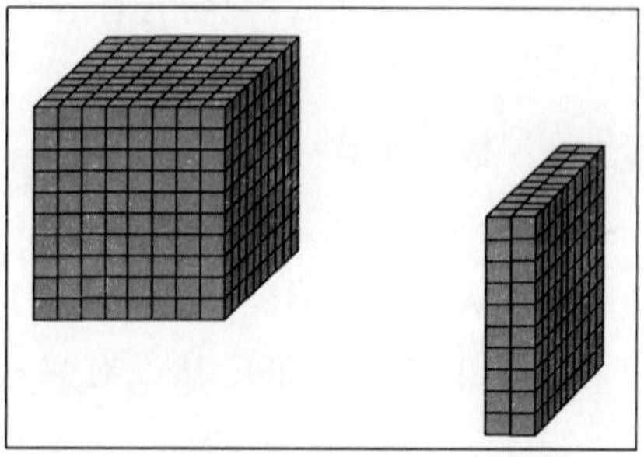

师：果然是1000个小正方体。一起把这三句话读一读。

②预估1000张纸叠起来有多厚并实际感知。

师：大家看看手中的学习单，这是我们生活中常见的A4纸。你们猜猜：如果1000张A4纸叠起来，会有多高呢？比画一下。

(学生比画)

师：真的有这么高吗？庄老师把1000张纸带来了，看！

师：一包 A4 纸有 500 张，几包是 1000 张？

生：两包。

师：现在你再比画一下。1000 张纸有多高？

生$_1$：大约一拃长。

生$_2$：我估计有 10 厘米高。

师：真好，想到了测量。

师：谁来量一量 1000 张纸有多高？（请学生上台测量。）

生：大约 10 厘米。

师：1000 张 A4 纸叠起来，大约有 10 厘米高。

③出示《千字文》，感受 1000 个字。

师：接下来我们来欣赏一首长长的韵文，猜猜：这篇长文有多少个字？（出示图片）

生$_1$：应该有一千个字。

生$_2$：有一千个字。题目叫《千字文》，说明它有一千个字。

师：很有推理能力。

生$_3$：我还有一个办法——数，我算一行有 4 个字，一大块刚好有 100 个字，10 块就是 10 个 100，一共有 1000 个字。

师：《千字文》是影响力很大的儿童启蒙读物，它是由 1000 个不重复的汉字组成的。全文为四字句，对仗工整，文采斐然，有兴趣的同学课后可以阅读一下。

**3. 拓展练习**

师：最后，请你用这 7 颗珠子在老师的计数器（四个数位）上摆一摆。

师：摆 1 个最小的数。

生：7，把 7 个珠子都放在个位上。

师：如果要摆一个最大的数呢？

生：都放在千位，7000。

师：加大难度，如果这 7 颗珠子都要用上，而且要求每个数位上都要有珠子，摆一个最小的。

生：千位 1 个，百位 1 个，十位 1 个，个位 4 个，1114。

师：如果这 7 颗珠子都要用上，而且要求每个数位上都要有珠子，摆一个最大的呢？

生：4111。

师：现在屏幕上这四个数，你们能把它们从大到小排列起来吗？

生：最大的是 7000，第二是 4111，第三是 1114，最小的是 7。

师：同学们太了不起了，还能比较出这些数的大小。其实在我们的身边，像这样的大数有很多，今天回去我们可以收集一些比 100 大比 1000 小的数，再去深入研究它们，每一个数都会给你不一样的感觉。

## 板书设计

### 千以内数的认识

| | 千位 | 百位 | 十位 | 个位 | |
|---|---|---|---|---|---|
| 10 个一是十 | 1 | 0 | 0 | 0 | 一千 |
| | | 1 | 0 | 6 | 一百零六 |
| 10 个十是一百 | | 6 | 1 | 0 | 六百一十 |
| 10 个一百是一千 | | 1 | 6 | 0 | |
| | | 6 | 0 | 1 | |

## 通融历程

2017 年 3 月，我们迎来了“许贻亮小学数学工作坊”成立一周年的日子，承蒙晋江市教师进修学校厚爱，给工作坊提供了一个展示的平台——晋江市小学数学“通融课堂”教研论坛活动。此次活动是工作坊承担教育主管部门活动的首秀，如何在全市同人面前展示“通融课堂”的教学主张，于我而言确实压力颇大，且活动是春季开学初确定的，给我准备的时间不长。最后选择执教这一课，原因有二：其一，2014 年第四版教材修订时把“千以内数的认识”独立编写为一课，其中必然有它独立成课的缘由，值得我们去深挖；其二，“千以内数的认识”是学生第三次接触整数的认识，也是学生认识更大数的起始课，这种“承上启下”的功能在“通融课堂”中能得到更好的诠释。

在备课、磨课的过程中，我努力践行着“通融课堂”的教学主张，并对此有了新的认识。

## （一）变通“材”会赢

学习材料是学生解决数学问题、获得数学知识、提高数学能力的基本载体。学习材料应该既简练又典型，凸显数学本质，有时材料繁多反而会分散学生对于数学本质内容的注意力，偏离教学目标。

确定执教《数一数（一）》这一课后，我第一时间从网上购买了大量的小棒学具，以每生 1000 根的量进行前期准备，计划让学生借助数小棒经历认识“千”。于是，在备课之初，我琢磨着采用数小棒的方式导入。但不久，便发现此路不通：若给学生一堆小棒，数、捆、扎，10 根一小捆，10 小捆聚成一个百，该整理过程耗时较长；若以课件呈现凌乱的小棒（或小方块），再引导学生边数边整理，看似突出了“数数”的方法，强调了“满十进一”，但实际上都是课件演示操作的，学生无法参与过程，体验不深。而且，数的认识应该还有位值原理、十进制等自身规律和内在结构需要学生掌握，激活学生的思维，让他们能多角度思考问题。小棒、方块、计数器这些认识数的工具，如何使用才能更好地发挥效用？

对于本课学习材料的选择和利用，很多专家、名师都有成功案例。浙江杭州的江萍老师执教的《1000 以内数的认识》一课中对素材的巧妙选择和利用，尤其让我赞叹。在借鉴学习的同时，我也融入了自己的思考：素材的选择还能再简化吗？“一材多用”还能发挥得更淋漓尽致吗？学习工具如何能更好地将具体的实物、计数器、抽象的数字三者组合在一起，使之产生连贯、对比、联想等效果？基于以上思考，最终我选择了简单的素材（三张数字卡片、一个计数器、一份小棒图、一份方块图）作为新知学习的工具，特别是计数器更是贯穿了整节课。在呈现计数器表示的 106、601、160、610 这组材料时，我将读数、写数、数的组成等目标整合起来，及时巩固了新知。同时，穿插新的学习任务，如：106，一个一个数，顺着往后数 5 个数；601，一个一个数，倒着往前数 5 个数。数到 596 后，又巧妙借助小棒图的圈、数、加，将小棒、计数器、数字三者对应起来，学生就能领会三者之间的联通，从而建立有关理解 596 意义的丰富场景，将“数的认识”教学目标落实到位。

通过一材多用、一题多变、层层推进，在有效达成目标的同时，充分激发了学生参与学习的热情。可见，材料可以少，只要用得巧，同样有成效。

## （二）巧施联“环”计

于本课而言，百、千、万分别对应着知识的“前世”“今生”“未来”。怎样创设一个情境串，让这三个角色融入其中、环环相扣，既唤醒旧知、迁移新知，又铺垫未知？

前测中，我们通过分析发现，对于学生而言，难点有两个：一是“正确地数出接近整十、整百、整千时拐弯处的数”；二是具体感知一千的大小。针对这两个难点，我以“大任务布置，分层次反馈”的方式开展教学。在复习导入部分，我设计了一个小环节——请学生介绍 100，从而将读数、位数、数位、大小等知识点的复习蕴含其中。同样，新知展开也是三个小环节：第一，用三张数字卡片摆数，目标是教学读数、写数与数的组成；第二，对 106 正着数、对 601 倒着数，以及从 599 起一百一百地往后数到 999，让学生体会数的方法不同、数的计数单位不同引起的变化，突破学习难点，形成对“千”的认识；第三，看方块组合图，目标是理解各数位间的关系。三个环节衔接自然，目标层层递进，力求让教学无痕却有为。

数感培养的另一个方面是建立数的实际大小观念，把握数的相对大小。1000 究竟有多大？1000 与 500、100、10 之间的关系是怎样的？我通过图、物的直观展示，让学生具体感受 1000 个小方块的体积有多大、1000 张纸有多厚、1000 个字有多长。当学生能说出 1000 张纸有一拃长、1000 张纸有 10 厘米高时，关于 1000 的大小观念也就建立起来了。在最后的拓展提升环节，让学生在计数器上用 7 颗珠子按要求摆一摆并比较大小，使学习内容前后呼应，又有延续性。通过教学实践，我们发现课堂正因为有了精心的环节设计、紧密的联通融合，才凸显了数概念教学的核心，给人以整体感。

## （三）妙“问”活水来

本节课的知识目标多，涉及的知识点细，容易出现课堂提问细碎、无序的情况。问题是思维的起点，一个好的问题能激发学生强烈的思考欲望，让学生的思维更加灵活、更加深刻，为有效达成课时教学目标打下坚实的基础。设计有价值的核心问题不在于数量，而在于问题本身是否具有探索性。

在教学各数位间的关系时，我出示方块图，学生猜个数后，我顺势提出了一个问题：“（1000 个小立方体）你是怎么看出来的？”让学生主动理清了个、十、百、千之间的关系，得出“10 个一百是一千、100 个十是一千、1000 个一是一千”的结论。讲到百与千的关系时，又以问题“999 是一个很特别的数。你们知道它特别在哪里吗?”激活学生的思维，让学生从不同角度认识数，而且学生的发言非常精彩。有的说，999 特别在每个数位上都是 9，每个 9 表示的意思不一样；有的说，999 是一个最大的三位数，999 再加上 1 就成 1000 了。至此，学生对“千”的认识就水到渠成了，也感悟到“数(shù)是数(shǔ)出来的”。通过一个问题的启发及教师的稍加引导，学生对于数的概念的理解将更为全面，认知结构将更加完善。课堂实践再次证明，问题可以少，只要问得妙。

在教学实践中，我们发现学生的表现是积极且主动的，对于数的概念的意义理解是到位且深刻的。当天的课堂展示得到了与会老师的认可，晋江市小学数学兼职教研员王增荣听完课后，当场与我交流，并把这节课写成案例发表。后来，本课例参与“2016－2017 年度一师一优课、一课一名师”的评选，获得了教育部颁发的优课荣誉。当然，我们还在反思：在本节课中，是否可以将学习材料再简化些，让数感的培养再深化些？带着对这些问题的思考，我们对于数的概念的教学研究还将继续……

（执教：晋江市梅岭街道希信中心小学　庄美雅）

下载课件

# 二、《乘法分配律》课例解析

## 教学内容　北师大版四年级上册第 56 页

### 乘法分配律

● 贴了多少块瓷砖？说说你是怎样算的。

| | | | |
|---|---|---|---|
| $3\times10+5\times10$ | $(3+5)\times10$ | $4\times8+6\times8$ | $(4+6)\times8$ |
| $=30+50$ | $=8\times10$ | $=32+48$ | $=10\times8$ |
| $=80$（块） | $=80$（块） | $=80$（块） | $=80$（块） |

答：________________。

● 观察上面两组算式，你有什么发现？

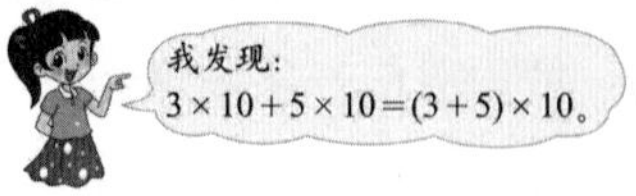


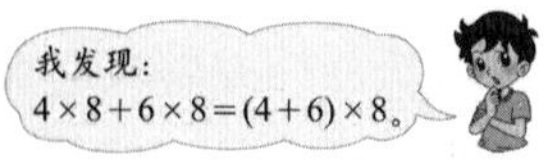


● 用 $a$，$b$，$c$ 代表三个数，你能写出上面发现的规律吗？想一想，认一认。

$$(a+b)\times c=a\times c+b\times c$$

● 请你结合 $4\times9+6\times9$ 这个算式说明乘法分配律是成立的。

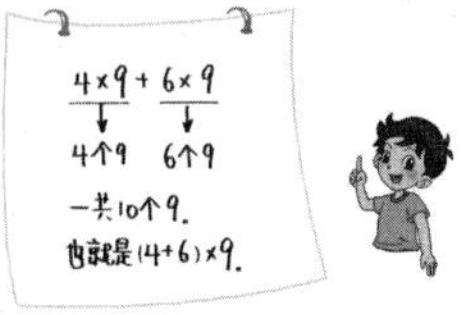


56

## 教学目标

1. 在具体问题情境中经历探索乘法分配律的过程，理解、掌握、运用乘法分配律，在变换、联想和问题解决中丰富、深化对乘法分配律的认识。

2. 通过观察、猜想、验证、归纳等活动，发展比较、分析、抽象和概括能力，增强用符号表达数学规律的意识，建构数学模型。

3. 进一步体会数学与生活的联系，增强对数学的感受，增强学习数学的兴趣和信心。

## 通融思考

北师大版小学数学四年级上册的第四单元是《运算律》，这是学生第一次正式接触运算中最基本的五条运算律。直面这五条运算律，我们不难发现乘法分配律的学习难于另外四条，其缘由有二：一是加法、乘法的可交换性、可结合性，结论本身非常明显，学生在以往的学习和生活中已有接触，并常常自发使用。其二，相比乘法分配律，另外四条运算律的形式、结构较简单，且只涉及同级运算，而乘法分配律涉及两级运算且形式多变。学生难学，教师难教，乘法分配律真算得上是教学中一块难啃的硬骨头。

### （一）选择哪条路径？

让学生理解乘法分配律有不同的路径，通常按以下几种路径展开教学：一是运用具体生活情境分析问题并解决问题，借助对同一实际问题的不同解决方法体会乘法分配律的合理性；二是根据乘法的意义并借助图示理解“几个几加几个几等于几个几”；三是直接从算式引入，引导学生通过观察几组算式的特征，发现它们的内在联系。各种学习路径从不同的角度让学生理解乘法分配律，有其各自的优势和不足。个人以为，如果仅依赖解决问题，学生只能借助某一具体情境体会乘法分配律的客观存在，规律的可迁移性不强；如果仅依赖乘法的意义建构，从抽象的层面对乘法分配律进行解释，不利于学生体会乘法分配律的现实背景；如果只从算式特点入手，更多地只满足于从形式上掌握乘法分配律，对学生的后续发展也较为不利。那么，我们该如何设计学习路径呢？这非常值得研究。

### （二）困难如何克服？

为何学生对乘法分配律不敏感，稍作变形就不认识？这是执教《乘法分配律》后老师们最由衷的发问。当算式脱离了具体的情境，有部分学生就束手无策了。比如把“27×14＋27×86”转化成“27×(14＋86)”，在以往的学习中，学生缺少把四个数参与的运算转变成三个数的运算（或把三个数的运算转变成四个数的运算）的体验，他们还停留在原来是几个数现在也应该是几个数的经验中，不习惯这种变化。即使第一课时已经学习了乘法分配律，但对于理解和接受能力较弱的学生来说，还是存在困难。我们不禁思考：学生的困难到底在哪里？如何在等式变形中融化认知“冰点”？

## 教学过程

### （一）感受模型

师：今天的学习我们将邀请王家的兄弟三人参加，他们可都是种菜的能手，我们一起去看看他们的菜地吧。

**1. 出示老大菜地图**

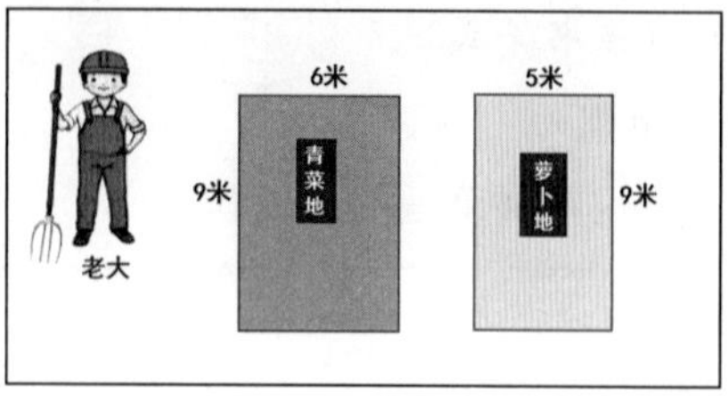


师：这是老大家的两块菜地，从图中你能发现哪些数学信息？（青菜地长 9 米，宽 6 米；萝卜地长 9 米，宽 5 米。）

师：能提出有关面积计算的数学问题吗？

生$_1$：青菜地的面积是多少平方米？

生$_2$：青菜地和萝卜地的面积一共有多少平方米？

……

师：我们先来研究两块菜地的面积一共有多少平方米。谁能列出综合算式解决？

生：6×9＋5×9。

师：结合图说说你的想法。

生：6×9 先算出青菜地的面积，5×9 再算出萝卜地的面积，然后相加。

师：这种先分别求出两块菜地的面积，再算出共有多少平方米的思路，我们给它取个名字吧！叫它“分着算”。（板书：分着算）

师：还有不同的计算方法吗？

生：(6＋5)×9。

师：你能对照图说说你的想法吗？

生：这两块地的长相等，就可以把它们合起来拼成一个大的长方形。这个长方形的长就是 6＋5＝11（米），宽是 9 米，面积就是（6＋5)×9＝99（平方米）。

师：你们听明白他的意思了吗？我们一起拼拼看。

（课件演示移动后拼成一个大的长方形。）

师：为什么它们能够拼成一个大长方形？

生：因为它们有条边的长度是相同的。

师：我们也给这种想法取个名字吧，叫它“合着算”。（板书：合着算）

师：我们一起快速算出它们的最后结果。

生：都等于 99 平方米。

师：两个算式结果相等，那我们就可以把它们（画上等号），建立等式：(6＋5)×9＝6×9＋5×9。（板书等式）

**2. 研究老二菜地的总面积**

师：谁来算一算老二家这两块菜地的总面积？

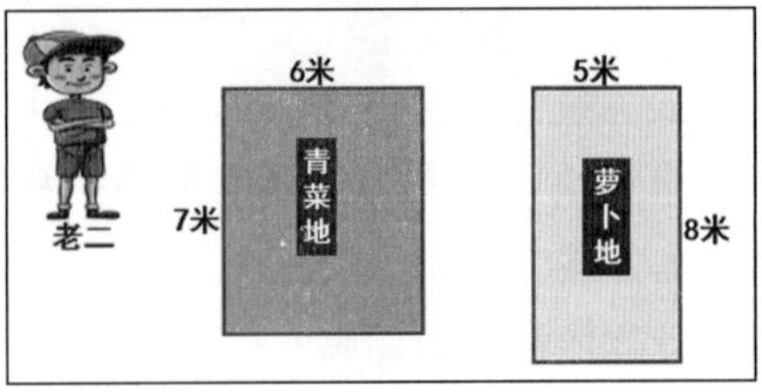


生：6×7＋5×8。

师：能合着算吗？

生$_1$：不能，因为它们没有一条边是相同的。

生$_2$：它们没有相同的边，就不能拼成一个大的长方形。

师：看来老二家的菜地咱们只能分着算。

**3. 研究老三菜地的总面积**

师：老三家这两块菜地的总面积，你们想怎么算？

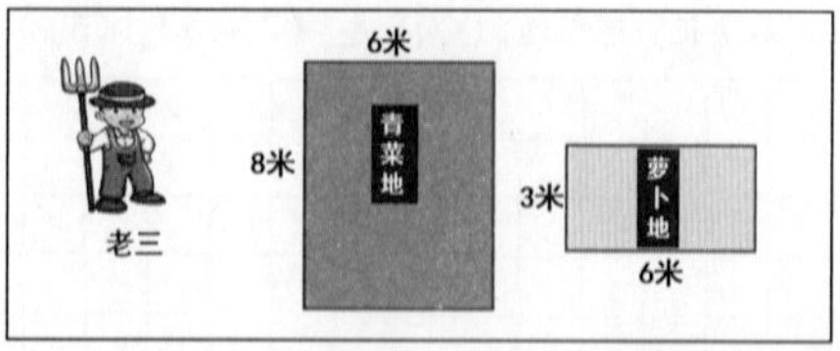


生$_1$：8×6＋3×6＝48＋18＝66（平方米），我是分着算，然后再相加。

生$_2$：还可以合着算，(8＋3)×6＝11×6＝66（平方米）。我是把萝卜地下移，再拼到青菜地下面，就能拼成一个大的长方形。

师：是这样吗？

生$_3$：因为它们有一条边相等，都有一条6米长的边，所以可以拼成一个大的长方形。

师：那我们就移移看。（课件演示移动后拼成一个大的长方形。）

［计算、建立等式并板书：(8＋3)×6＝8×6＋3×6］

师：刚才我们研究了三兄弟的菜地，发现老大、老三的菜地总面积既可以分开算又可以合起来算。那为什么他们的菜地可以，老二家的菜地就不行呢？原因是什么？

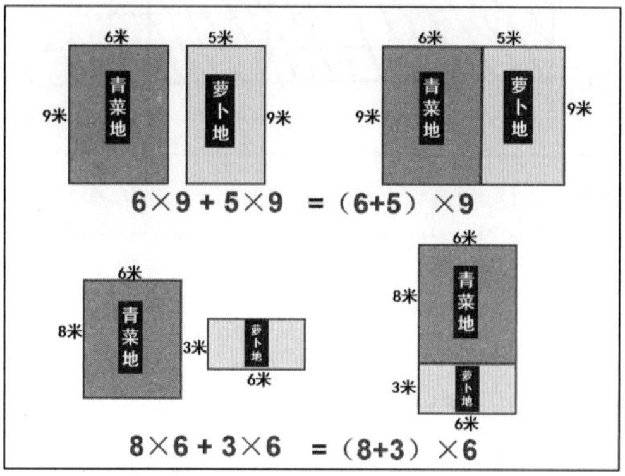


生：因为老大家的两块菜地有一条相同的边——长9米，老三家的菜地也有一条相同的边——长6米，所以他们都能合起来，拼成一个大的长方形。老二家的两块菜地没有相同的边，就合不了。

**4. 根据算式画出相应的图形**

师：看到图形，大家都能很快列出算式。如果只给算式，你能画出相应的图形吗？

（课件出示如下学习单）

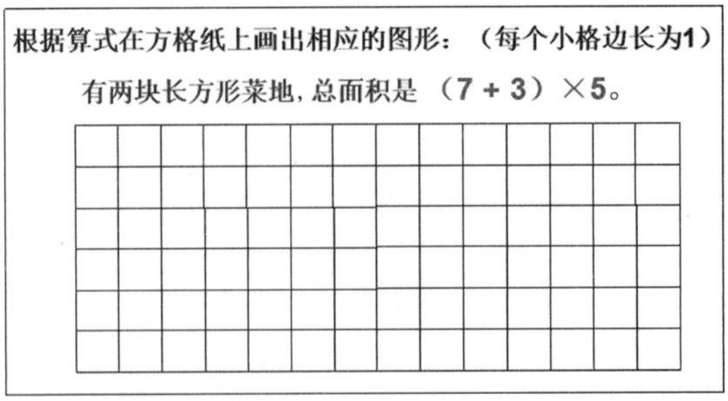


师：请大家在学习单上画出这两个长方形。

（教师巡视，展示两位学生作品。）

生₁：我是合着画的，我画了一个长10格、宽5格的大长方形，里面包含了7×5和3×5两个长方形，这两块地的面积是（7＋3）×5＝50。

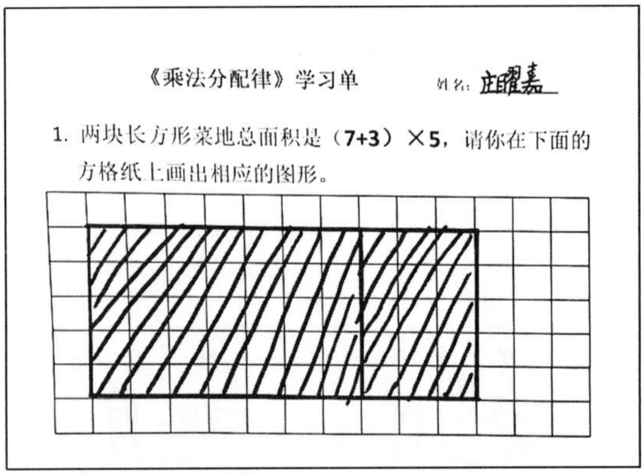


生₂：我是分开画的，这两个长方形的总面积是7×5＋3×5，也是等于50。

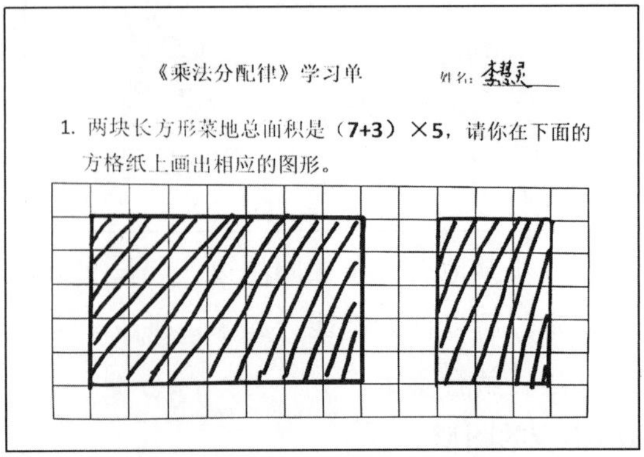


师：根据算式画长方形，我们又得到了一个等式，读一读，（7＋3）×5＝7×5＋3×5。（板书等式）

## （二）建立模型

### 1. 自建模型

师：仔细观察这三个等式，它们有什么共同的特征吗？把你的发现在四人小组内分享一下。

| 合着算 | 分着算 |
|---|---|
| (6 + 5) ×9 = | 6×9 + 5×9 |
| (8 + 3) ×6 = | 8×6 + 3×6 |
| (7 + 3) ×5 = | 7×5 + 3×5 |

生₁：我们发现左边的算式都有小括号，右边的算式没有。

生₂：左边的算式都是先算括号里面两个数的和，再算乘法的积。右边的算式是先算两个乘法的积，再相加。它们的得数相等。

生₃：我补充，也就是说左边是合起来再乘，而右边是分开乘再合。

（学生边汇报，教师边根据学生的描述进行规律的半抽象。）

| 合着算（先加后乘） | 分着算（先乘后加） |
|---|---|
| (6 + 5) ×9 = | 6×9 + 5×9 |
| (8 + 3) ×6 = | 8×6 + 3×6 |
| (7 + 3) ×5 = | 7×5 + 3×5 |
| (__+__) ×__= | __×__ +__×__ |

生₄：我们发现从左往右看，左边和右边都有一个相同的乘数，比如第一个等式相同的乘数是9，左边的式子乘9，右边的式子也是乘9。第二个等式都是乘6，第三个都是乘5。（学生边分析，教师边用红色粉笔画框。）

| 合着算（先加后乘） | 分着算（先乘后加） |
|---|---|
| (6 + 5) ×9 = | 6×9 + 5×9 |
| (8 + 3) ×6 = | 8×6 + 3×6 |
| (7 + 3) ×5 = | 7×5 + 3×5 |
| (__+__) ×□= | __×□ +__×□ |

生₅：而且左边的两个加数到了右边就分开了，分别乘这个数。

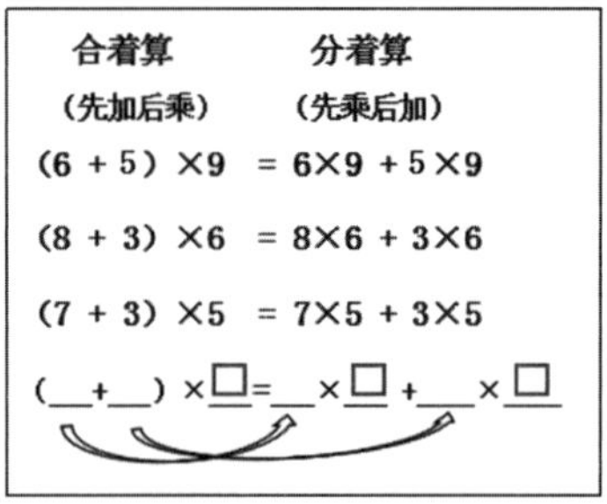


**2. 验证说明**

师：大家都非常善于观察，发现了其中的规律。如果不计算结果，也没有长方形，能想办法说明它们是相等的吗？以（7＋3）×5＝7×5＋3×5为例，同桌互相讨论一下。

生$_1$：左边（7＋3）×5表示有10个5相加，右边表示7个5加3个5，也等于10个5，所以它们的结果相等。

生$_2$：我们是用画点子图的方法来说明的。（展示画图过程）上面表示7×5，下面表示3×5，合起来竖着看就是10×5。

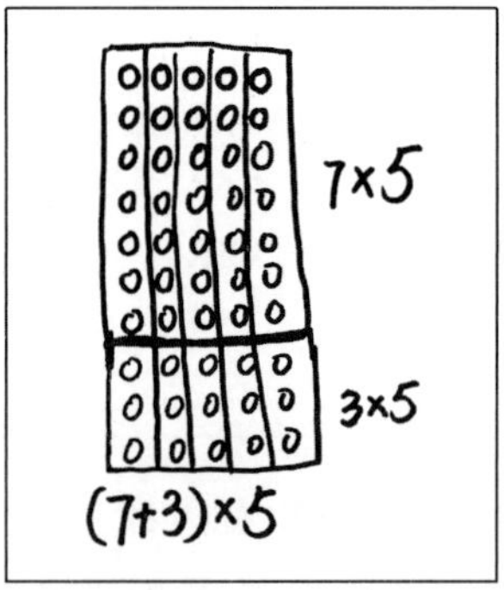


师：分析得很有道理，看来我们还可以用乘法的意义说明这两个算式是相等的。

**3. 类比展开，体验感悟**

师：这样的现象是巧合吗？能不能举两个这样的例子来验证一下？

（学生独立举例，教师巡视。）

生$_1$：（10＋5）×4＝10×4＋5×4。

师：怎么确定这两个算式结果相等？

生$_1$：我算过了，它们都等于60。

师：不计算，还能怎么说明左右两边一定相等？

生$_1$：左边表示 15 个 4，右边表示 10 个 4 加 5 个 4，结果也是 15 个 4。

师：用乘法的意义可以解释。

生$_2$：$(8+7)\times5$ 等于——

师：稍等，谁来猜猜，它右边的式子是怎样的？

生$_3$：$8\times5+7\times5$。

师：他说的与你写的一样吗？

生$_2$：一样。

师：再请一位同学说出右边的式子，让其他同学猜左边的。

生$_4$：$18\times4+12\times4$。

生$_5$：左边应该是 $(18+12)\times4$。

师：看来，只要符合这样的结构特征，算式就一定相等。

师：根据以往的学习经验，你能用一个等式把这样的规律表示出来吗？

生：$(a+b)\times c=a\times c+b\times c$。（板书）

师：字母符号是数学的特殊语言，非常简洁且全世界通用。这就是我们今天研究发现的又一个运算律——乘法分配律。（板书课题）

师：如果把这个字母等式看成甲、乙两个长方形的面积和，那么 $a$、$b$、$c$ 分别是图中哪里的长度？

生$_1$：甲的长是 $a$，宽是 $c$；乙的长是 $b$，宽也是 $c$。

生$_2$：也可以说甲的长是 $b$，宽是 $c$；乙的长是 $a$，宽也是 $c$。

## （三）应用模型

### 1. 丰富拓展

师：刚才借助两个长方形面积和的计算，我们认识了乘法分配律。乘法分配律能不能用来表示其他的数学问题？

师：你能把等式中的数填到下面的括号里吗？

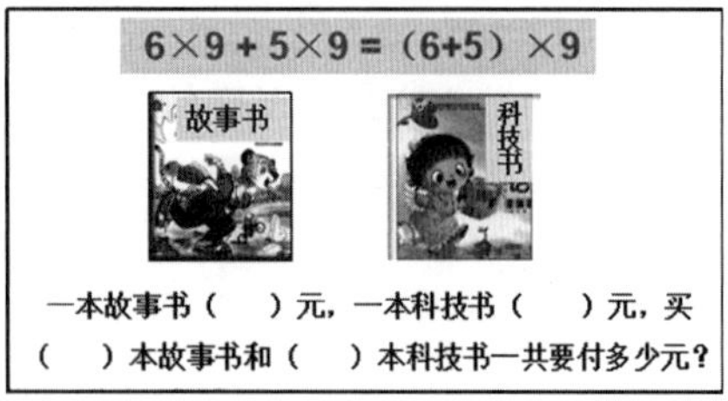


（学生很快都举起了手。）

生$_1$：一本故事书 6 元，一本科技书 5 元，买 9 本故事书和 9 本科技书一共要付多少元？

生$_2$：一本故事书 5 元，一本科技书 6 元，买 9 本故事书和 9 本科技书一共要付多少元？

生$_3$：一本故事书 9 元，一本科技书 9 元，买 6 本故事书和 5 本科技书一共要付多少元？

生$_4$：一本故事书 9 元，一本科技书 9 元，买 5 本故事书和 6 本科技书一共要付多少元？

师：你能像这样，自己编一个可以用这个等式来解决的问题吗？与你的同桌说一说。（学生举例、交流。）

**2. 回望解读**

师：其实，我们今天并不是第一次接触乘法分配律，在以前的学习中就多次碰到过。在这些地方，你能找到我们今天学习的乘法分配律吗？

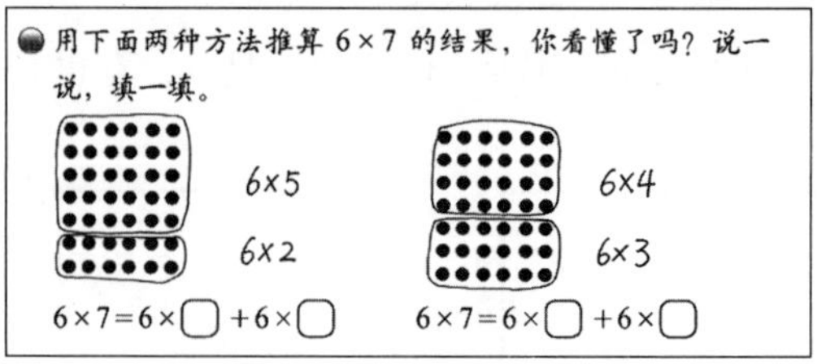


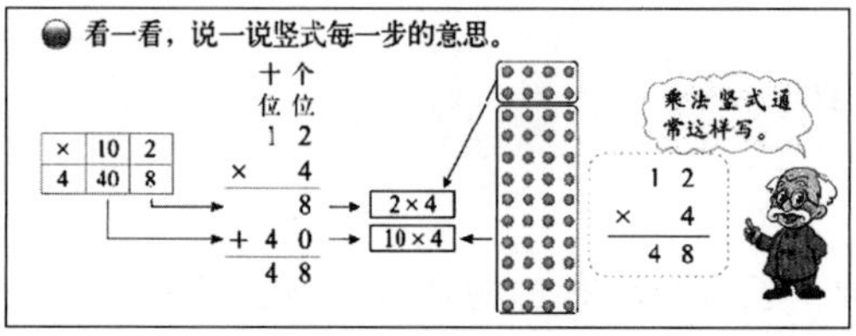

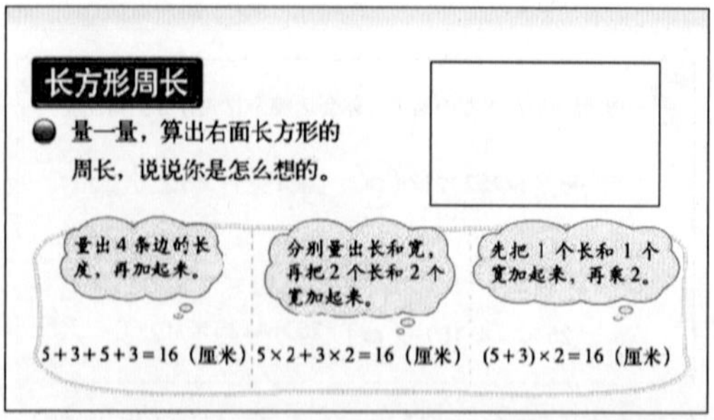


（学生非常激动，纷纷举手表达。）

生$_1$：我在乘法口诀里发现了乘法分配律，6×7 可以分成 5 个 6 加上 2 个 6。

生$_2$：还有，12×4 可以先算个位上的 2×4，再算十位上的 10×4，最后加起来，这也是乘法分配律。

生$_3$：长方形的周长＝(长＋宽)×2，也可以是长方形的周长＝长×2＋宽×2，原来这也是利用了乘法分配律。

师：看来它不但是我们的老朋友，而且非常重要。

**3. 感受价值**

师：这么重要的运算律你懂了吗？先独立思考，然后小组内交流。

连一连

| | |
|---|---|
| 48×12+52×12 | 25×4+25×10 |
| 25×(4+10) | (48+52) ×12 |
| 17×5+5×26 | 17× (5+26) |
| 99×76+76 | (99+1) ×76 |

师：17×5＋5×26 和 17×(5＋26) 怎么不连起来？

生$_1$：因为 17×5 和 5×26 相同的乘数是 5，所以右边应该是 (17＋26)×5。

生$_2$：17×5＋5×26 表示 17 个 5 加上 26 个 5，一共有 (17＋26) 个 5 才对。

生$_3$：我把 17×5 和 5×26 想象成两个长方形的面积，要想把这两个长方形拼成一个大的长方形，相同的边长是 5，长就应该是 17＋26，所以右边应该是 (17＋26)×5。

（学生自发鼓掌）

师：这位同学非常善于思考，把算式与我们前面学习的图形面积结合起来了。

师：大家看我们刚才连线得到的两个等式，如果想知道每组题的结果，你会选做哪道题？

如果想知道每组题的结果，你会选哪个算式计算更简便呢？

①
48×12+52×12 = ②（48+52）×12

③
25×（4+10） = ④25×4+25×10

生$_1$：第一题我会选做第②个，因为 48＋52 刚好是 100，乘 12 就等于 1200。

生$_2$：第二题我会选做第④个，因为两个乘法式子都可以口算出结果，等于 100＋250，计算更快。

师：如果我们要计算 48×12＋52×12 和 25×(4＋10)，可以怎么解决？

生：我们可以利用乘法分配律把它们分别转化成第②个和第④个，就能简便计算了。

师：看来乘法分配律可以使我们的计算更加简便。下节课我们还会继续研究这个问题。

## 板书设计

### 乘法分配律

| 合着算（先加后乘） | | 分着算（先乘后加） |
|---|---|---|
| (6 + 5) ×9 | = | 6×9 + 5×9 |
| (8 + 3) ×6 | = | 8×6 + 3×6 |
| (7 + 3) ×5 | = | 7×5 + 3×5 |
| (__+__) ×□ | = | __×□ + __×□ |
| $(a+b)\times c$ | = | $a\times c+b\times c$ |

## 通融历程

2017 年 11 月 17 日，工作坊与厦门市湖里区的李培芳名师工作室开展了“核心素养在小学数学课堂教学中的培养与落实”教学联研活动。接到任务时，贻亮老师让我自己选课题，按照教学进度选，我的目光落在了《乘法分配律》这节课上。一直都知道这节课是一个“老大难”，交换律、结合律的相关教学工作坊活动中都有老师演绎过，乘法分配律我们还没让它登上过舞台。蠢蠢欲动下报了课题，贻亮老师的一字“好”就板上钉钉了。后续的备课才让我品尝到“冲动是魔鬼”的苦果，也才知道李培芳老师对《乘法分配律》已有多年研究，也有很成功的教学范例，我这是“关公面前耍大刀”。但既然选择了，便只能力求通过努力，让《乘法分配律》一课经历选材、定型、割雕、抛光等加工过程，实现从“顽石”到“璞玉”的转变。

### （一）选材——数形结合，和谐联通

挑选一块好的料子异常重要，而“选择怎样的学习路径展开”无疑就是要挑选一块适合学生的好料子。选择困难症让我在多个方案中难以抉择，亦如在“通融思考”中提到的，每种方式都有其自身的优势和不足。反复思量后，定下方案：以计算王家三兄弟的菜地面积和为例，用核心问题引领，让学生根据图形解决问题。因为在模型的建构中，几何直观无疑是帮助学生直接感知模型的有效载体。

设计中，三次面积和计算目标各有指向，在“式”与“形”的结合中，学生直面图形与数据的特点，即有一条相等的边，有一个相同的乘数。数据的变化引发学生对图形特征的关注。在经历了初步感受、思维冲突和前后比较后，学生能体会并理解“分着算”就是先算两个小长方形的面积，“合着算”就是计算拼起来的大长方形的面积。如此一来，抽象的算式便有了几何直观的形象支撑，算式的结构特征也就一目了然，理解也就容易许多。特别值得一提的是，在课末讨论为什么 17×5＋5×26 不能和 17×(5＋26) 相连时，学生自发地在脑海中画出两个长方形来进行解释论证，这说明“数”与“形”的有机结合已走入学生心里，这样的教学过程有利于学生对乘法分配律知识的建构，尤其是对其模型的深入理解。

### （二）定型——抽象建模，拨云见日

有了好料子，怎样最大限度地把整块料子的优点发挥至极致，这决定了玉料的升值空间。怎样让乘法分配律这个模型浮出水面？我认为，这是本节课中最棘手的环节。“学生的表述凌乱、反复，教师的语言啰唆、无效。”这是我几次试

教，在抽象、概括出乘法分配律这一数学模型上最深刻的感悟。究其原因，是学生对算式的结构缺乏关注。结构犹如房屋框架，框架没搭建好则房屋难以成型。对结构认识模糊，那么对规律的认识不可能清晰，运算定律的模型就无法构建。于是，我着重关注将学生的注意力引向对算式结构的观察，引导学生整体观察，竖着看、从左往右看，自主发现乘法分配律这一数学模型。在学生交流、讨论、分享发现的过程中，我适时地抽象出乘法分配律的结构特征：

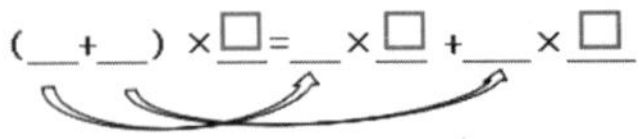


在学生明晰结构的基础上，逐渐帮助学生从结构上由形到数再到文字表述过渡，步步深入。语言的描述可以看出学生是否真正对模型体验透彻，“意到”亦要“言到”，“言到”更要“意到”。在研讨中，李培芳老师对这个过程给予了充分的肯定。

## （三）割雕——去芜存菁，柳暗花明

经过师傅的精雕细琢，将料子多余的棱角磨掉，半成品就已经出来了。在运算律的教学中，我们采用的是不完全归纳法，即通过多个算式发现存在的共同规律，继而用字母抽象出各个运算律的表达式。用这样的方式教学本无可厚非，然而我总觉得研究运算律的过程缺少些东西，那就是给找到的规律寻找可以解释的依据。对于加法交换律、乘法交换律、加法结合律和乘法结合律，都可以从意义的角度去理解为何变化运算顺序后结果相等。而对于乘法分配律，先求和再相乘与分别相乘再相加的结果相等，也可以用乘法的意义进行解释。基于这样的思考，我在学生初步探索规律后，设计了一个问题：这样的现象是巧合吗？能不能举两个这样的例子来验证一下？当学生联系乘法的意义后，便可明确这一规律并非几个算式的一种偶然现象，而是客观现实中的必然规律。

给规律科学合理的解释，是研究者应持有的严谨态度，也是让学生感受有理有据思考问题的契机。在教学中，结合相关内容体会数学的思维方式和严谨求实的科学态度，是数学教学的重要目标之一，也是提高学生数学素养的良好途径。

## （四）抛光——触类旁通，感悟价值

没有抛光的毛料看起来没有光泽。没有应用价值的乘法分配律只是学生被动发现、归纳的结果，只有赋予它独特的价值才能凸显它的魅力。本课中，丰富拓展、回望解读、感受价值、发散联想等一系列环节便是要对其进行抛光。乘法分配律是今天才接触到的吗？引导学生回顾以往学习中口算、竖式计算、长方形周长计算等运用到乘法分配律的例子，将学生已用到乘法分配律的例题与练习呈现在学生面前，那一声声“哦”“我知道了”“我发现了”的激动回应，便唤醒了学生的已有认知，将新旧知识融合在一起，在其头脑中建立一个更庞大的知识网络。为什么要学习乘法分配律？它的价值在哪里？最后，在用乘法分配律解决简便计算的问题中，学生都能较灵活地运用并能表述其中的道理。

当天的教学研讨活动上，300 多名听课老师挤满了整间多媒体教室。在互动研讨环节，李培芳老师高度称赞“晋江的课，越来越好！越来越棒！”并对我敢于挑战教学《乘法分配律》且有品质地达成了教学目标表示赞赏。培芳老师很想了解经历这样的一个学习过程后学生的学习效果如何，于是当天中午也顾不上休息，我们立马设计了一份后测卷，赶在下午第一时间发给学生。从后测结果可以看出，绝大部分学生能正确解答，说明乘法分配律模型的建构比较成功，学生能较灵活运用，较少出现结构上“丢三落四”和“画蛇添足”的现象。

“顽石”变“璞玉”过程的每一步都是环环相扣的，无论哪一个步骤出错了，都将直接影响整块料子的价值。在《乘法分配律》这节课的打磨中，我深深体会到了磨课的艰辛和乐趣。然而，这块“顽石”仍需不断打磨、雕琢，当天的研讨中老师们也提出了几点思考：学习是水到渠成好还是峰回路转好？从建模角度看，老二家的菜地，放在后面是否会更好？数与形，如何更牢固地结合在一起？这些问题也促使我在追求“璞玉”的路上不断前行。

（执教：晋江市梅岭街道希信中心小学　庄美雅）

下载课件

# 三、《字母表示数》课例解析

**教学内容** 北师大版四年级下册第 61 页

## 五 认识方程

### 字母表示数



● 用 $a$ 表示青蛙的只数，用字母表示淘气说的儿歌。

● 下面的想法你同意吗？说说你的理由。



● 用字母表示下面的儿歌。



● 说一说生活中什么时候还用到字母表示数。



61

## 教学目标

1. 结合具体情境，理解用字母表示数的意义，初步学会用字母表示数或数量关系。

2. 经历探索字母表示数及数量关系的过程，发展符号意识，渗透类比、模型数学思想。

3. 体会数学与生活的紧密联系，增强学好数学的信心。

## 通融思考

### （一）为何而教？

学生对“用字母表示”并不陌生。二年级时，学生先接触到的是用字母表示单位，比如：“厘米”用字母 cm 表示，“克”用字母 g 表示。这个时候，字母只是某种事物的替代品。三年级时，学生开始接触用字母表示公式，如长方形的周长公式：$C=(a+b)\times 2$。到四年级时，学生会用字母表示运算定律，比如加法交换律：$a+b=b+a$。由此看来，字母从客观上看表示了数，但从主观上看，它仍然是一种替代行为。

当然，有的学生在生活与学习中也从不同的渠道获知字母可表示未知数。一年级的时候，学生就知道能用符号等来代表数，例如填数游戏：“1　3　5　★　9”“2+●=6”。事实上，如果这节课仅仅是为了让学生会用字母表示这样的数，那么很多学生是不陌生的，甚至有的学生不教也会。

既然字母表示数不教也会，那为何而教呢？这是我们应该要思考的问题。

### （二）从哪里切入？

同样是字母表示数，在方程模型和函数模型中，其内涵是有区别的。在方程模型中，字母表示特定的未知数；在函数模型中，字母表示变化的数，即变量。

翻看教材，我们不难发现教材是从用字母表示变量切入的。对于 11 岁左右的儿童，是先教用字母表示特定的未知数，还是先教用字母表示变量？

## 教学过程

### （一）答疑中导入

师：同学们都喜欢玩游戏，我们就先来玩个游戏吧。三秒抢答！请你在三秒内回答问题，如果回答不了就喊“过”。准备好了吗？

1. 你们班级有几个人？（52 个）
2. 老师几岁？（过）
3. 你的学号是几号？（学生各自回答）
4. 老师的身高是多少？（过）
5. 你几岁？（11 岁、12 岁）
6. 老师的眼镜有几度？（过）
7. 水里的青蛙有几只？（过）

师：请给这些问题分分类。

生$_1$：第 1、3、5 题是知道的，我把它们放一起。第 2、4、6、7 题的答案是不知道的，把它们放一起。（学生点头同意）

| | |
|---|---|
| 1. 你们班级有几个人？ | 2. 老师几岁？ |
| 3. 你的学号是几号？ | 4. 老师的身高是多少？ |
| 5. 你几岁？ | 6. 老师的眼镜有几度？ |
| | 7. 水里的青蛙有几只？ |

生$_2$：左边这几题的答案都是确定的数量，我们就可以用一个数字来表示。（板书：已知——数字）

生$_3$：右边这些问题的答案是未知的数量，就不能用一个数字来表示了。

师：像这样未知的数量，我们又该怎样表示？

## （二）体验中感悟

### 1. 体验

师：猜一猜，水里可能有几只青蛙？

生$_1$：50 只。

生$_2$：4 只。

生$_3$：11 只。

生$_4$：100 只。

……

师：你们觉得谁说的对？（学生摇头）

师：像这样未知的数量、不确定的数量，怎么表示呢？

生：用字母。

师：你们觉得可以吗？

生（点头）：可以。

师：怎么想的？

生：未知的数量、不确定的数量，我们就用字母来表示。

师：刚才这位同学很有创见，我们把掌声送给他！（板书：未知——字母）那你想用哪个字母？

生：$a$、$x$、$b$、$n$……（学生积极表达自己的想法）

师：听明白了，就是 26 个字母中的任何一个都可以。

（用 $a$ 来表示水里青蛙的数量）

**2. 冲突**

师：青蛙有大青蛙，还有——

生：小青蛙。

师：水里有 $a$ 只青蛙，现在水里有多少只大青蛙？

生：$d$ 只、$e$ 只、$f$ 只……

师：真聪明！把我们刚才所学的知识马上就应用上了。

师：也就是 26 个字母仍然都可以用，是吧？

（大多数学生点头同意）

（课件出示：$a$ 只）

生[1]：不能用 $a$。因为水里的青蛙已经用 $a$ 表示了，大青蛙就不能用 $a$ 表示了。

生[2]：如果用 $a$ 表示大青蛙的数量，说明水里就只有大青蛙了，这是不可能的。

师：真是会联系生活的孩子。所以，同一情境中，我们要用不同的字母来表示不同的数量。

**3. 运用**

师：现在你能回答前面那几个问题了吗？

（学生将手举得高高的，跃跃欲试。）

2. 老师几岁？（$b$ 岁、$n$ 岁……）

4. 老师的身高是多少？（$x$ 厘米、$c$ 厘米……）

6. 老师的眼镜有几度？（$m$ 度、$e$ 度……）

师：有一个孩子这样回答可以吗？

（课件出示：老师 $a$ 岁，老师的身高是 $a$ 米，老师的眼镜有 $a$ 度。）

生[1]：我认为不可以，他都用字母 $a$ 来表示。

生[2]：不可以，因为不同的字母表示不同的数量。

生[3]：我觉得应该可以，它们的单位不一样。

生$_4$：同一情境，不同的数量用不同的字母表示。这里的情境不一样，都用 $a$ 表示我觉得是可以的。

生$_5$：不同的情境，同样的字母表示的数量可能就不一样。

……

（学生激烈地辩论）

师：赞同这三个数量都可以用字母 $a$ 表示的同学，请举手。

（经过辩论，多数学生举手表示同意。）

师：你们的发现很重要。是的，在不同的情境中，同一字母可以表示不同的数量。

## （三）交流中提升

**1. 思考**

师：好，我们回到主题图。岸上 2 只青蛙跳进水里，现在水里有多少只青蛙？

生：$b$ 只、$d$ 只、$n$ 只……

师：只能这样表示吗？

（学生陷入思考）

**2. 交流**

（1）字母式表示结果

生$_1$：$a+b$。假如岸上有 $b$ 只青蛙，水里有 $a$ 只青蛙，现在水里就有 $a+b$ 只青蛙。

生$_2$：岸上青蛙的数量是已知的，不需要用字母表示。

生$_3$：岸上现在不是 $b$ 只青蛙，是 2 只青蛙，所以应该用 $a+2$ 表示。

生$_4$：我也认为应该用 $a+2$。岸上 2 只青蛙跳进水里，说明多了 2 只。

生$_5$：水里有 $a$ 只青蛙（学生伸出左手表示 $a$ 只），岸上有 2 只青蛙（学生伸出右手2根手指表示2只)，现在水里有 $a+2$ 只青蛙（学生将左右手合起来）。

（学生情不自禁地发出“哦”的声音）

师：真了不起，有了这个“合”的动作，同学们对 $a+2$ 的理解就更加清晰了。是的，我们用 $a+2$（板书：$a+2$）表示现在水里青蛙的数量，用含有字母的式子表示结果。（板书：式子、结果）

（2）字母参与加法运算

师（指着 $a$）：这个 $a$ 表示什么？

生：水里青蛙的数量。（学生齐答）

师：2 表示——

生：岸上青蛙的数量。（学生齐答）

师：你看，$a+2$ 就是把水里青蛙的数量与岸上青蛙的数量相加，未知的数量可以和已知的数量相加，字母和数字一样可以参与加法运算。

（3）字母式表示关系

师：$a+2$ 与 $a$，有什么关系呢？

生：我觉得 $a+2$ 比较大，比 $a$ 大 2。

师：是的，从 $a+2$，我们能看出这样的数量关系，即现在青蛙的数量比原来的多 2 只。看来 $a+2$ 不仅表示一个结果，还可以表示数量关系。（板书：数量关系）

**3. 迁移**

师：如果水里有 $a$ 只青蛙，跳出 5 只，那么水里剩下几只青蛙？

$生_1$：$a-5$，因为跳出 5 只，所以就减 5。

$生_2$：$a-5$，在原来 $a$ 只青蛙的基础上减掉 5 只。

师：由 $a-5$ 可以看出怎样的数量关系？（板书：$a-5$）

生：现在青蛙的数量比原来少 5 只。

师：你看，字母不仅可以参与加法运算，还可以参与减法运算。同学们，学到这里，你们有什么问题想问吗？

$生_1$：字母能不能参与乘法与除法运算？

师：这个问题很有价值。能不能举个例子？就从青蛙身上找找。

（学生将思路聚焦在青蛙身上）

$生_1$：$a\times4$。一只青蛙有 4 条腿，有 $a$ 只青蛙，$a\times4$ 就表示水里青蛙一共有几条腿。

师：你们同意吗？（学生点点头）谁来举例算算？

（学生进行验证：1 只青蛙，$1\times4$ 条腿；2 只青蛙，$2\times4$ 条腿；3 只青蛙，$3\times4$ 条腿；4 只青蛙，$4\times4$ 条腿；……）

师：青蛙的腿数和青蛙只数有什么关系？

$生_2$：青蛙的腿数是青蛙只数的 4 倍。

师：青蛙身上确实藏着 $a\times4$ 这个字母式。（板书：$a\times4$）青蛙身上还有其他乘法吗？

$生_3$：$a\times2$。

师：谁能读懂他的想法？

$生_4$：一只青蛙有 2 只眼睛，有 $a$ 只青蛙，就有 $a\times2$ 只眼睛。

师：你是这样想的吗？

$生_3$：是的。

师：英雄所见略同。你还想说？你说。

$生_5$：一只青蛙有 1 张嘴，$a$ 只青蛙就有 $a\times1$ 张嘴。

师：同学们，从青蛙身上找到的这些乘法，让老师想起一首儿歌。

（课件出示：1 只青蛙，1 张嘴，2 只眼睛，4 条腿；2 只青蛙，2 张嘴，4 只眼睛，8 条腿；3 只青蛙，3 张嘴，6 只眼睛，12 条腿；4 只青蛙，4 张嘴，8 只眼睛，16 条腿；……）

（学生一直往下唱）

$生_6$（突然站起来）：老师，这样唱不完，可以用字母表示。

$生_7$：是的，我赞同。比如，$a$ 只青蛙，$a$ 张嘴，$2\times a$ 只眼睛，$4\times a$ 条腿。

师：那字母可以参与除法运算吗？

（课件出示：3 只青蛙 $a$ 克，一只青蛙几克？）

$生_1$：$(a\div3)$ 克。

$生_2$：把 $a$ 克平均分成 3 份，一只青蛙就是 $(a\div3)$ 克。

师：真会学以致用。（板书：$a\div3$）看来，字母的功能还挺强大的，不仅可以表示未知数参与加减乘除的运算，含有字母的式子还能表示数量关系。

**4. 提升**

师：你会用字母表示数了吗？下面几道题考考大家。

（同学们拿出答题卡，再交流。）

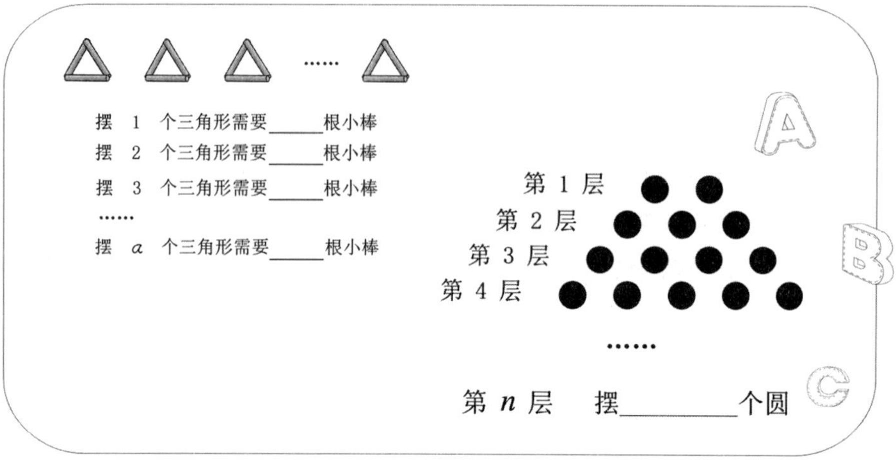


师：摆 $a$ 个三角形需要几根小棒？

生1：一个三角形需要 3 根小棒，$a$ 个三角形需要 $a\times3$ 根小棒。

生2：小棒的数量是三角形个数的 3 倍。

师：厉害，从图里看出了隐藏的数量关系。

师：第 2 小题，第 $n$ 层应该摆几个圆呢？

生1：$n+1$。第几层再加 1 就是圆的数量。

生2：圆的数量比层数多 1，所以第 $n$ 层圆的个数应该比层数多 1。

（引导学生从上到下观察层数和圆的个数，在左右对照中明确数、数量关系，最终确定规律。）

## （四）回顾中融合

### 1. 回顾

师：其实早在一、二年级的学习中，就有用字母表示数的影子。我们一起来看看。

| | | |
|---|---|---|
| 一年级： | 1 3 5 ★ 9 | 2＋●＝6 |
| 二年级： | 3×□＝24 | 4×□<21 |

### 2. 融合

师：现在将这些符号变成字母，你会算吗？

| | | |
|---|---|---|
| 一年级： | 1 3 5 $a$ 9 | $2+b=6$ |
| 二年级： | $3\times c=24$ | $4\times d<21$ |

**3. 对比**

师：这些字母所表示的数中，哪一个比较特殊？

$生_1$：第4个比较特殊。它有很多种可能。

$生_2$：我也认为 $d$ 比较特殊。它可以是1、2、3、4、5。

$生_3$：还可以是0。

师：真会观察。是的，字母有时可以表示多个数，有时却又表示一个数。（板书：一个数或几个数）

**4. 应用**

师：接下来，请同学们判断下面这些字母表示一个数还是多个数。

（课件出示：今年老师 $x$ 岁。）

生：一个数。

师：老师到底几岁呢？给你们三个选择：A. 26　B. 30　C. 60。你会选哪个？

$生_1$：A或者B。

$生_2$：不能选C，因为老师很年轻，不可能是60岁。

师：是的。在具体情境中，字母表示的数是有一定范围的。

（课件出示：现在老师的身高是 $a$ 米。）

师：老师的身高可能是几米？

生（猜测）：1.8米、1.76米、1.7米。

师：字母可以表示小数，你觉得字母还可以表示什么数？

生：分数、整数。

（课件出示：一辆公交车上原来有35人，到站下车 $a$ 人，上车 $b$ 人，现在车上有几人？）

$生_1$：$35-a+b$。

$生_2$：下去了 $a$ 人就减去 $a$，上来 $b$ 人再加 $b$，剩下的就是现在车上的人数。

师：同学们，对比这两个式子，有什么相同的地方？

生：都含有字母。

师：有什么不同的地方？

$生_1$：左边的式子只有一个字母，右边的式子有两个字母。

生$_2$：左边是加法，右边是加法和减法。

师：看来，一个式子可以含有两个不同的字母、两种运算。

师：字母除了可以参与加减混合运算，你觉得还可以参与什么运算呢？

生：加减乘除混合运算。

师：真是会学习的孩子！

**5. 总结**

师：这节课你有什么收获？（略）

## 板书设计

### 字母表示数

已知——数字

未知
- 字母：一个数或几个数
- 式子 $\left\{\begin{matrix} a+2 \\ a-5 \\ a\times 4 \\ a\div 3 \end{matrix}\right\}$ 结果、数量关系

## 通融历程

工作坊拟在学校举办一场对话式研讨活动。在贻亮老师的鼓励下，我开始准备这场活动的研讨课，过程可谓一波三折。选课，从六本教材到一本教材，再到三个备选课题，一路纠结。一周过去了，我的课题还没确定，最后抽签选出了《字母表示数》。接着备课，试教，自我感觉良好，结果展示出来的课却并不成熟。活动结束了，但思考并没有结束。我进入反思、重构、试教的循环之中。重构后的《字母表示数》在工作坊镇级研讨活动中得到老师们的肯定，经贻亮老师推荐，于市级研讨活动中展示。

### （一）如何通俗？

学生对字母表示数并不是一无所知，教材所呈现的儿歌也是学生较为熟悉的。在首次教学中，我从儿歌引入，课堂上学生唱得可起劲了，压根就忘记了这

是一堂数学课而不是一堂音乐课，而我只能打断他们，生硬地问道：“继续唱下去，能唱得完吗？”字母的出现几乎没有特别的说明与介绍，仅以这样的问题过渡。那么，字母是怎么来的？仅仅是因为写不完就想到用字母来表示吗？学生并不清楚。

有了这样的思考后，在第二次教学中，我侧重从特定的未知数的角度切入教学。为什么不从“变量”切入呢？主要原因是四年级的学生大多处于“理解用字母表示一个具体数字”的水平。从练习和谈话中，我发现学生学习了《字母表示数》之后，虽然不难理解字母可用于表示一些明显的规律，但是，解题时仍然依赖于文字叙述的方式，并不理解字母可用于表示一类量。当然，从特定的未知数的角度切入，我也走了些弯路，比如过分强调“特定”一词。处于小学阶段的学生并不能很好地理解“特定”的含义，他们的困惑是：粉笔盒里粉笔的数量明明是未知的，为什么却还是一个确定的数量呢？这不是自相矛盾吗？

经过多次调整，我借助几个学生感兴趣的生活问题，如“班级有几个人？”“水里的青蛙有几只？”让学生从确定的数自然而然地过渡到不确定的数。生活中，数有时是确定的，有时是不确定的；数学中，不确定的数可以用字母来表示；同一情境中，通常用不同的字母来表示不同的数。

### （二）如何通透？

学生在练习中经常会出现这样的问题：

（1）$a$ 只青蛙，$a$ 张嘴，$a$ 只眼睛，$a$ 条腿。

（2）$a$ 只青蛙，$b$ 张嘴，$c$ 只眼睛，$d$ 条腿。

（3）$a$ 只青蛙，$a$ 张嘴，$b$ 只眼睛，$c$ 条腿。

原本以为学生完成此类问题应该是轻而易举的，可现实往往是残酷的。在第一次教学中，我费了九牛二虎之力，才让学生发出这样的感慨：“哦，原来是 $a$ 只青蛙，$a$ 张嘴，$2\times a$ 只眼睛，$4\times a$ 条腿。”显然，前面的学习是含糊的，是不通透的。学生看似从具体的数平稳地过渡到了用字母表示数，但练习中明显暴露出学生的理解不可能一步到位。为什么会这样呢？通过谈话，我发现原因是学生对运算结果中保留字母感到不安。比如，数字怎么可以与字母相乘呢？结果是 $4\times a$，那不等于没有做吗？

这些困惑引起我的深思：这节课的落脚点是否出现了偏差？如果是，那应该落到哪里呢？经过反复研讨，最终将落脚点放在“字母能参与运算吗”。

最后的设计以水里的青蛙数量为基础，问："岸上 2 只青蛙跳进水里，现在水里有多少只青蛙？""跳出 5 只，那么水里剩下几只青蛙？"加法是学生最熟悉的运算，以加法运算为突破口，学生一下子就能理解字母可参与加法运算，情绪较为高昂，思维也活跃起来。然后，让学生自己提出疑问："字母能不能参与乘法与除法运算？"再接着从青蛙身体上寻找相关例子进行验证。借助一材多用，引导学生发现字母可参与加法、减法运算，并迁移至乘法与除法运算中，达到通透理解知识的目标。

## （三）如何融合？

小学数学的内容是充满联系的。第一次教学中，我以问题"你在哪里见过字母表示数？"为载体，引导学生简单地回顾用字母表示运算定律等，最终感觉只是为了联系而联系，为了融合而融合，学生无法真正形成较为完整的知识结构。

所谓"融合"，就是要关注知识的"前世""今生"和"未来"。学生在一、二年级的学习中，就有字母表示数的经验，基于学生的学习经验，我们只需起到唤醒"前世"、拓展"未来"的作用。

再次设计时，我从几个简单的例子入手，如"1　3　5　★　9""$2+●=6$""$3\times\square=24$""$4\times\square<21$"等，唤醒学生已有的知识经验，将其与字母进行沟通与联系。学生借此发现：有时字母表示特定的未知数，有时字母表示变化的数。看清了知识的"前世"，还得了解知识的"未来"。通过 $2+b=6$、$3\times c=24$ 等素材，渗透方程思想、函数思想，同时让学生在年龄、身高、公交车等情境中进行对比、交流，感悟字母除了可表示整数外，还可以表示小数、分数等，从而融合"前世"与"今生"，形成较为完整的知识体系。

（执教：晋江市第二实验小学　张俊金）

下载课件

# 四、《“数”数》课例解析

## 教学内容　根据北师大版五年级上册第 65 页进行创编

### 分数的再认识(二)

● 用附页 3 中图 1 的纸条，量一量数学书的长和宽各是多少。

● 你能帮淘气继续量下去吗？看一看，再用附页 3 中图 1 的纸条量一量。

● 下面是一个“分数墙”，填一填，想一想，你发现了什么？

| | | | | | |
|---|---|---|---|---|---|
| 1 | | | | | |
| $\frac{1}{2}$ | $\frac{1}{2}$ | | | | |
| $\frac{1}{3}$ | $\frac{1}{3}$ | $\frac{1}{3}$ | | | |
| $\frac{1}{4}$ | $\frac{1}{4}$ | $\frac{1}{\square}$ | $\frac{1}{\square}$ | | |
| $\frac{1}{5}$ | $\frac{1}{\square}$ | $\frac{1}{\square}$ | $\frac{1}{\square}$ | $\frac{1}{\square}$ | |
| $\frac{1}{6}$ | $\frac{1}{\square}$ | $\frac{1}{\square}$ | $\frac{1}{\square}$ | $\frac{1}{\square}$ | $\frac{1}{\square}$ |
| | | | | | |
| | | | | | |
| | | | | | |
| | | | | | |

$\frac{1}{2} > \frac{1}{3}$。

9 个 $\frac{1}{9}$ 是 1。

● 认一认。

像 $\frac{1}{2}$，$\frac{1}{3}$，$\frac{1}{4}$，$\frac{1}{5}$，$\frac{1}{6}$，…这样的分数叫作分数单位。

## 教学目标

1. 认识分数单位，理解分数的度量意义；在度量中，理解假分数的产生；能进行真分数和假分数的分类，进一步培养分数的数感。

2. 经历多元化的数学活动，进一步发展观察能力、推理意识及数学表达素养，积累数学活动经验，体会变中不变的数学思想。

3. 密切分数与整数、小数的内在联系，进一步增强学好数学的信心。

## 通融思考

分数的学习是小学阶段关于“数”的认识的一次飞跃，也是一次较大的挑战。相关学者、一线教师对此都有较多研究。

### （一）从哪里切入？

教材的课题是“分数的再认识（二）”，主要内容是认识分数单位，并借助“分数墙”发展学生的数感。但是，分数作为一种“数”，在意义上具有多元性。既有份数意义，也有度量意义、商的意义、比的意义等。对它的“再认识（二）”应着眼于哪种意义，又应该如何切入？

另外，与整数、小数相比较，同样是数，那么分数是否也可以“数”？怎么“数”？用什么“数”？它们之间有什么相同点或不同点？教学又该如何切入，从哪里联通，从而使整数、小数的认知经验可以为分数所用，在同化与顺应中增强学习的迁移力、结构力？

### （二）从哪里延伸？

为什么要认识与掌握分数单位？知道“像$\frac{1}{2}$，$\frac{1}{3}$，$\frac{1}{4}$，$\frac{1}{5}$，$\frac{1}{6}$，…这样的分数叫作分数单位”够了吗？如何更好地定位本课在整个教学单元的位置，并让学生对分数单位有更立体的认知呢？是否要和整数、小数的计数单位进行对比、联通？

借此延伸开来，能否把真分数、假分数的认知与本课联系起来，使学生在“数”数的过程中，从一份到多份，从真分数到假分数，进而无痕地在同化与顺应中完成认知的建构，从而对分数的分类有更通透的认识？

沿着这个教学思路往下探寻，是否需要对假分数进行一番思考？假分数是“假的分数”吗？假分数也是一个分数，为什么会用上“假”字？是命名人的疏忽大意，还是背后另有原因？如何融化学生认知中的这一“冰点”？

## 教学过程

### （一）唤醒经验，引发思考

师（指着屏幕）：我们今天学习的课题怎么读？（请几位学生读一读，感知多音字的读法。）

师：你会数整数吗？（课件出示小棒图片）怎么数？

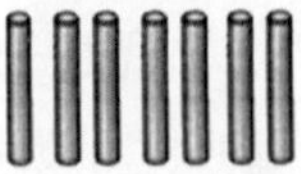

生：一根一根地数，1、2、3、4、5、6、7。

师：也就是有几个几？

生：有7个一。

师：是的，一个一个地数，7个一是7。这是一年级的旧经验了。（课件出示小棒图片）怎么数？

生：20。十根十根地数，有2个十。

师：没错。数着数着，我们认识了整数的计数单位。（板书：个、十、百、千、万……）

师：你会数小数吗？（课件出示图片）怎么数？

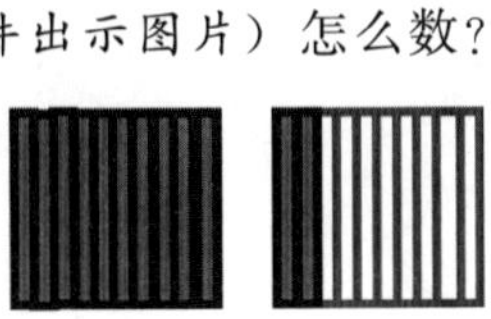

生：1.2，它里面有12个0.1。

师：这也是旧经验了。像 1.2 这样的小数，数学上也叫作带小数，一个整数带一个小数部分。（课件出示：带小数）

师：0.03，会数吗？谁来？（课件出示空的百格图）

生：每格是 0.01，3 个 0.01 就是 0.03。（根据学生的回答，为小方格涂色。）

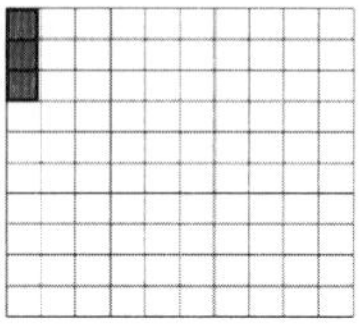

师：数着数着，我们又认识了小数的计数单位。（板书：0.1、0.01、0.001……）

师：观察一下，整数和小数的计数单位有什么相同点？（同桌交流）

生$_1$：10 个一是十，10 个十是一百。

生$_2$：都是满十进一。10 个 0.01 是 0.1，10 个 0.1 是 1。

师（指着板书）：确实，相邻两个计数单位间的进率都是 10。“一”是小数和整数的交接点，从“一”开始累加，就是十、百、千等，从“一”开始拆分，就是 0.1、0.01 等。这样的计数方法叫“十进制计数法”。（板书：十进制）

师：你数过分数吗？

生$_1$：没有。

生$_2$：应该有吧。

师：为什么多了个“吧”字？

生$_2$（笑）：不确定。

师：要数分数，猜一猜，要先认识什么？

生：分数单位。

师：真会联想。下面我们先重点认识下分数单位。

## （二）多元度量，理解单位

### 1. 在度量中理解分数单位

师：“1”里面有（　　）个（　　）。（课件出示图片，学生先独立思考，再同桌交流。）

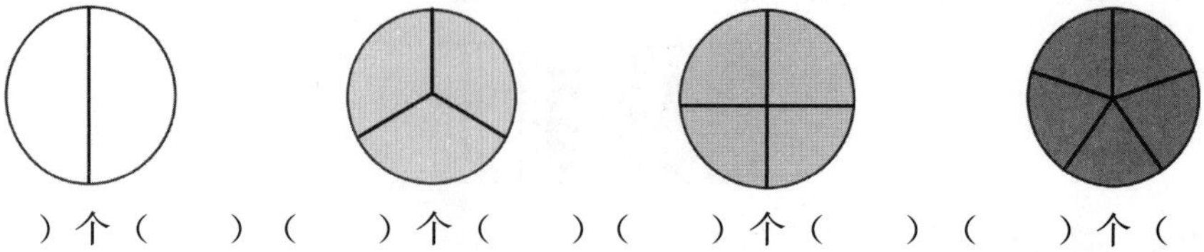

（　　）个（　　）（　　）个（　　）（　　）个（　　）（　　）个（　　）

生：“1”里面有2个$\frac{1}{2}$。

师：怎么想的？

生：把“1”平均分成两份，每份都是$\frac{1}{2}$，2个$\frac{1}{2}$就是“1”。

师：说得真完整。$\left(\right.$请学生依次数出后面三张图：3个$\frac{1}{3}$，4个$\frac{1}{4}$，5个$\frac{1}{5}$。$\left.\right)$

师：数分数其实也很（简单）。我们整理下。$\left(\right.$课件出示，并告知学生像$\frac{1}{2}$、$\frac{1}{3}$、$\frac{1}{4}$、$\frac{1}{5}$等都是分数单位。$\left.\right)$

1
（2）个（$\frac{1}{2}$）
（3）个（$\frac{1}{3}$）
（4）个（$\frac{1}{4}$）
（5）个（$\frac{1}{5}$）

师：学到这里，你有什么问题？

生：有没有最小的分数单位？

师：你觉得呢？

$生_1$：平均分成6份，每份是$\frac{1}{6}$。如果平均分成10份、100份、1000份，分数单位就分别是$\frac{1}{10}$、$\frac{1}{100}$、$\frac{1}{1000}$。

$生_2$：没有最小，只有更小。

（全班同学点头）

师：看来，平均分的份数越多，分数单位就越小。（板书：越分越小）

$生_3$：有没有最大的分数单位？

$生_4$：应该没有吧？

$生_5$：没有最小的，应该也没有最大的。

$生_6$：最大的分数单位是$\frac{1}{2}$。

师：怎么想的？

生$_6$：把一个整体平均分，至少也要平均分成 2 份，所以$\frac{1}{2}$就是最大的分数单位。

（全班同学自发鼓掌）

生$_7$：分数单位还是十进制的吗？

（引导学生观察、分析，发现分数单位间“非十进制”的特点，分数单位与“一”之间的进率由分母的大小决定。）

师：看来分数单位和整数、小数的计数单位相比，真——

生$_1$：有趣。

生$_2$：神奇。

生$_3$：会变化。

师：再观察下，这些分数单位有什么共同点？

生$_1$：分母从 2 开始，一直增加。

生$_2$：分子都是 1。$\left[\text{板书：}\frac{1}{(\quad)}\right]$

师：分数单位，早在 2000 多年前的古希腊，就是数学家们爱玩的数学智力游戏。$\left[\text{课件出示“分数单位拼图”，让学生独立思考}\frac{1}{(\quad)}+\frac{1}{(\quad)}+\frac{1}{(\quad)}=1\text{。}\right]$

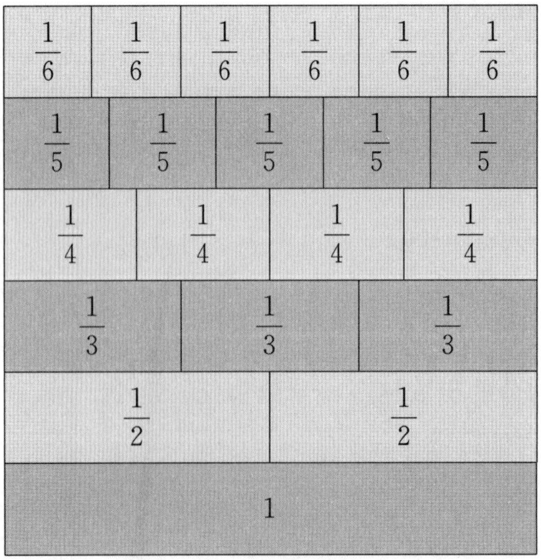


方法 1：$\frac{1}{3}+\frac{1}{3}+\frac{1}{3}=1$；方法 2：$\frac{1}{2}+\frac{1}{4}+\frac{1}{4}=1$；方法 3：$\frac{1}{2}+\frac{1}{6}+\frac{1}{3}=1$。

师：如果再往下玩，你会怎样设计题目？有兴趣的同学课后可以互相挑战下。

（出示填空题，请学生独立完成，把答案写在练习本上。）

| |
|---|
| 5个$\frac{1}{12}$是$\frac{(\quad)}{(\quad)}$ |
| $\frac{3}{5}$里有（　）个$\frac{(\quad)}{(\quad)}$ |
| $\frac{11}{13}$的分数单位是$\frac{(\quad)}{(\quad)}$ |

师：认为自己全对的，请起立。（询问没有站起来的同学，了解他们在担心什么或对哪道题比较不放心，再核对题目答案。学生遇到陌生题目能独立思考，此时给予掌声鼓励。）

**2. 在度量中认识真分数、假分数**

师：认识了分数单位，下面我们来数一数分数。不过，我们要换种方式。哑剧，你们听说过吗？哑剧就是——

生：不说话，只做动作。

师：对。下面我们用分数单位来演一出哑剧，谁来？（请大胆举手的一位同学上台）

师：演过吗？（没）自信！掌声送给他。待会儿如果看懂了大家就点点头。如果他做对了，大家掌声鼓励；如果不对，待会儿请举手发言。可以吗？

生：可以。

（拿出一个圆，食指比画“1”，学生点点头；拿出一个圆的$\frac{1}{4}$，敲敲黑板，画条横线，请学生写出$\frac{1}{4}$。然后依次增加圆的$\frac{1}{4}$，写出$\frac{2}{4}$、$\frac{3}{4}$、$\frac{4}{4}$。全班同学热烈鼓掌。）

师：第一幕结束，看来大家都同意了。第二幕即将开始，需要两位同学，谁来？（请两位同学上台。先指着前面的$\frac{1}{4}$到$\frac{4}{4}$，两位学生点点头；再拿出1个$\frac{1}{4}$，让学生写出下一个分数。一个学生写$\frac{5}{4}$，另一个学生写$\frac{5}{5}$。）

师：有什么问题？

生$_1$：$\frac{4}{4}$，还能再往下写吗？

师：什么意思？

生$_1$：$\frac{4}{4}$已经是最大的了，怎么可以往下写？

师（问写“$\frac{5}{4}$”的同学）：你是怎么想的？

生$_2$：1个是$\frac{1}{4}$，2个是$\frac{2}{4}$，3个是$\frac{3}{4}$，4个是$\frac{4}{4}$，再来1个是5个，应该就是$\frac{5}{4}$。

师：还有谁补充？

生$_3$：$\frac{4}{4}$再加$\frac{1}{4}$，就等于$\frac{5}{4}$。

生$_4$：还可以写成$1\frac{1}{4}$。（请学生上台板演，并让他通过拼摆5个$\frac{1}{4}$，表示$1\frac{1}{4}$。）

师：像$1\frac{1}{4}$这样的分数叫带分数。一个整数后面带着一个分数。

师：刚才的问题主要是什么？

生$_1$：不确定分数能不能比“1”大。

生$_2$：没见过分子比分母大的分数。

师：现在这个问题解决了吗？有什么体会？

生：解决了。分数单位数着数着，就可以比“1”大，也可以写成带分数。

（再顺势依次多摆几个$\frac{1}{4}$，从$\frac{5}{4}$写到$\frac{9}{4}$。同步出现数轴，把分数与数轴上的点对应起来。）

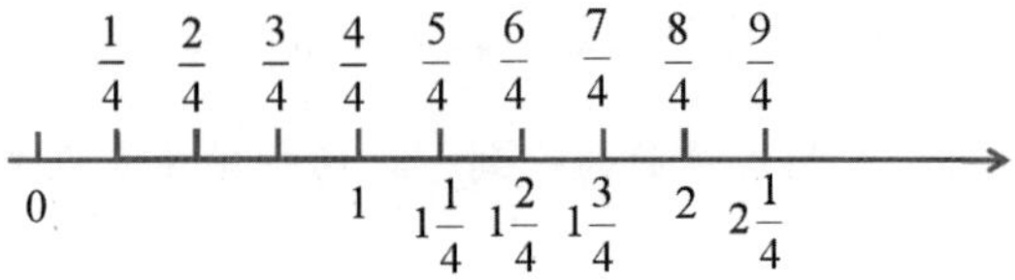


师：数得完吗？越数会越（大）。可以到多大？（板书：越数越大）

生$_1$：很大很大。

生$_2$：无穷大。

师：1个$\frac{1}{4}$很小，但数的数量多了，这个分数就越来越大了。（根据课件，介绍数学上把分数分成两类：比0大且比1小的分为一类；等于1或大于1的分为一类。前面一类叫“真分数”，后面一类叫“假分数”。）

师：假分数是分数吗？是什么样的分数？

生$_1$：假分数也是分数，是一个等于1或大于1的分数。

生$_2$：假分数也是分数，有的还可以写成带分数。

（出示有关分数的历史资料，请学生默读，感悟分数命名的变化。）

**读一读**

**分数的历史悠久，最早的记录见于公元前1650年的《莱因德纸草书》，迄今约3600年。我国《九章算术》中就有明确记录：$\frac{1}{2}$、$\frac{2}{3}$、$\frac{3}{4}$、$\frac{4}{5}$四个分数相加，和是多少？答：$2\frac{43}{60}$。假分数是通过真分数加法才产生的，结果仍写成带分数的形式，一直没有给它正式命名。1905年，商务印书馆出版的教材中第一次出现了正分数（现在的“真分数”）、带分数和混分数（现在的“假分数”）。1912年改为真分数、假分数和带分数，一直沿用至今。**

师：怎么读？（课件出示诗句：风吹草低见牛羊）

生：风吹草低“现”牛羊。

师：见，在这里读xiàn，是个通假字。其实$1\frac{1}{4}$写成$\frac{5}{4}$，也是一种通假用法，它实际上就是一个大于1的带分数。

### （三）回顾梳理，拓展认知

师：整数、小数、分数，看来都是数出来的。下面我们整理一下。

（课件出示整数23，复习两种不同的数法：23个一；2个十、3个一。同样的道理，复习小数2.3的两种不同数法：23个0.1；2个一、3个0.1。分数$2\frac{3}{4}$

的两种不同数法：11个$\frac{1}{4}$；2个一、3个$\frac{1}{4}$。)

师：3个数的类型不同、大小也不同，在“数”数的过程中，有什么相同点？（同桌交流讨论）

生$_1$：都有两种不同的数法。

生$_2$：都是在数它们的计数单位。

生$_3$：都是在数这个数里面有几个几。

师：看来，同学们很有体会。是的，“数”数就是数一数分别有几个相同的计数单位。（课件出示上述结论）

师：时间关系，课快结束了，最后问大家一个问题：你还想“数”数吗？为什么？

生$_1$：想，“数”数太有意思了。

生$_2$：太想了，没想到“数”数还这么有学问。

生$_3$：不想，太烧脑了。

师：什么意思？

生$_3$：“数”数里面还有这么多的内容，感觉太烧脑了。（说着说着，自己笑了）不过，也挺好玩的，特别是哑剧。

师：很高兴大家对“数”数有这么深刻的体验。数学，本来就是有趣的、好玩的，希望同学们今后越学越好，越学越聪明。下课！

## 板书设计

**“数”数**

（　）个（　）

整数单位：个、十、百、千、万……
小数单位：0.1、0.01、0.001……　} 十进制

分数单位：$\frac{1}{2}$、$\frac{1}{3}$、$\frac{1}{4}$、$\frac{1}{5}$……$\frac{1}{(\ \ )}$　非十进制

越数越大　　　越分越小

## 通融历程

《“数”数》一课，是基于北师大版五年级上册《分数的意义》教学单元中《分数的再认识（二）》进行改编的。这一改编，其实和许多课一样，源于任务的驱动。

2019 年 12 月，经校、市、省等多轮推荐，我有幸参加新世纪小学数学杰出人才发展工程第六届高级研修班。该研修班的首席导师是北师大版教材主编张丹教授，研修的主要方向是“单元整体教学”。当时，我确定的研究课题单元就是《分数的意义》。一方面，2010 年我曾执教过《分数基本性质》且获得福建省第九届小学数学年会课堂教学观摩研讨会一等奖，2014 年起我有 3 个不同版本的设计并多次在福建、江苏、浙江等地执教过《分数的再认识（一）》，可以说对于《分数的意义》已有一定的经验和研究底蕴。另一方面，作为研修的课题，我不满足使其局限于单元推进之中，而设想着能够做到“聚是一团火，散作满天星”，让单元整体教学的每一课时既有整体的结构力、发展力，又可以独立展示、交流、辐射。为此，在 2020 年 10 月第一轮实践成功后，我大胆地就这节课进行展示、交流，先后参加了福建省徐国裕名师工作室“送教送研”活动、厦门市小学数学李玲玲名师工作室联研活动等，并得到了许多的好评。福建省小学数学学科带头人沈庆兰还当场赋了一首“冠名诗”：“‘贻’智无穷，‘亮’点见光，数成心‘许’。”

研究本课时，我有意识地把它放在整个教学单元中加以考量，有意识地以“利用迁移促进学生分数意义理解的教学实践”课题实践为指导，对本课教学的重点、难点等进行把握。在研究中，我更加深刻地感知着整数、小数的学习对分数意义学习的影响，如果不加以有意识地引领或组织，很有可能起阻碍作用而不是促进作用。因此，如何强化正迁移、消解负迁移，就是备课、执教、反思过程中要时刻关注的话题。

### （一）课题的命名

作为教材的创编，我把本课命名为“‘数’数”，这背后是有很多想法的。

分数具有多重意义，也有多元表征，是小学阶段学生认识“数”的一个分水岭。很多同学因为无法自如地在多重意义与多元表征中收集信息、分析信息、处理信息而出现学习效果不佳或做题时对时错的情况。更不用说，分数具有“量”与“率”的二重性。

通过分析教材，我感觉到对分数意义的序列安排还有不少的调整空间。教材主要以“份数意义”为轴排列，包括“分数的再认识（一）”“分饼”“分数基本性质”等，并没有很好地呈现出多重意义的递进性发展，也没有充分利用整数、小数的认知经验，使“分数的意义”能够“在原有的枝干上再挂一片叶子”。

那么，怎样才能使整数、小数、分数的认识联通起来呢？我以课题“‘数’数”为轴进行设计。

**1. 唤醒回忆**

课伊始，让学生读一读课题——“数”数，感受多音字不同读音的不同词性。前一个“数”是动词，后一个“数”是名词。通过学生熟悉的、通俗的例子，从整数的“数”数过渡到小数的“数”数，整理出整数和小数的计数单位，并有机地引入“带小数”，为后续学习带分数奠定迁移的基础。

这一环节看似简单，但不经意间为分数的“数”数，即“数，起源于数”，确立了统一的认知基础，有利于建构起良性且有张力的数学认知结构。

**2. 对比分析**

虽然都是“数”数，但不同数的“数”是既有联系也有区别的，因此我设计了多组对比分析。其一，是整数和小数的计数单位的对比分析：“整数和小数的计数单位有什么相同点？”让学生发现其中的“十进制”且以“一”为交接点。其二，是分数单位引入后与整数、小数计数单位的对比分析，让学生发现分数是“非十进制”的，分数单位与“1”的进率由分母的大小决定。

通过对比分析，让学生透过现象看本质，发现整数、小数和分数的计数单位的异同点，有机地渗透“数”数的要点和工具，即计数单位的确定。

**3. 回顾梳理**

在课末，再次用“数”数把整数、小数、分数整合起来，在“回顾梳理”中，让学生发现虽然它们类型不同、大小也不同，但其内部却有许多相同点。最本质的是，“数”数就是数一数有几个相同的计数单位，也就是在更高的层次下统整到“数，起源于数”，使整数、小数、分数的认识呈现出一致性，共同建构关于“分数”的再认识。

综上，把《分数的再认识（二）》一课另取名为《“数”数》，并以“怎么数？”“有经验吗？”等核心问题进行联通，既层层推进又自成结构，充分发挥教学设计的整体功能，这就是隐藏在课题命名背后的思考。

其中，对于分数的计数单位也有更为细致的关注。例如：分数有没有最小的计数单位？分数有没有最大的计数单位？分数还是十进制的吗？分数单位有什么共同点？这些问题使分数的度量意义认识有了“根”的现实存在，并从始至终发挥着作用。

### （二）教学的视野

我们以为，教学的视野会决定学生认知的整个世界。分数单位的认识，并不仅仅是为了认识而认识，这是在备课时重点关注的问题。在整个《分数的意义》单元中，我们把前 4 个课时调整为《分数的再认识（一）》至《分数的再认识（四）》，并分别对应取名。“分”数——分数的再认识（一），侧重于分数的份数意义；“数”数——分数单位、真分数、假分数，侧重于分数的度量意义；“算”数——分数与除法，侧重于分数的商的意义；“变”数——分数基本性质，侧重于分数的份数意义、度量意义、商的意义的综合。

在本课时，从分数单位出发，把真分数、假分数的认识纳入其中，想要折射的是对于分数单位的理解与思考，也想折射出教学视野的定矩。

**1. 向内的微观察**

例如：怎么“数”分数？借助 2 个$\frac{1}{2}$、3 个$\frac{1}{3}$、4 个$\frac{1}{4}$、5 个$\frac{1}{5}$，让学生发现分数单位的特点：分子都是 1，故可以表示为$\frac{1}{(\quad)}$。它越分越小，没有最小的分数单位；但它有最大的分数单位，是$\frac{1}{2}$。

向内观察的视野，不能局限于常见图片素材的等分上。在教学中，还要有意识地向两个角度迁移。其一，填空的练习。在陌生的数学情境中，让学生尝试应用，从而实现对某个真分数的分数单位、分数单位个数的把握，并进一步强化学习的自信心：“没学过，我也会。”“我能行！我真棒！”其二，“分数单位拼图”的拆分。把“1”拆成 3 个分数单位的和，从常见的方法 1$\left(\frac{1}{3}+\frac{1}{3}+\frac{1}{3}=1\right)$到方法 2$\left(\frac{1}{2}+\frac{1}{4}+\frac{1}{4}=1\right)$，最后到更有直觉参与、更有形象思维的方法 3$\left(\frac{1}{2}+\frac{1}{6}+\frac{1}{3}=1\right)$，让学生感受分数单位的独特魅力。

细心的读者应该发现了，教学中把教材的“分数墙”改为“分数单位拼图”。为什么呢？教材的“分数墙”，从上到下的次序是 1、$\frac{1}{2}$、$\frac{1}{3}$、$\frac{1}{4}$……也就是把“1”进行二等分、三等分、四等分，以此类推；而“分数单位拼图”从上到下的次序刚好相反，“1”放在整幅图的最下方。为什么这样排列呢？灵感来源于日常生活中的砌墙经验，先打好厚实的基础，下大上小更为稳固，同时也更能够与所要思考的题目结合在一起：$\frac{1}{(\quad)}+\frac{1}{(\quad)}+\frac{1}{(\quad)}=1$。

所以说，教学改变常常不是无意的，只是有的是强意识的更改，有的是潜意识的变动。但总归要把这样的教学变化纳入更理性的分析、权衡、统筹范围之内，以师的“知其所以然”达成生的“知其所以然”。

**2. 向外的宏眺望**

本课最大的改编之处是，把真分数、假分数的认识与分数单位的认识整合起来，让学生在分数单位的向外“数”中，从 1 个到多个，从真分数到假分数，实现无痕跨越。

其中有两个环节思考得较多，推敲得较纠结。

其一，如何从真分数过渡到假分数。

在之前的设计中，是利用师生的互动对话，即借助$\frac{1}{4}$的圆片，从摆 1 个、2 个一直到 4 个、5 个，产生表达的分化点后再引导学生进行分析，从而在同化中顺应，完成对假分数$\frac{5}{4}$的认知。但是，这样的过程，容易造成学优生的“话语霸权”。几次试教后，最终从综艺节目《欢乐喜剧人》中获得灵感，以哑剧的形式展开，“虽不着文字，却尽得风流”。课堂上，将从$\frac{1}{4}$到$\frac{4}{4}$简单带过，并在新奇的组织形式中报以掌声。然后请 2 位同学上台，原因有二：一是与前一轮活动有承接递增，第一轮 1 位同学，第二轮 2 位同学；二是增加第二轮的变数：在$\frac{4}{4}$的基础上再加 1 个$\frac{1}{4}$，用哪个分数表示？受三年级学习分数初步认识的影响，多一个人就可能多一种变化，而这在课堂教学中是可以预料到的。部分学生不敢超过“1”，以为“分数最大就是 1”。也有部分同学可以借助同分母分数加法、“数”数、拼摆$\frac{1}{4}$圆片获得认知的飞跃，得到$\frac{5}{4}$或$1\frac{1}{4}$。

该过程给学生形式上的通俗、思路上的联通、思维上的变通以及“冰点”上的融化。教学过程中，学生数学认知上的提升清晰可见。

其二，假分数的理解与感悟。

张奠宙先生在《小学数学教材中的大道理——核心概念的理解与呈现》一书中曾说，“假警察不是警察”，但“假分数还是一个分数”。由此可知，假分数的“假”并不是真假的“假”。学生在生活语言与数学语言之间存在着认知上的隔阂，从而形成认知盲区。

如何消除这一认知上的盲区呢？教学中，我引入王永春教授在《小学数学核心素养教学论》一书中的观点，以阅读数学史料的形式，把 3600 多年间的分数发展变化浓缩成一页文字，让学生感悟、体验。在此基础上，融合并联通语文中的“通假字”用法，以学生熟悉的诗句“风吹草低见牛羊”为例，让学生在读中对比，由“见”通“现”类比体验“$\frac{5}{4}$”通“$1\frac{1}{4}$”，从而改造学生前经验中关于“假”的认知，把大于 1 的假分数与带分数等同起来，完善认知的建构。

这一宏眺望源于我 2019 年 10 月应首都师范大学刘效丽教授的邀请参加在延安举行的全国高师数学教育研究会小教培训工作委员会第十六届学术年会。当时王永春教授也受邀参会并做专题报告，我曾问他有关假分数命名的问题。基于此，我将数学史料与语文语法等进行联通，共同为学生的数学理解提供养分。

2021 年 12 月，在“高研班”的结题汇报中，我的课题研究过程得到了刘兼教授、孔企平教授、章勤琼教授、周达博士的肯定，我也因此获得了“优秀学员”的嘉奖，论文被评为“优秀论文”，为两年的课题研究披上一件光荣的外衣。这既是对同行的课题研究伙伴的一次极大鼓舞，也是“通融课堂”践行路途中的一块里程碑。我将带着最初的思考，在“追寻智慧且有品质的教学生活”路上继续探索。

（执教：晋江市第二实验小学　许贻亮）

下载课件

"图形与几何"领域

# 一、《什么是周长》课例解析

**教学内容** 北师大版三年级上册第 45 页

## 五 周长

### 什么是周长

● 用彩笔描出树叶和数学书封面的边线。

● 认一认，说一说。

● 你能得到树叶和数学书封面的周长吗？与同伴合作，量一量。

● 数一数，下面图形的周长分别是多少厘米？

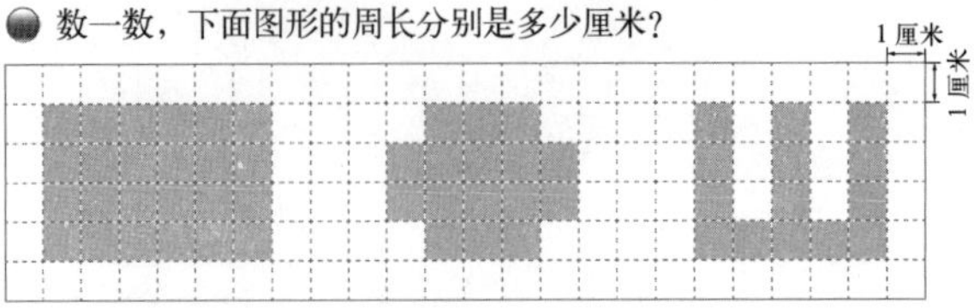


45

## 教学目标

1. 结合具体事物、图形，通过观察、比较等活动，认识物体表面或图形的周长。

2. 在围、描、量、数等活动中进一步理解周长的概念，了解测量方法，体会变与不变、化曲为直的数学思想，发展空间观念。

3. 结合具体情境，体会周长与实际生活的联系，学会与人合作，享受数学学习的快乐。

## 通融思考

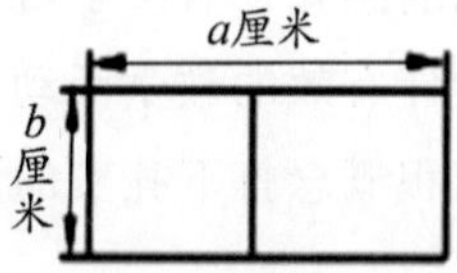


如图，大长方形的周长是 $C$ 厘米，剪去一个最大的正方形，剩下长方形的周长是（　　）厘米。

缘起：上面是一道六年级期末质量检测题，对六年级学生来说应该并不难。然而反馈情况大出意外，分值2分，平均得分约0.79。大长方形中剪去一个最大的正方形，正方形的边长为 $b$，则周长为 $4b$，因此很多学生误以为剩下长方形的周长为 $C-4b$。从这道题来看，一些学生受到求组合图形面积训练后思维定式的影响，而主因是学生对“周长”的概念意象不清晰。与部分学生进行了交流，当我追问“剩下长方形的一周在哪里”时，学生才认识到自己错了。显然，这部分学生对于“周长”的核心要素（“一周边线”“长度”）的认识是模糊的，导致与面积的概念表象互相干扰。

由此引发了我对《什么是周长》一课的思考：

### （一）认识“周长”的起点在哪里？

教材对“周长”的呈现思路是从认识实物表面的周长到不规则图形的周长再过渡到规则图形的周长，注重对封闭图形“一周”的感知。就学情来看，三年级学生在学习本课前，已经认识了长方形、正方形的基本特征，对平行四边形、三角形、梯形、圆等一些平面图形有直观的感知，且在认、画平面图形及其他生活实践中对“一周”已有一定的生活经验和认知基础，那么，对“周长”含义的理解就不应局限于感受“边线”“一周”等粗浅的认识。如何更深入地挖掘？教学的度又该如何把握，才能让学生学有所得？

### （二）认识“周长”的终点在哪里？

北师大版教材中，《周长》这一单元的学习目标包含了三个方面的内容：一是结合具体实物或图形认识周长；二是学会测量和计算简单图形的周长，探索并掌握长方形、正方形和其他多边形周长的计算方法；三是结合具体情境运用计算周长的方法解决问题。立足单元教学，本节课要为学生后续研究长方形、正方形周长的计算奠定哪些知识基础？对周长的理解到了“封闭图形的线段和”这一步，是否足够？

另外，周长和面积是两个不同且易混淆的概念。周长是一维空间的度量，却需要从二维的面上提取出来，如果学生对周长没有深刻的感知，后续学习面积是否会相互干扰？那么，在学习周长的起始课，该如何设计有效的教学活动，让周长概念在学生的头脑中打下深深的烙印，为后续建立面积概念打下扎实的认知基础？这是我要认真思考的问题。

## 教学过程

课前交流

师：上课前我们先来猜个谜语。身体长长，拿在手中，要问长短，它最了解。（打一学习用品）

生：尺子。

师：一根根，一条条，编织衣物少不了。有时直来有时弯，缝缝补补用得着。（打一生活用品）

生：线。

师：这是本节课我们要用到的两个工具，请放在桌子的右上角。

### （一）经验唤醒，再现数形知识

师：生活中有线，数学中也有线。请看屏幕，这里有三条线段，能按长度大小排列吗？（板贴：长度。学生表达自己的猜测。）

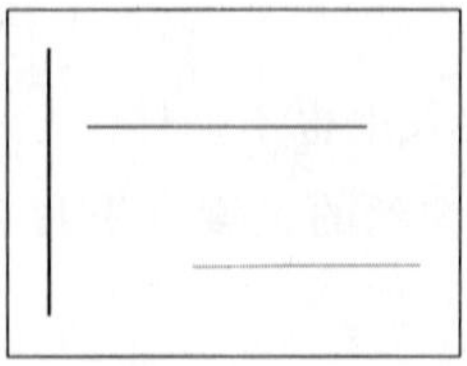

师：怎么验证？

生：用尺子来量一量。

师：数据会说话。（板书：数）同学们再想想，不用尺子还有没有其他方法呢？

生：把线段靠在一起。（学生上台操作：移动线段，对齐。）

师：哇，真棒！移一移，一端对齐之后，就能直接比较出长短了。（板书：形）

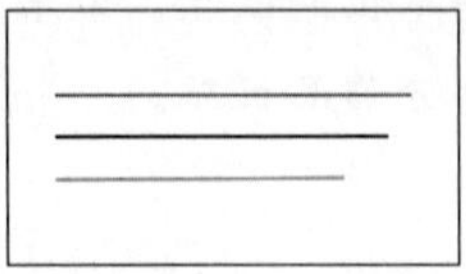

## （二）直观演示，初步感知周长

**1. 铁丝变形，初步认识周长**

师：老师请出了这三条线段，先用黄色的这条铁丝来变个小魔术。变！铁丝怎么了？

生：铁丝变弯了。

师：对，也就是形状变了。什么不变？

生：长度不变。

师：我们继续变。看！怎么了？（教师继续弯折铁丝，最终首尾连成一个圈。）

$生_1$：变成一个圈了。

$生_2$：两头连在一起了。

师：没错。像这样两头连起来的图形，我们叫它封闭图形。（板书：封闭图形）把剩下的两条线段也围成封闭图形。（板贴三个形状相同的图形）

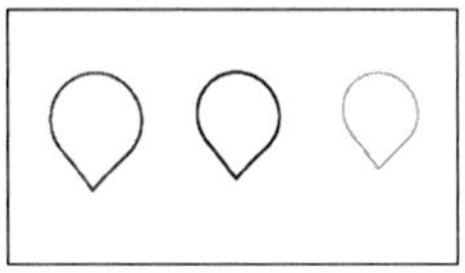

师：这三个图形形状相同，什么不同？

生$_3$：图形大小不一样。

生$_4$：围成图形的三条线段长度也不一样。

师：如果现在我们要测量铁丝的长度（手指黑色铁丝），应该从哪里量到哪里呢？谁来指一指？

（请学生指一指）

师：他从这点开始，沿着铁丝又回到这点，刚好描了这个封闭图形的（一圈）。

师：也可以说“一周”。（板书：一周）这一周的长度就是这个封闭图形的周长。这节课我们就来认识“周长”。（板书：周长）

**2. 动手操作，直观感知周长**

（1）围一围

师：老师这里有一根50厘米长的铁丝，谁来围出不同形状的封闭图形？

（学生动手围，教师选择部分作品板贴。）

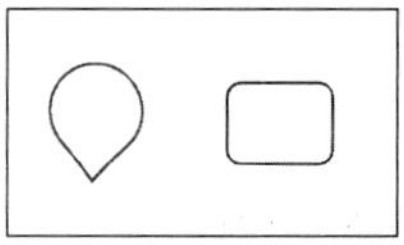

师：这两个图形什么不同？什么相同？

生$_1$：形状不同，周长相同。

生$_2$：周长都是50厘米。

生$_3$：形状变了，周长不变。（板书：变与不变）

（2）指一指

师：请一位同学上台把这个图形的周长描下来，大家仔细观察他是怎么描的。

师：这位同学描完了，我们再请两位同学上台，变换起点边指边说。（学生任选一个起点开始，沿着边线绕一周又回到了起点。）

师：同学们选的起点都不同，但有什么是相同的？

生$_4$：都是绕一圈。

生$_5$：长度都是一样的。

生$_6$：都回到了起点。

师：无论从哪一点开始，沿着边线都能回到起点。这一周的长度就是这个封闭图形的周长。（板书：一周的长度）

(3) 描一描

师：蚂蚁沿着图形的边线爬行一周，请用红色彩笔将它们走的路线描出来(出示图片)，从信封中拿出学习单开始吧。

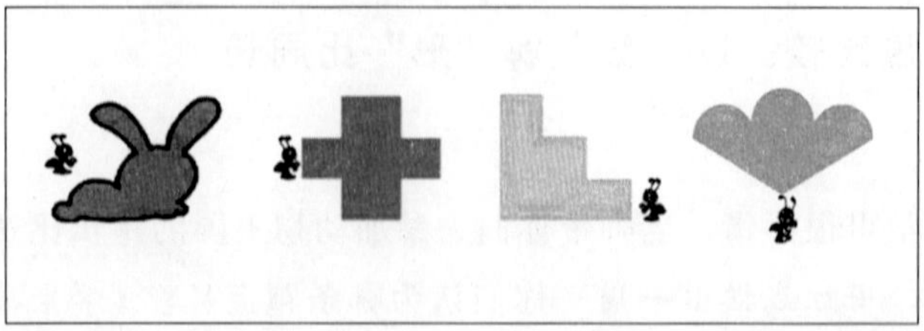

(展示学生作品)

师：说一说你是怎么描的。

(引导学生进行完整的表达：从兔子耳朵上的一点出发，沿边线描一周，再回到这个点，这样描出的线就是兔子的一周。)

师：你们都是细致的孩子，这几个图形的一周描得非常好。

师：学到这儿，让我们静静地想一想，周长中的“周”和“长”分别指什么?

生：“周”就是指图形外围的一周，“长”就是这一周的长度。

## (三) 联系生活，实物中找周长

师：今天我们认识了周长，能在身边找找物体表面的周长吗?

生$_1$：数学书封面一周的长度就是数学书封面的周长。

生$_2$：绕操场一周的长度就是操场的周长。

生$_3$：课桌桌面一周的长度就是课桌桌面的周长。

师：其实周长还有其他的名字(课件出示)。如一个岛屿的海岸线就是这个岛屿的周长。我们身上也有周长，你们知道吗?互相找一找。

生$_1$(指着面部轮廓)：脸一周的长度就是脸的周长。

生$_2$(比画身体轮廓)：身体一周的长度也是周长。

生$_3$(指着手掌面)：手掌一周的长度是手掌面的周长。

师：对，你们找到了很多。身体上的这些周长都是有用的。谁知道有什么用?

生$_1$：买裤子要量腰围。

生$_2$：买帽子要量头围。

师：成语“量体裁衣”中量的“体”实际上就是身体各部位的周长，方便制作出合身的衣服。

## （四）测量比较，以“数”解“形”比周长

**1. 量一量**

师：大家学得很不错，老师带你们去参加动物王国的跑步比赛。（课件出示，以动画的形式，用红线描出一周）你们认为哪条跑道长？（学生举手表决。选长方形的32人，选圆形的18人。）

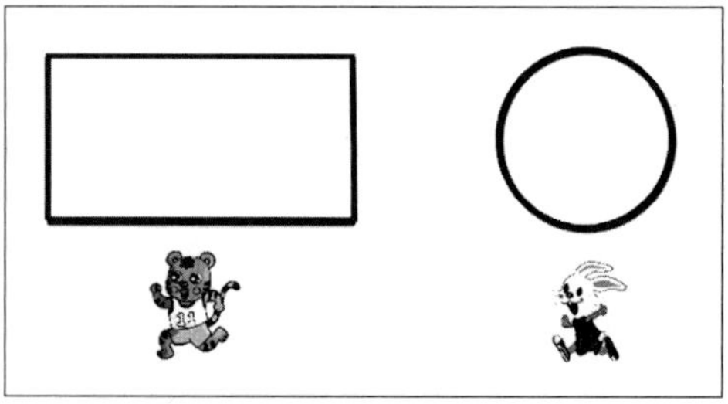

师：到底哪条长？我们可以怎么判断？

生：量一下。

师（出示活动要求）：①同桌合作，先商量办法，再选择合适的工具进行测量。②把数据记录在图形卡片上，数据取整厘米数。

（学生从信封中拿出图形测量。）

师：大家是怎么测量的？

生：可以用直尺测量长方形的长和宽，然后把它们加起来，4＋5＋4＋5＝18（分米），18分米就是长方形的周长。［板书：4＋5＋4＋5＝18（分米）］

师：量了为什么还要加？

生$_1$：量的只是部分的长度，还不是全部一周的长度。

生$_2$：长方形的两条长相等，两条宽也相等，只要量这两条边，用长乘2加上宽乘2。

师：能联系学过的长方形的特征来解决问题，真会学习！

师：刚才同学们通过量、算求出了长方形的周长，想想学过的哪些图形也能用这样的方法求出周长？

生：三角形、正方形、平行四边形、梯形、五边形、六边形……

师：请大家尝试计算下面图形的周长。

（课件出示：计算下面图形的周长）

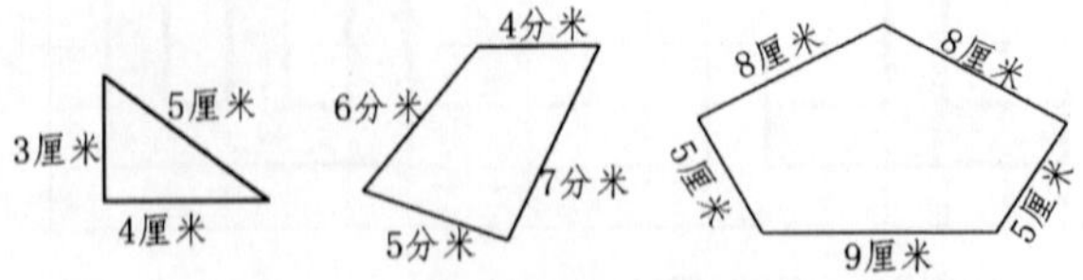


生$_1$：3+4+5=12（厘米），三角形的周长是12厘米。

生$_2$：四边形的左边长是6分米，下边长是5分米，右边长是7分米，上边长是4分米。6+5+7+4=22（分米）。

生$_3$：五边形的周长为5+9+5+8+8=35（厘米）。

师：回顾一下，刚才这3个图形是怎么求周长的？

生$_4$：三角形是三条边相加。

生$_5$：四边形是四条边相加，五边形就是五条边相加。

师：六边形呢？七边形呢？

生$_6$：几边形就是几条边相加。

师：圆形呢？

生（笑）：圆是一边形。（全班同学大笑）

师：还用直尺量吗？

生：尺子是直的，圆形是弯的，没法量。

师：谁来说一说它的测量方法？

生$_1$：用圆形纸片在尺子上滚动一周，纸片在尺子上滚过的长度就是这个圆形的周长。

生$_2$：我用线绳沿着圆绕一圈，然后拿下来测量绕的那部分的长度就可以了。

师：现在的长度和原来的有什么不同？

生：原来是弯曲的，现在变成了直的，更好测量。

师：这个方法很巧妙，会思考。（板书：曲→直）

师：谁更长？刚才你猜对了吗？（学生根据测量的数值进行比较，长方形18厘米，圆形16厘米，长方形的周长更长。）

**2. 数一数**

师：谁的周长更长？独立思考，用什么方法来比？

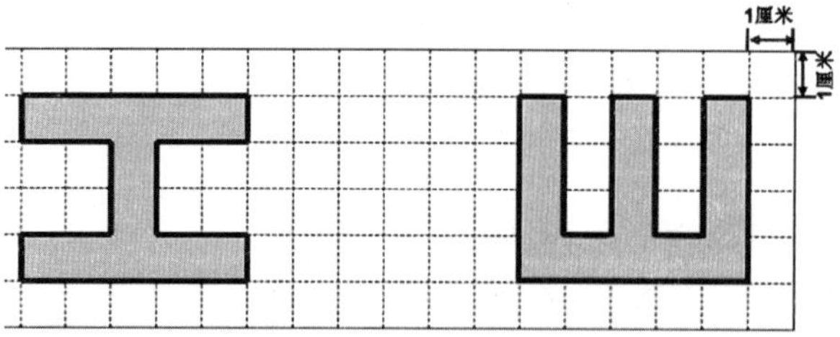


生$_1$：从某一个点开始，依次数。

生$_2$：同类的边线找相同边，再相加。

### （五）平移转化，以"形"助"形"比周长

**1. 周长不变**

师：这里有一张长方形纸，如果剪掉一部分会怎么样？

生：纸会变小。

师：能不能剪掉一部分，使周长不变？（展示图形，学生讨论、交流、操作。）

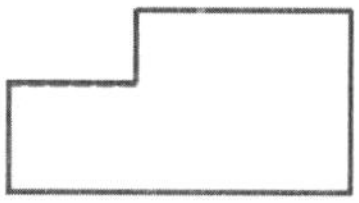

师：图形变小了，怎么知道周长没变？

生$_1$：量出每条边的长度再相加。

生$_2$：我觉得还可以先把剩下的图形转化成长方形，再计算周长。

师：请你具体介绍一下转化的方法。

（学生上台边指边说，教师操作课件同步演示转化方法。）

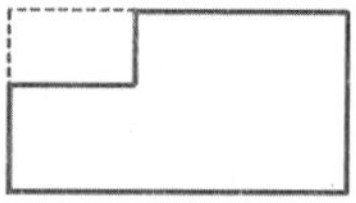

生$_1$：移动边线，图形不就变大了吗？

生$_2$：我们在比周长的时候，不要被图形的形状或大小迷惑，可以把边线移一移，比出边线的长度就可以了。

师：平移把复杂的图形变成简单的图形，确实是好方法。

师：（课件动画演示）如果从这个长方形中先剪去一个小长方形，再剪去一个小长方形，剩下图形的周长变小了吗？

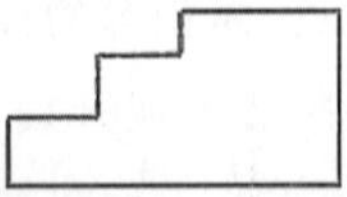

生：周长还是没变。

师：两个形状不同的图形，周长却是相等的。你有什么想说的吗？

生$_1$：虽然这两个图形形状不同，但通过平移都能转化成完全一样的长方形，所以它们的周长是相等的。

生$_2$：我想，像这样从原来的长方形中剪去一个小正方形或小长方形，周长应该都是相等的。

**2. 周长增加**

师：能不能剪掉一部分，使周长增加？这个问题就留给同学们课后去思考。

### （六）回顾总结

师：这节课你收获了哪些数学知识？你是用什么方法学会的？（略）

## 板书设计

**周　　长**

封闭图形一周的长度

形　数　　　　　　　　　　变与不变

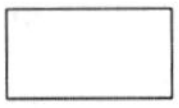

4＋5＋4＋5＝18（分米）

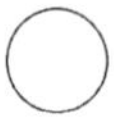

曲→直

## 通融历程

2020年，工作坊开展了“聚焦‘概念教学’教材的通融解读策略”主题研究活动。借着这股“东风”，我想就小学阶段的3个重要度量概念（周长、面积和体积）的教学做一番研究，摸索出这一类课的教学核心。以往的教学中，我更关注显性知识，即有关周长、面积、体积等的计算问题，忽视了学生对基本概念的认识与理解，导致学生应用时容易出现开篇提到的错误。概念在“图形与几何”领域到底有着怎样的教育价值呢？下面将通过磨课过程中的思考和实践进行回顾梳理，以呈现自己的成长历程。

### （一）在一材多变中深入

素材是课堂中学生学习活动的载体，是活动的物质基础。从通融的视角出发，素材多不如少，最好是少而精，能够一材多用。如果能以一个素材贯穿始终，那么课堂会更有整体感，学生对概念的理解也会更为深入。

为了了解什么样的素材更能促进学生对数学本质的思考，我首先对比了不同版本教材关于“周长”的定义。人教版：“封闭图形一周的长度，是它的周长。”北师大版：“图形一周的长度就是图形的周长。”虽都只是一些描述性的叙述，但从中可见周长内涵的两个关键词：“一周”和“长度”。接着又对比了这两个版本教材的素材，发现都呈现了一些规则或不规则的实物和图形。人教版教材提供了树叶、三角尺、数学书封面、钟面等实物图以及五角星、三角形、长方形、正方形等图形。北师大版教材则相对简洁，只有树叶和数学书封面以及3个多边形。比较完，我对“树叶”提出了疑问。生活中学生没有测量树叶边线的经验，且它无法让学生感悟“周长”度量的本质——“长度”的累加，再观察我们常看到的有关周长的教学，大都遵循教材安排，从描树叶的边线开始，但学生对于为什么要描边线是不理解的，只是因为这是课堂上教师要求的，必须完成。

如何才能更好地让学生主动思考呢？我想，我们要尊重教材，但是在教材和学情之间，更应该注重对学情的分析和利用。学生对长度的已有理解是学习周长的生长点。二年级时，学生研究的是一维线段的长度，现在研究的是二维封闭图形一周边线的长度。虽然图形从一维转到二维，但研究的本质没有变，都是“长度”。如果能通过合适的素材架构联通的桥梁，就可以实现知识、技能、经验、方法等的串联与并联。带着这样的思考，课始我将三条线段简单的比较活动作为情境导入，巧妙蕴含了一维空间“长度”概念的内涵；对“数”与“形”的特征进行复习和回顾，让“数”与“形”同时浮出水面，为探索周长埋下伏笔。

接着借用小魔术将三条线段变成三根铁丝，铁丝可以随意地弯折变化，围出形状各异的图形。用铁丝作为操作材料更加形象直观，一方面会让学生自然地关注到它的长度，为后面理解周长的本质积累直接经验；另一方面，学生通过操作将一维的线变成了二维的封闭图形，为进一步认识周长提供了鲜活的素材。材不在华，巧用则灵。

课上我还将铁丝“一材三变”，设计了三个层次丰富的活动帮助学生理解周长。第一层次：通过一根铁丝不断变形，从一维到二维，引导学生观察什么变什么不变，在长度概念的基础上认识周长概念，顺利帮助学生建立有关“一周的长度”的表象，使得周长概念能够得到有效同化。第二层次：把另外两条线段也围成封闭图形，开展进一步的观察与比较。“这三个图形形状相同，什么不同?”这个问题让学生将眼光聚焦在长度上，意识到虽然形状相同但长度不同，周长就是封闭图形一周的长度。第三层次：给一条相同长度的铁丝，让学生动手围封闭图形，通过操作直观感受形状不同但周长相同。再经历“指一周”的活动，使得“周长”概念的建立具有过程性，最后借助描不同图形的边线，拓展概念的外延。这个环节渗透了变中不变的数学思想，从形状相同但长度不同的观察比较，到周长相同但形状不同的刻画描述，将数与形紧密联系在一起，使学生对周长的理解更为深刻。材不在多，深入则明。

## （二）从定量刻画中把握

从度量角度看，周长实际上是长度的累加。长度度量的本质是给每一条线赋以合适的数。如何才能得到这个数？原先教学只安排了长方形和圆形周长的测量与计算，学生通过操作、交流发现：直边图形可以用直尺测量，图形的周长就是所有边长的总和；曲边图形不好用直尺直接测量，可以借助绳子环绕一周后测量绳子的长度，或者在直尺上滚动一周得到周长。这样的设计更多的是关注度量工具的选择。

为了凸显周长的本质，引导学生充分感悟周长是边的不断叠加，我在这一环节增加了三角形、四边形和五边形的周长计算。以“测量、比较图形的周长”为任务，分三个层次驱动学生思考。第一层次：学生尝试求出三个图形（三角形、四边形、五边形）的周长，将“量”的动作思维与“算”的计算思维相衔接，内化对周长的理解。为什么量了还要加？用通俗易懂又直指本质的核心问题驱动数学思考，学生在对话交流中能充分感悟到图形的周长就是这个图形的线段和。第二层次：测量圆的周长。拓展周长概念的外延，体会化曲为直的数学思想。第三层次：通过对三角形、四边形、五边形、六边形、不规则图形的周长的观察与思考，不断强化“先找一周边线再累计求和”的求周长过程，让学生在具体情境中充分理解封闭图形所有线段的长度和就是周长。教不在深，达理则成。

学生学习数学，难就难在有时想不通、理不清、融不掉、化不开。三年级学生对平面图形的直觉是图形的大小，即面积。当两个图形放在一起比较时，学生首先会从图形的整体去比较，最先感受到的是面积的大小，而非外围一周的长度。北师大版教材安排三年级上册学习周长，三年级下册认识面积，虽然学习周长时还没有学面积，但学生判断周长时往往容易受图形大小的影响。因此，我设计了思维“陷阱”，帮助学生在思辨中继续加深对周长概念的理解，发展数学思维。先出示长方形，问：剪掉一部分会怎样？学生的反应经历了以下变化：周长变小——等待片刻——一样长。通过思辨，学生认识到图形的大小不同于图形的周长，在周长概念建立之初就对比“周长”与“面积”这两个相似易混淆的概念，融化学生的认知“冰点”，促进学生对周长概念的深刻理解。学不在深，通透则长。

纵观整节课，从一开始进行长度的比较，回顾其数与形的特征，再借助简单的学具，通过围、描、量、数等一系列操作活动，实现从线段长度到图形长度的拓展，使知识内容、数学思考方法等有机地纳入学生原有的数学认知结构中，实现数学学习的融汇。

有人说，出错是发展中的学生的权利。研读错例并付诸课堂实践，让学生站在课堂的正中央，调整教学策略，引导学生把握内涵、拓展外延，方能促进对概念的深度理解，真正地学深悟透。这也让我深深地感受到教与学的过程，其实就是发现问题、提出问题、分析问题、解决问题的过程，就是在不通中求通。我们常说：“学然后知不足，教然后知困。”其实对我来说，更有体会的是后半句：“知不足，然后能自反也；知困，然后能自强也。”打开文件夹，第 1 稿，第 2 稿，第 3 稿……记录的就是一次次自反、自强的过程，承蒙贻亮老师的指导，让我对这节课有了更多元的体会和更通融的思考。

（执教：晋江市安海西隅小学　朱阿娜）

下载课件

# 二、《什么是面积》课例解析

## 教学内容　北师大版三年级下册第 49 页

五　面积

什么是面积

● 看一看，比一比。

物体的表面或封闭图形的大小就是它们的面积。

● 比一比，哪个图形的面积大？剪下附页 2 中图 3 试一试。

量出每边的长度，再加起来就能比较了。

你比的是周长，不是面积。

我可以剪一剪，拼一拼。

我用小正方形来摆一摆。

● 在右面的方格中画 3 个不同的图形，使它们的面积都等于 7 个方格的面积。

49

## 教学目标

1. 结合具体实例，知道面在哪里，理解面积的含义。

2. 经历直接比较图形大小的过程，通过观察、重叠和剪拼法比较两个图形面积的大小；会用间接比较的方式（度量或数数）描述面积的大小。

3. 在比较图形面积大小的过程中，养成独立思考、勇于探索的学习品质。

## 通融思考

### （一）度量工具能否不给？

在教学《什么是面积》时，大多数教师会创设比较图形面积大小的活动情境，并为学生提供剪刀、方格纸、小方块、小圆片等学具，课堂总会在我们预想中逐步推进。但我认为，让学生用小方块去铺图形不难，难的是学生怎么想到用小方块去铺。给了度量工具，学生更多的是“依令而行”。课上如何铺垫，才能让学生的思考视角从一维转向二维？

### （二）度量对象是否需要辨别？

周长和面积是二维图形中的一对孪生兄弟，周长指向图形的外周边界，面积指向图形的内部范围。面积的概念比较抽象，课上部分学生在比较图形面积大小时，拿尺子去测量图形的边线，度量对象从“面”转向了“线”。这是不是由于学生已经认识了周长，对面积的学习产生了干扰？我们在教学中应如何帮助学生正确辨识度量对象，促进其对面积意义的理解？是在认识面积时只学习面积，通过多种活动强化面积认识，避免两者混淆，还是在认识面积时把周长一并呈现，进行比较学习呢？

### （三）度量特性如何感悟？

“量(liàng)”源于“量(liáng)”，“量(liàng)”是“量(liáng)”的结果。要让学生很好地形成面积这一“量”的概念，需要让学生体会度量的特性：正则性、有限可加性、运动不变性。这种度量经验的积累，既是生活的需要，也是后续体积学习的重要经验基础。那么如何设计课堂活动？引导学生经历观察、操作、探究等过程，是本节课设计的一个难点。

## 教学过程

### （一）认识面

师：能给它们分一下类吗？（课件出示）

生$_1$：语文书、生字本和写字本一类，数学书和算术本一类。

生$_2$：这样没分完，还剩一本英语书。可以书一类，本子一类。

师：这三本书为什么分在一起？

生$_3$：它们的形状一样。

生$_4$：都一样大。

师：我带来了这三本书，怎样让人一眼看出来一样大？

生：把这三本重叠在一起。（请学生上台重叠）

师：大家看，重叠后不多也不少，真的一样大！（板书：重叠）

**1. 找一找**

师：重叠的部分是数学书的——

生（异口同声）：面积。（板书）

师：听说过“面积”吗？在哪里听过？

生$_1$：公园里长方形花坛的面积是 15 平方米。

生$_2$：买房子时会问面积是多少。

师：同学们的生活经验都很丰富。今天这节课就一起来认识“面积”。数学书封面的面积有多大？一起来感受一下。请同学们伸出右手，我们把自己的手想象成一把刷子。（师生一起刷封面）

①　②　③

师：准备好了吗？刷！够了吗？（图①）

生：不够。

师：再刷。够了吗？

生：不够。

师：再刷。这样呢？（图②）

生：多了！

师：现在呢？（图③）

生：刚好。

师：这个封面有这么大，我们把数学书封面的大小叫作它的面积。数学书上还能找到其他的面积吗？（学生快速找到侧面和下面）你们这把神奇的刷子还能刷到身边什么的面积呢？同桌互相说一说。

师：谁先来举个例子？

生$_1$：这是文具盒的上面。

生$_2$：这是学习单的表面。

生$_3$：这是课桌的桌面。

师：请你来当小老师，带同学们一起刷一刷桌面，注意要刷遍它的每一个角落，也就是要把它刷全了。（全班学生一起刷桌面）

师：你们都是生活中的有心人。像这样的例子还有很多。（出示算术本的封面、硬币的表面、树叶的表面，学生动手把它们的面刷出来。）

**2. 画一画**

师：刚才我们研究的都是生活中物体的面。以前学过的图形有面积吗？如果有，请用彩笔画出来。给大家3分钟，拿出学习单开始吧。

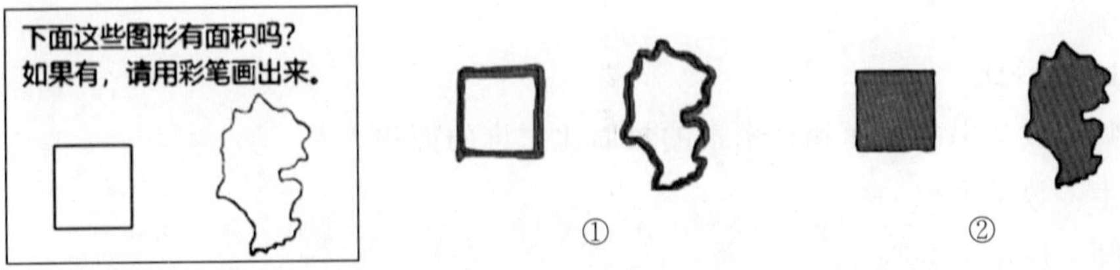


师：同学们比较一下，这两种画法有什么不同？（展示学生作品：画周长、画面积。）

生$_1$：一种是画图形的外面，另一种是画图形的里面。

师：谁听懂了她的意思？

生$_2$：外面其实是图形一周边线的长，也就是周长。（标记：周长）里面是周长围起来的部分，就是面积。（标记：面积）

师：立体图形有面积吗？（拿出学具：圆柱）

生$_3$：上面和下面有面积。

生$_4$：侧面也有面积。

师：摸摸它，什么感觉？（弯的）也可以说是曲的。

**3. 比一比**

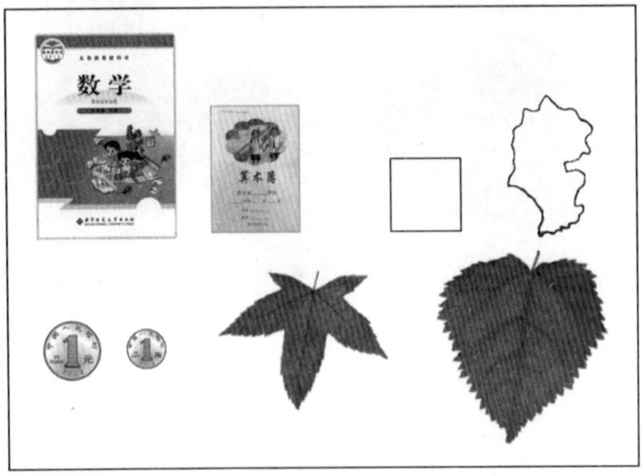


师：回头看看我们刚才找到的面，它们有什么不同？

生$_1$：有些是直线组成的，有些是曲线组成的。

生$_2$：有的很大，有的很小；有的是规则图形，有的是不规则图形。

师（小结）：是的。这里既有物体的面，也有图形的面；有的直，有的曲；有的规则，有的不规则。这些面有大有小，面的大小就是它们的面积。（板书：直、曲……　面的大小）

## （二）面的大小比较

**1. 比一比**

师：数学书的封面和算术本的封面比，谁的面积大？

生：数学书。

师：还用重叠吗？

生：不需要，直接看。

师：是啊，一看就知道，这叫观察。（板书：观察）刚才同学们通过观察，知道数学书封面的面积比算术本的面积大。大多少？

生：大了这里和这里。（学生拿数学书和算术本重叠比画）

师：你们猜数学书封面大概是几个算术本的大小？

生：两个。

师：你能做出来，让大家一眼就看到真的是“两个”吗？

（生$_1$ 多次尝试把两本算术本竖着摆在数学书封面上，生$_2$ 提议可以把算术本横着放，生$_1$ 恍然大悟。）

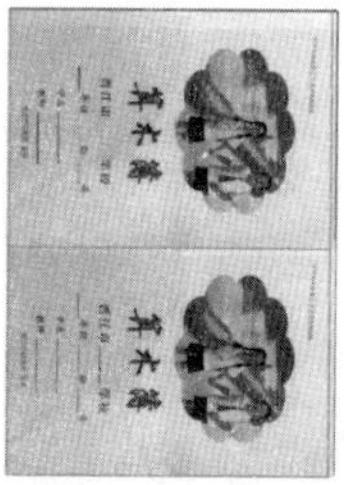

师：会变通，小脑袋瓜特别灵活！如果算术本的面积是 1，那么数学书封面的面积就是（2）。

师：刚才我们说数学书封面的面积比算术本的大，现在说数学书封面的面积有 2 个算术本那么大。你更喜欢哪种说法？

生：第 2 种更准确。

师：没错！有数字，更准确。

**2. 量一量**

师：可以用本子量数学书，用刚才的这个正方形可以量吗？（板书：测量）请你来，下面的同学一起数。

生：1，2，3，4，5，6。

师：如果小正方形的面积是 1，那么数学书封面的面积就是（6）。

师：数学书还是数学书，面积怎么一会儿是 2，一会儿是 6？

生：因为算术本和小正方形的面积不同。用面积小的去度量，数量要多一些；用面积大的去度量，数量要少一些。

师：说得真好！

**3. 铺一铺**

师：刚才我们认识了什么是面积，了解了面积的比较方法，大家对面积越来越有感觉了。带着对面积的理解，请你比一比：这两个图形，谁更大？

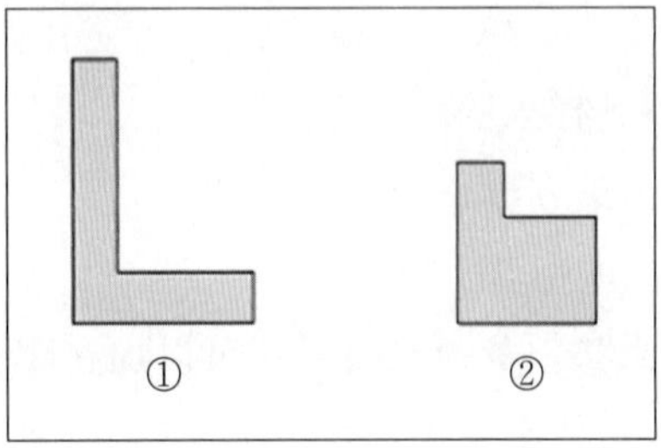


生$_1$：②号大。

生$_2$：一样大。

师：意见不同。你还能量出来吗？用什么量？

生：尺子。

师：用尺子量什么？

生$_1$：量图形的边。（学生用手指边）

生$_2$：我不同意。因为他量每条边的长度，再加起来，实际上是在计算它们的周长，比的也是它们的周长，而面积是里面包着的一片。

师：什么意思？可以上来指一指吗？

生$_2$：就是一周的边线围起来的里面这一片的大小。（学生边指边说）

生$_3$：可以把它们重叠在一起，多出来的剪掉，再比一比谁大。

师：还有其他想法吗？

生$_4$：用小方块去量。（学生纷纷点头）

（教师课前准备好小方块放在学生课桌抽屉，四人小组合作测量。）

| |
|---|
| **活动要求：**<br>1. 找一找：两个图形的面积分别在哪儿？<br>2. 量一量：用小方块铺一铺它们的面积。<br>3. 说一说：它们的面积是多少？ |

师：①号的面积是多少？（8）②号的面积是多少？（7）谁更大？

生：①号。

师：刚才都说不清楚，现在清楚了吗？是什么这么清楚地告诉你答案的？

生：小正方形的数量。

师：是啊！图形里面藏着数，数可以用来表示图形的大小，数和形是一对形影不离的好朋友。

**4. 变一变**

师：能使这两个图形一样大吗？

生$_1$：①号去掉一个小正方形。

生$_2$：②号加一个小正方形。

师：请你上来。（学生摆，教师截图）还可以加在哪？（教师再次截图）

师：观察这几个图形，什么变了，什么不变？

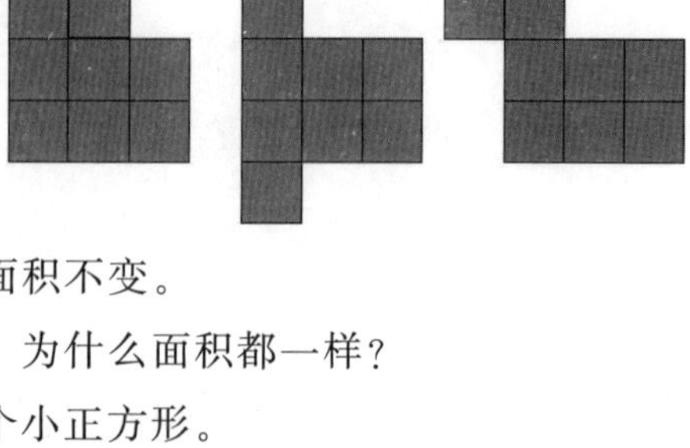

生：形状变了，面积不变。

师：形状不一样，为什么面积都一样？

生：它们都有 8 个小正方形。

师：加上去的这一个小正方形一定得是这个样子的吗？

师：1 个小正方形的面积是 1，转一下方向，面积是多少呢？（都是 1）

（课件动态演示变化过程，从旋转到平移、割补，让学生体会变中不变的思想。）

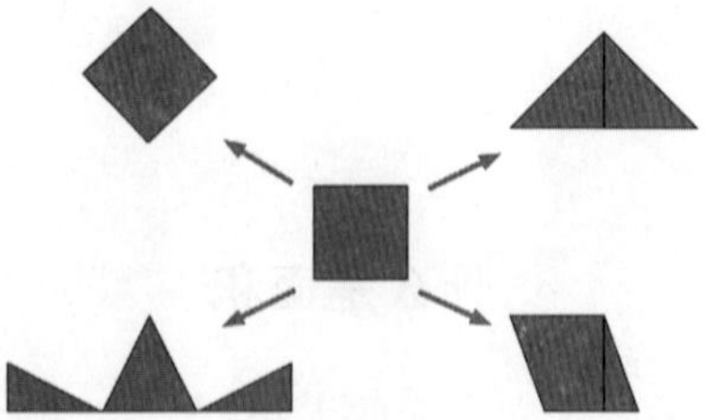

师：怎么那么肯定都是1？

生：都是同一个小正方形变化而成的，它们转回来还是这个正方形。

**5. 练一练**

师：老师也设计了下面几个图形，哪几个面积是8？拿出学习单尝试数一数。

**如果□的面积是1，下面图形面积是8的有（ ）个。**

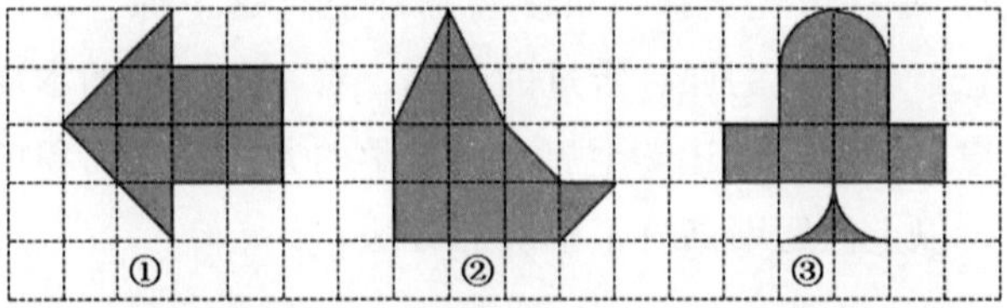


**A. 1　　B. 2　　C. 3**

师：数完了，四人小组互相交流。

（交流后，教师现场调查每个选项的人数。）

师：认为有一个的同学来说说，哪个是8？

生$_1$：第①个。

师：你是怎么数的？

生$_1$：这两个三角形拼成一个正方形，另外两个也可以，一共有8个正方形。

师：认为有两个的呢？还选了几号？（②号）你来数一数。

生$_2$：右边两个三角形拼成一个正方形，上面一个大的三角形拼成两个正方形。

师：③号呢？

生$_3$：把上面的半圆移到下面的空位，也有8个正方形。

师：正确答案选C。

## （三）回顾总结

师：说说这节课你有什么收获？（略）

## 板书设计

### 什么是面积

观察　　面的大小
重叠　　（直、曲……）
测量

## 通融历程

《什么是面积》是一节经典课，很多名师都上过这节课。从何突破？这是最难解决的问题。忘不了上过的课、听过的讲座，看不透面积的本质是什么，放不下教材的枷锁，想不清楚怎样让学生想到用数学的方式描述面积的大小。随着磨课和思考的深入，以上问题渐渐有了解决的方法。

### （一）“小切口”实现“大牵引”

《什么是面积》是北师大版教材三年级下册第五单元的教学内容，是在学生已经掌握了长方形、正方形的特征，并且学会了计算长方形、正方形周长的基础上进行教学的，也是学生从学习长度到学习面积的一次空间形式认识发展上的飞跃，同时，本课也是真正能体现面积中度量思想的起始课。要以整体教学的观点把握面积本质，建构面积概念，促进学生量感发展。

基于这样的考虑，我在设计《什么是面积》一课时，试图找到一个“小切口”，去实现“大牵引”。先说“切口之小”。这节课的设计，包括两个基本环节：一是认识面，知道“面”在哪里；二是面的大小比较。那么，这个教学设计的切口之小，“小”在哪？第一，小在“一个点”。张奠宙教授说：“面积和长度、体积都是几何度量领域的概念，它们都具有‘数’的基本属性，即找到一个合适的数对其数学属性进行描述。”也就是说，面积的数学表达本质是一个用面积单位度量出来的“数”。怎样让学生在初步认识面积时，就能做到心中有“数”？本节课就围绕这样一个思考点设计教学。第二，小在“两条线”，即明暗两条主线。明线是比较大小，贯穿始终。从比较教材素材面的大小到比较身边物体表面的大小，再到比较不规则图形的大小，都在通过比较让学生感受到面的大小。因为比较的需要，引出用二维的面度量面积的大小，这是教学暗线，渗透在教学的各个环节中。

“大牵引”表现在，这些环节和问题的设计都体现了教师时刻把握着度量意识和方法的渗透，使课堂教学主线清晰，突出度量概念教学的学习过程。度量意识的培养应该是整个“图形与几何”领域的核心目标之一，也是有效教学的前提。一线数学老师教学时要把度量意识装在心中。度量的方法，就是用“单位”作比较，比较度量对象中包含多少个度量单位，用度量单位的个数表示度量值的大小。因此，在认识面积的起始课，就要让学生亲历过程，设计的核心活动要能够把学生带入课堂中，用数学的本质和思维触动学生，用问题紧紧地吸引学生。让学生经历观察、操作、想象、推理、表达等活动，在活动中培养“度量自觉”，以及“我要量”的度量意识，这对后续学习具有很好的铺垫作用。

### （二）小素材带来大不同

刘加霞教授在《运用定义辨析，生成对“面积”的理解——“面积”课例研究》一文中提到，生活中有六种常用的感官量，即长度、质量、容积、角度、面积、体积。学生对它们的学习和理解一般经历下述5个阶段：

阶段1：量的初步认识（直观感知“量”，直观或直接比较“量”的大小）；

阶段2：量的间接比较（用非标准单位或用另一个量为“中介”比较）；

阶段3：认识国际通用单位并用其描述大小；

阶段4：国际通用单位体系的认识与换算（化聚）；

阶段5：利用公式求量的大小（只有面积和体积有此阶段）。

理解面积概念的基础和关键就是量的初步认识和量的间接比较。对面积的初步认识，要先知道面在哪里。北师大版教材问题串1提供的素材有书本、硬币和树叶，让学生看一看，比一比。我在这一环节补充了几个学生熟悉的小素材——英语书、语文练习本、算术本、生字本、写字本，引导学生进行分类，让学生在分类的过程中直观地感知面。第一版的设计只补充了算术本和生字本，学生在分类时容易按学科进行分类，后来增补了英语书和写字本，就顺利地将学生的目光聚焦到“大小”上。在感知面后，分三个维度展开，共同建构面积的概念：第一维度——“刷”面，重在认识平面图形有大有小，在观察中激活生活经验，揭示面积的概念；第二维度——“画”面，提供了一个小正方形、一个曲线图形，重在区分面积和周长的概念，接着出示一个圆柱，丰富面的表象，在对比中实现从一维到二维、三维的认知飞跃；第三维度——“比”面，重在了解面积的概念外延，感知面的大小就是物体或图形的面积。注重面积的本质，不在“物体表面”或“封闭图形”等字眼上纠结，而是充分利用刷、画、比等方式引导学生感悟面积概念的内涵及外延。基于学生的学习起点，从特殊到一般，更容易把握面积概念的本质。

教材问题串 2 出现了正方形及格子图，作为认识面积的脚手架，实则是关注面积的本质，即有多少个这样的面积单位。如开头所说，很多老师在这一环节会把剪刀、方格纸、小方块等搬上课堂，提供充分的时间和空间，让学生操作、探究，实践下来会发现这样的活动往往难不倒学生，因为度量工具给了之后就把难点回避了。我的处理是不给工具，让学生自己选择工具，这是学生思考的难点。为了突破难点，在感知“面”后，我追问学生：“数学书封面的面积比算术本的面积大，大多少?”“数学书封面大概是几个算术本的大小?”这些问题有效地驱动学生经历面积度量的过程，原本是 2 本算术本大小的数学书，如果换成小正方形去度量，则是 6 个，即“先定标准，再作比较”，学生自然而然地把最小的图形看作 1 份，用较小的面去度量面积的大小，通过数出其个数，感受到“有数字，更准确”。有此做铺垫，在接下来的比一比环节，学生能清楚地感受到用统一的单位面积后，就可以用数来表示图形的大小，图形里面藏着数，数和形是一对形影不离的好朋友。“赋值”的过程不仅化形为数，还让学生感悟标准的多样性和统一的必要性，培养几何直观能力。

### （三）小支点撬动大课堂

面积教学的核心是如何测量图形的大小。在感知概念、渗透度量意识之余，可从培养学生的量感、体会度量的必要性、体会度量单位的运动不变性、有限可加性等方面入手，培养学生主动参与、积极思考、有效探究的意识，关联建构，在培养学力的同时，促进学习走向深度。

古希腊科学家阿基米德说：“给我一个支点，我可以撬动地球。”数学课堂也应该有一个支点，这个支点应该以问题为中心，用问题巧妙地引领课堂。比如，课上出示两个不规则图形让学生比大小。一开始在磨课时，设计的问题过于宽泛：“哪个图形面积大？你想怎么比?”大多数学生想到的是比图形的长和宽，经提示可以选择一件工具后，学生也很一致地选择了剪刀，绕了很久才有学生想到可以用一个二维的面来度量。后来把问题改为：“还能量出来吗？用什么量?”学生就能很快想到小正方形。这个问题指向整个单元的重心，意在让学生明确度量的核心：度量对象、度量单位、度量值。在学生借助小正方形比出大小后，接着问学生：“能使这两个图形一样大吗?”他们很快得出，只要图形②添上一个小正方形（或者图形①减少一个小正方形）就能使两个图形一样大，接着邀请学生上台操作，引导学生观察这几个图形什么变了，什么不变，让学生感受运动不变性。课堂没有止步于此，继续追问：“形状不一样，为什么面积都一样?”引导学生感受有限可加性。“加上去的这一个小正方形一定得是这个样子的吗?”通过旋转、平移、割补，引导学生认识到虽然形状发生变化，但是面积单位依旧是完整的“1”。在再次感受运动不变性的过程中，帮助学生积累面积单位从“破损”到“规整”的经验，充分利用图形的变换，培养学生的空间想象能力。

课末的练习是“下面几个图形，哪几个面积是 8?”学生用方格纸上的面积单位测量图形，得到面积单位的个数，继续渗透度量的本质。在测量的过程中，学生本能地将不满整格的部分拼成整格，转化方法自然浮出水面，为今后的面积内容学习打下基础。有了这样的经验基础，第二学段探索“多边形的面积”时，只要适当作一些衔接，就可以帮助学生更深入地理解面积转化的意义和计算公式的内涵，收获灵活变通的学习本领。

吴正宪老师说，周长、面积、体积是同一条藤上的三个瓜，它们最本质的东西都是用单位来刻画，教学时不能够一个起一个的炉灶，它们是一个炉子里的事。这个说法非常形象，就如同“通融课堂”所追求的：教数学，就是教理解，就是教结构，要让学生通过学习，形成较为牢固的、充满联系的、具有张力的数学认知结构。融汇，就要在不同中发现相同，在变化中寻找不变，从而把零散的点串成线、连成面、形成体，使学生能站在整体结构的角度认识、理解几何概念，发展空间观念。

（执教：晋江市安海西隅小学　朱阿娜）

下载课件

# 三、《体积与容积》课例解析

**教学内容** 北师大版五年级下册第 36 页

## 四 长方体（二）

### 体积与容积

● 教室里哪些物品占的空间大？哪些物品占的空间小？常见的容器中，哪些容器放的东西多？哪些容器放的东西少？说一说，与同伴交流。

● 土豆和红薯哪一个占的空间大呢？做一做，想一想。

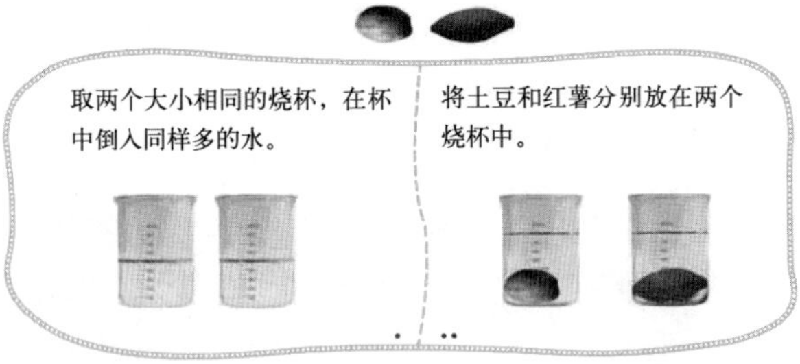

● 两个杯子中哪一个装水多呢？请你设计一个实验解决这个问题。

36

## 教学目标

1. 借助已有的生活经验，通过操作、观察、比较、思考、交流等方式，理解体积和容积的内涵与外延，充分体验、感知体积与容积的区别和联系。

2. 能用所学的知识解决或解释简单的数学问题或现象，积累数学活动经验，体会变与不变、极限、等量代换的数学思想方法，培养独立思考与合作交流的意识和能力。

## 通融思考

### （一）教学的着力点放在何处？

《体积与容积》是北师大版教材五年级下册第四单元《长方体（二）》的起始课，这一单元涉及的知识有体积与容积、体积单位、长方体的体积、体积单位的换算和有趣的测量。从教材编排可以看出，它是一节“种子课”，只有充分认识了体积和容积的概念才能更好地学习接下来的内容。

关于体积与容积的概念，教材上有这样两句描述：“物体所占空间的大小，是物体的体积。”“容器所能容纳物体的体积，是容器的容积。”可见，体积概念是容积概念建立的基础，容积是体积的下位概念。两个概念的核心是“所占空间的大小”。那么，这两句话重要吗？教学的着力点该放在何处？

张奠宙教授在《从体积的定义说起》一文中指出，书本上的体积概念非严谨的逻辑定义，只是对体积的一种解释。不要在“什么是体积”上做文章，要在体积所具有的特征上下功夫，力求触及体积的数学本质，加深学生对体积意义的深刻理解。也就是说，课堂应该把着力点放在对体积特征的理解上。那么，体积的数学本质是什么？体积有哪些特征？教学又应该从何处着力？

### （二）排水实验就非做不可吗？

《体积与容积》一课的教材，中间部分就是排水实验。那么，排水实验就非做不可吗？排水实验的实质是什么？它的价值又在哪里？做与不做，它的利与弊是什么？

我的理解是，它的价值在于三个层面。第一，排水实验可以让学生直观感知空间，借助烧杯和水位的变化，在一定程度上确实将空间具体化，使得“空间”不“空”；第二，排水法是一种比较不规则物体的体积大小的直观手段；第三，排水法渗透了体积可以“等量代换”的转化思想。

那么，不做排水实验的理由是什么呢？

其一，基于时间的考量。排水实验的整个过程如要细化，过于费时，容易把学生的注意力无形地引向实验的本身，而不是对空间的体验。

其二，基于学生已有的经验。乌鸦喝水的童话故事学生早就耳熟能详，加上三年级的科学课中已有“空气占据空间”的描述，而且学生已经有相应的科学实验操作经验，既然如此，本节课还需如此大费周章吗？

其三，基于方法的选择。其实乌鸦喝水、排水法测量土豆的体积，都是物理学的实验方法。物理学方法是“量”，重在观测，而数学方法是“算”。尽管小学不分数学、物理，但是排水法毕竟不是数学方法。也就是说，如果我们采用排水实验，很大程度上是降低了这个活动本身所要承载的思考力和想象力。

其四，基于教材的调整。本单元的最后一课是《有趣的测量》，既然后续针对排水实验还有一节专门的活动实践课，现在想必可以进行简化。

显然，做与不做都有各自的理由。不过，我花了大量的笔墨在解释不做的理由，目的是什么呢？只是想告诉大家，我的选择是不做，而且理由很充分！其实，舍弃排水实验，最初只为创新，不走寻常路，那到底有何“新”可“创”呢？用什么活动替代排水实验？如何让学生直观体验“物体所占空间”呢？

## 教学过程

### （一）制造冲突，初步感知空间

师：同学们，上课之前我们先来玩个小游戏。老师这里有 2 个杯子，一个装着牛奶，一个是空的。它们有什么不同呢？

生：一个大，一个小。

师：如果郑老师想把这杯牛奶全部倒入这个空杯子中，想象一下结果会怎么样？

生：牛奶会溢出来。

师：是这样吗？眼见为实！

（操作演示：将大杯子中的牛奶全部倒入小杯子中，结果小杯子里的牛奶并没有溢出来。）

（学生都表现出惊讶）

师：想知道其中的玄机吗？其实玄机就藏在这个大杯子中。

（从透明的大杯子里面抽出一个较小的透明杯子）

师：请看，发现什么了？

生：大杯子中套着一个透明的小杯子。

师：为什么大杯子中套入一个小杯子，就有这般神奇的现象呢？我们再来演示一下！

（操作演示：将牛奶倒回大杯子中，再将较小的透明杯子套入大杯子里。）

师：奇怪！我并没有增加牛奶，为什么牛奶会上升呢？

生（脱口而出）：小杯子占了大杯子的空间。（板书：占空间）

师：是的。小杯子占了一定的空间，所以就把牛奶挤上来了。

（操作演示：上下拉动里面的小杯子，牛奶随之上升和下降。）

师：其实这个魔术使用了障眼法。

## （二）比较明晰，建构体积概念

### 1. 感知空间大小

师：小杯子放在大杯子里就占了大杯子里的空间。如果把它拿出来放置在空气中，它就占了谁的空间？

生$_1$：占了空气的空间。

生$_2$：占了我们这个教室的空间。

师：除了杯子，还有什么也占了教室的空间呢？

生：人占了教室的空间。

师：还有吗？

生$_1$：课桌占了教室的空间。

生$_2$：教室里的物体都占了教室的空间。

师：现在请你们闭上眼睛想象一下，如果全部人都离开，你会感觉这间教室怎么样？

生：感觉空空的，空间变得很大。

师：如果这个教室再来50个人，你又会有什么感觉呢？

生：感觉很挤，剩余的空间变小了。

师：显然，人越多占的空间越大，人越少占的空间越小。

师：那人和这个杯子比，谁占的空间比较小呢？

生：杯子占的空间小。

师：找找比这个杯子占的空间还要小的物体。

生：灯泡占的空间比这个杯子小。

师：再小点呢？

生：橡皮擦。

师：更小的呢？

生：一粒沙子。

师：找找比杯子占的空间大的物体。

生$_1$：课桌占的空间比杯子大。

生$_2$：讲台、教学楼……

师：看来物体都是占有空间的，而且有的比较大，有的比较小。

（板书：物体、大小）

**2. 揭示体积概念**

师：数学上，我们把物体所占空间的大小叫作物体的体积。（补全板书）

师：比如，杯子所占空间的大小就叫杯子的体积。谁能像这样说一说你身边物体的体积？

生$_1$：文具盒占空间的大小就叫文具盒的体积。

生$_2$：课桌所占空间的大小就叫课桌的体积。

**3. 深化理解体积的内涵**

师：下面我们再来玩猜一猜的游戏。

（1）体积与表面大小

师：这里有两本册子，猜一猜，哪本的体积大呢？（课件出示）

生（异口同声）：《小学数学教育》的体积比较大。

师：眼见为实。你发现了什么？（拿出一本《小学数学教育》和一本《水浒全传》）

生：其实是《水浒全传》的体积比较大。看来在比较体积大小时，不仅要看物体表面的大小，还要看它的厚度，也就是比较物体所占空间的整个大小。

师：你们觉得这样薄薄的纸有体积吗？（从《小学数学教育》中抽出两张纸）

生：有。

师：怎么想的？

生：纸再薄，也占有空间。

师：那两张纸的体积是一样大的吗？

生：一样大。

师：请仔细观察，它的体积大小变了吗？（教师将其中一张纸对折，再对折）

生：体积不变，还是原来的那张纸。

师：那变的是什么？

$生_1$：这张纸表面的大小变了。

$生_2$：这张纸的表面变小了，但是厚度变大了。

师：如果我继续对折，什么变了？什么不变？

$生_1$：这张纸的表面大小变了，厚度也变了，但是体积不变。

$生_2$：随着这张纸表面的面积越来越小，厚度反而越来越大，但体积不变。

师：这就是数学中的“变中不变”。看来同学们已经学会用三维的视角来看体积了。

（2）体积与质量

师：还想再猜吗？

生：想。

师：谁想上来体验？（请一位同学上台。）

师：请你闭上眼睛。一定要诚实哦！

（把泡沫块和石头分别放在她的左右手上。）

师（提问上台的同学）：你觉得这两个物体，谁的体积大呢？请把觉得体积大的物体举高。

（台上的同学举起了石头，台下的同学哄堂大笑。）

师：好的，请睁开眼睛。

（台上的同学也笑了。）

师：你们笑什么呢？

生：其实是泡沫块的体积比较大。

师：有什么想说的吗？

生：比较物体的体积，不能单看质量，重的物体体积不一定比较大。

师：看来你的体验很深刻。

（3）体积与位置

师：再来玩个变戏法的小游戏吧！看，来了一个调皮的长方体。它现在是竖着放的！它要变了！（课件演示斜着放、横着放）

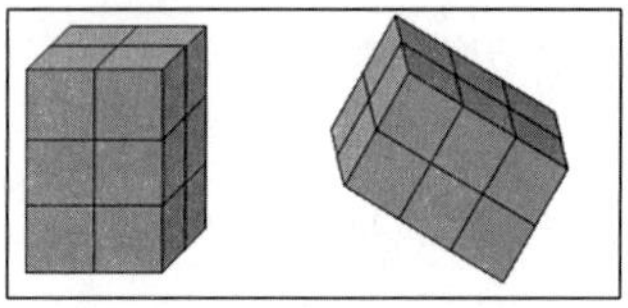

师：在变化过程中，长方体的体积变了吗？

生：体积不会改变。

师：是的，体积具有运动不变性。（板书：运动不变性）

（4）体积与形状

师：那如果切开错落着放呢？

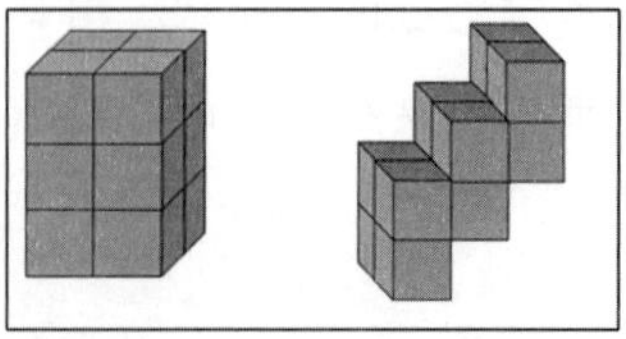

生：形状变了，体积不变。

（5）分与合中体积的感悟

师：那如果直接把它们分开呢？

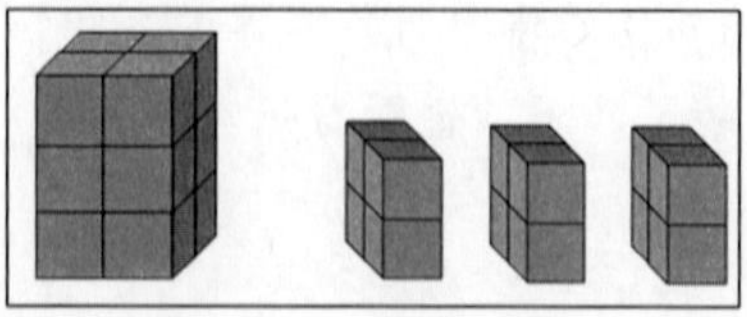

生：这 3 个小长方体的体积之和，与原来的大长方体的体积一样大，因为还是原来的长方体。

师：这就是体积的可加性。（板书：可加性）

（6）借助数量感悟体积大小

师：瞧，调皮的长方体又要躲起来了！

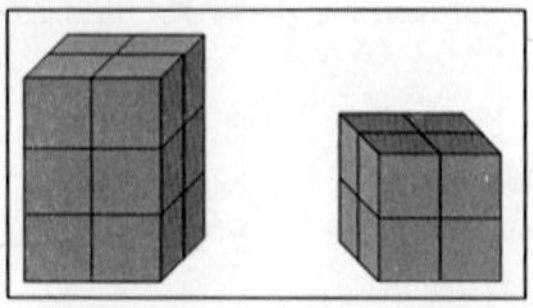

师：谁的体积大呢？

生$_1$：长方体的体积大。

生$_2$：正方体是由 8 块小方块组成的，而长方体是由 12 块小方块组成的，所以长方体的体积大。

师：数量多的，体积大；数量少的，体积小。

## （三）观察体验，建构容积的概念

（课件再次出示课前变魔术时用来装牛奶的杯子）

师：像这种能装得下东西的物体，我们就把它叫作容器。

师：生活中还有哪些物体也可以当作容器呢？

生$_1$：保温杯。

生$_2$：碗。

生$_3$：文具盒。

生$_4$：书包。

师：这个杯子能装多少水？（教师操作演示）

师：装不下时，记得帮老师喊“停”哦！

生$_1$：不能再倒了！

生$_2$：再倒就溢出来了。

师：像这样，杯子所能容纳水的体积就是杯子的容积。

（板书：容器所能容纳物体的体积叫作容器的容积）

师：我还拿这个杯子装了沙子，想看看吗？

生：想。

（课件出示）

师：哪个杯子里面沙子的体积是这个杯子的容积？

生（抢答）：第二个杯子。

师：第一个杯子为什么不是呢？

生：因为杯子里的沙子没有装满。

师：第三个杯子不是装得满满的吗？怎么也不是？

生：沙子装得太多了，要刚好装满。

师：看来“所能容纳”的意思是“刚好装满”。

## （四）操作想象，感受体积与容积的关系

师：你们觉得这两个泡沫箱相比，谁的容积大呢？

生：第二个泡沫箱的容积比较大，因为它的体积大。

师：眼见为实。

（同学们都笑了）

师：你有什么发现？

生：体积大的物体，容积不一定比较大。

师：这个泡沫箱可神奇了，想不想见识一下？

（教师操作演示：将泡沫箱从内抽出一层，再抽出一层。）

师：你又有什么发现？

生$_1$：容积变了，体积不变。

生$_2$：泡沫箱的体积没有改变，里面装的空间变大了，所以容积变了。

师：如果我反过来往泡沫箱的外面加泡沫箱，这个过程中泡沫箱的什么变了，什么不变？

生：体积越变越大，容积不变。

师：为什么？

生：因为箱子里面的空间大小没有发生变化。但一直在外面加厚的话，整个箱子所占的空间变大了，所以体积也变大了。

师：回顾一下这节课所经历的活动，你有什么收获呢？

生$_1$：体积大的物体，容积不一定比较大。

生$_2$：比较物体的体积，不能单看物体的质量，而是要比较物体所占空间的大小。

生$_3$：只有能装得下东西的物体才存在容积。

## （五）回顾反思，沟通知识

师：看来同学们的收获可真不少。那我们今天学习的知识，在以往的教学中，是否有踪影呢？下面让我们来回顾一下！

（课件出示：点→线→面→体，呈现逐步变化的过程。同时，复习原有的测量工具、单位。）

师：这是一个“点”，将这个“点”向右移动，移动的轨迹形成了什么？

生：一条线段。

师：如果想知道这条线段有多长，怎么办？

生：用尺子去测量。

师：测量长度得用上什么单位？

生：长度单位。

……

师：最后将这个“面”向后平移，移动的轨迹形成了一个“体”。想知道这个立体图形有多大，就是要测量它的（体积）。测量体积要用到什么单位呢？

生$_1$：体积单位。

生$_2$：体积单位有立方厘米、立方分米、立方米。

师：很会想！具体内容我们下节课再来揭晓。

## 板书设计

### 体积与容积

| | |
|---|---|
| 物体所占空间的大小叫作物体的体积 | 运动不变性 |
| 容器所能容纳物体的体积叫作容器的容积 | 可加性 |

## 通融历程

第一次公开执教《体积与容积》是在2017年3月，工作坊送教下校的一节研讨课。2019年5月，在泉州市送教下校活动中，我再次执教了这节课。不过我做了一次大胆的尝试，让四年级的学生上五年级的课程，提早了整整一年，没想到收效甚佳。也许是因为四年级的学生还稚气未减，不像五年级的学生那样有点内敛，学生会发自内心愉悦地说：“老师，真好玩！你怎么有这么多宝贝呢！”“嗨翻全场”这样的词语，是对当时课堂真实的描述。

### （一）如何简约而不简单？

记得一位上过这节课的老师曾发自肺腑地说：“选这节课，我的肠子都悔青了。”因为要准备的道具太多了，对此估计很多老师都感同身受。如何用简单的素材做简约而不流于形式的活动？如何在简约中凸显丰富的内涵，做到一材多用，融多为一？

“体积与容积”属于“度量”教学的范畴，与长度、面积概念有相通之处，但是相对于长度和面积，它是更为抽象的一个空间概念。想要引导学生对这个空间概念进行深入的理解和把握，就要撷取一些素材帮助强化这些表象。那我们要撷取哪些素材呢？选择的素材肯定要有数学内涵，对学生有一定的触动。只有这样，学生的思维才有聚焦点、固着点、发力点。也只有这样，学生才能从直观素材的背景下抽取出科学的、准确的、鲜明的数学表象。体积的前概念就是“空间”，学生对“空间”的认识程度，决定了学生对“体积”这一概念认识的深度。在这节课里，“何为‘占’”“何为‘空间’”“谁占了空间”“占了谁的空间”，这些都是教师在撷取素材的时候要思考的问题。在这节课中，我撷取的素材有杯子、书、纸张、石头、泡沫箱，就是这些再寻常不过的东西，却直切概念的内核，成为学生眼中神奇的宝贝。

### （二）如何暴露认知盲区？

学生对于“体积”的认识并非一无所知，除了对物体大小的直觉感知这种生活经验以外，认知经验也是比较明显的。学生普遍认为体积大小与物体的质量是有关系的，体积大的质量就比较大，体积小的质量就比较小，还有表面面积大的物体体积也比较大。其实这些都是学生对体积认知的常见错误，他们觉得体积与质量、面的大小是有关联的。错误就是一种资源，一种非常好的资源，我们应该如何充分地利用这种资源？应该什么时候把错误暴露出来？用什么方式进行暴露呢？

在揭示“体积”概念后，我设计了两个比较活动来制造冲突，充分暴露学生的错误认知，排除体积概念中非本质属性的干扰。活动 1：《小学数学教育》与《水浒全传》的体积大小比较。课件先出示这两本册子，此时学生只能通过面进行比较，把学生的目光聚焦到面上。显然，学生除非见过实物，要不十有八九会认为《小学数学教育》的体积比较大。然后出示实物进行直观比较，让学生有理有据地辨析，明晰比较体积大小，不仅要关注到面的大小，还要关注厚度，也就是空间的三维本质。活动 2：泡沫箱与石头体积大小的比较。请一名学生上台，通过闭眼掂这两种不同物体的质量来比较体积的大小。由于体积概念的抽象性，学生往往把体积等同于质量，简单地凭借质量来判断体积的大小，接着让学生睁开眼睛，学生看到具体实物后，惊觉自己的判断有误，在强烈的认知冲突下体会到比较体积的大小不能单看物体的质量，最后把这种个体的体验上升为全班的认知。这两个活动都是先暴露认知错误，通过让学生猜测进行推想，然后与实物对比进行说理辨析，逼近体积的数学本质，学生在轻松愉悦的氛围中深深地体会到体积比较不能简单地看表面大小与质量。

这两个活动，以反例映衬的形式，将概念的易混淆点亮出来，有效聚焦学生的思维视角，加深对概念本质属性的理解。体积概念就在学生主动经历的过程中实现了动态、立体的建构，学生的认知结构也在“冲突—平衡—再冲突—再平衡”的循环和矛盾中不断得到建构与完善，经历了从模糊到清晰、从浅显到深刻、从经验到本质的生长过程。

### （三）如何融汇内化关系？

体积与容积的联系和区别是这节课的一个难点。如何融汇？在教学中，我充分利用泡沫箱这个素材，贯通体积与容积的关系。首先是两个泡沫箱的比较，一个体积大，一个体积小，问：“谁的容积大呢？”学生由于直觉和思维定式，一般觉得体积大的容积也大，此时再打开泡沫箱的内部结构进行观察，发现体积大的物体容积不一定大。在这种强烈的视觉冲突下，学生对体积与容积的关系已经有了比较清晰的感知。紧接着，再次利用泡沫箱这个简单的素材，通过内部抽取、外部叠加两个活动，让学生观察想象，思考交流，轻松地在“变与不变”中感悟两者的联系和区别：从内抽取，体积不变，容积变大；从外叠加，体积变大，容积不变。同时，极限思想也在其间无痕渗透。

在直观素材的帮助下，这样的融汇把原本抽象、混沌的关系变得清晰、具象化，实现了体积与容积两个概念的有效联通。在这里，操作演示不只是形式的生动，更多的是关注了知识的实质内容和学生的抽象思考。从教学效果不难看出，这个环节是为学生的数学理解而设，为学生认知的生长、思维的发展而设。

除了架构体积与容积的内在关系，课末还沟通起新旧知识的联结：点、线、面、体的呈现与渐变，联通起长度、面积、体积等度量概念知识的相同之处，从一维到二维再到三维，串起了度量单位的知识链。

一节课，是短小的；一节课，是片面的。但短小中包含着丰富，片面中蕴含着深刻。好课，是我们对学生的一种承诺。这需要我们用心对话，用心思考，用心实践，以结构的眼光、通融的视角给予学生更多的营养。

（执教：晋江市陈埭镇龙林中心小学　郑惠玲）

下载课件

# 四、《平面图形面积的整理与复习》课例解析

## 教学内容 北师大版六年级下册第 94、95 页

**6.想办法求出下面图形的周长，并说说什么是周长。**

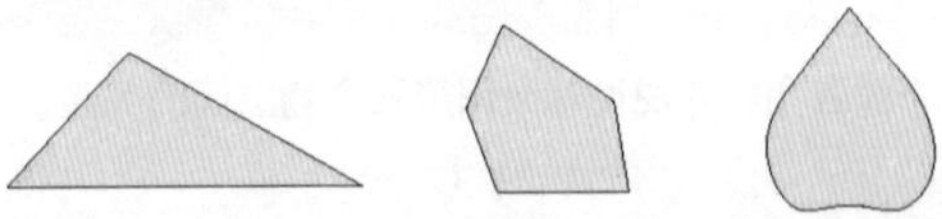

**7.分别说出已学过的多边形的面积计算公式，并说说公式之间的联系。**

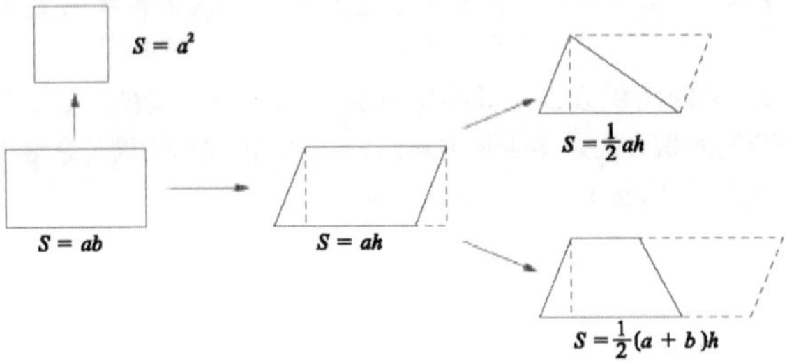


**8.想一想圆的面积计算公式的探索过程，并说一说圆的面积公式。**

**9.举例说明什么是立体图形的表面积。说一说长方体、正方体、圆柱的表面积的计算方法。**

**10.分别说出已学过的立体图形的体积计算公式，并说说公式之间的联系。**

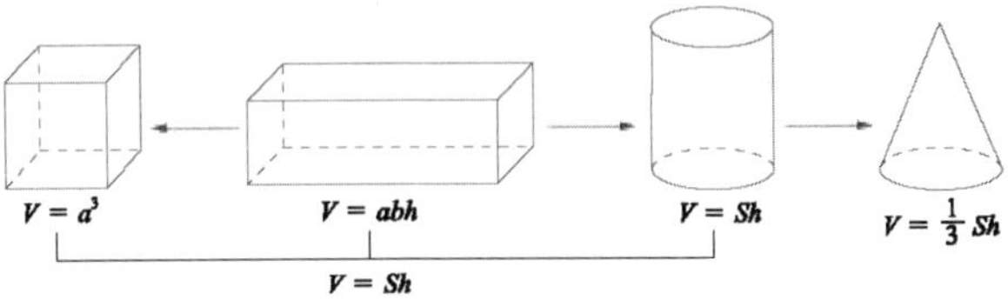


94

**巩固与应用**

**1.** 填上合适的单位。

（1）水杯高约1_____。　　（2）跳绳长约2_____。

（3）淘气腰围约60_____。　　（4）一枚邮票的面积约4_____。

（5）一个人一次能喝约300_____的水。　　（6）牙膏盒的体积约200_____。

**2.** 填一填。

| | | |
|---|---|---|
| 0.4 m =（　　）cm | 7500 mL =（　　）L | 4160 $cm^2$ =（　　）$dm^2$ |
| 725 mm =（　　）dm | 6.2 $dm^2$ =（　　）$m^2$ | 2.8 L =（　　）mL |
| 3.2 $m^2$ =（　　）$dm^2$ | 0.24 $km^2$ =（　　）$m^2$ | 320 mL =（　　）$cm^3$ |
| 5 $dm^2$ =（　　）$cm^2$ | 8.75 $m^3$ =（　　）$dm^3$ | 64 $cm^3$ =（　　）$dm^3$ |

**3.** 用量角器量出下面各角，并说说每个图形两个角之间的关系。

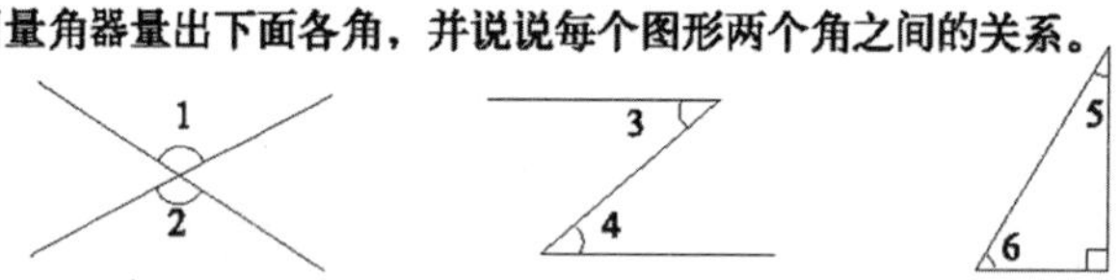


∠1 =_____　　∠3 =_____　　∠5 =_____

∠2 =_____　　∠4 =_____　　∠6 =_____

**4.** 图形A，B，C的面积分别是多少平方厘米？图形D的面积大约是多少平方厘米？（每格面积表示1 $cm^2$）

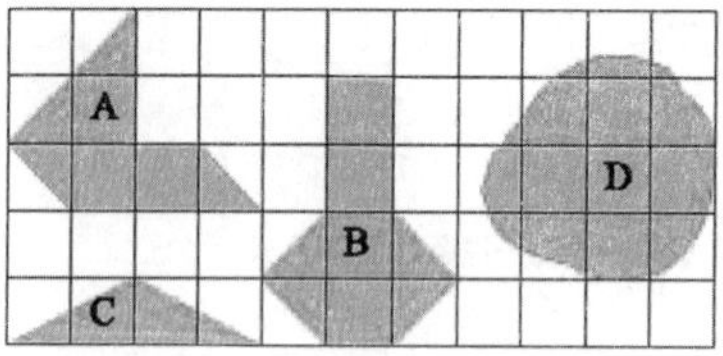


**5.** 如图，圆的周长是62.8 cm。正方形的周长是多少？

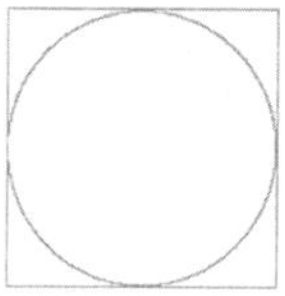

**6.** 求下面各图形中涂色部分的面积。

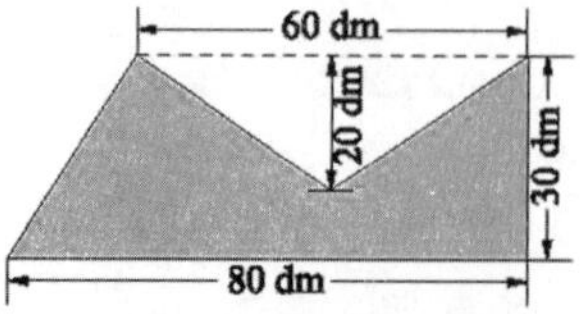


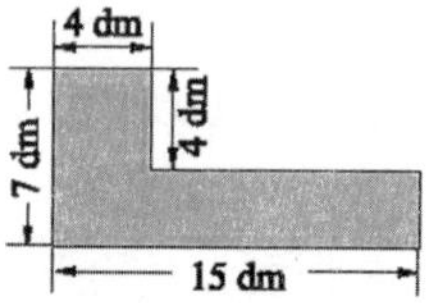


95

## 教学目标

1. 进一步理解基本平面图形面积计算公式的推导过程，比较、沟通各面积计算公式间的联系，构建认知网络，发展空间观念。

2. 利用所学知识灵活解决问题，并能有意识地优化，体会转化思想的价值，进一步提高归纳、比较、分析、解决问题的能力。

3. 进一步积累整理复习的数学活动经验。

## 通融思考

### (一) 从哪教起?

只有弄清“学生站在哪里”，才能做到“心中有学生”。平面图形面积的学习跨度大，三至六年级都有，学生知道各平面图形面积的计算方法，但是在计算三角形和梯形面积时，有不少学生常常忘记“除以 2”，主要原因是学生只是初步了解几种平面图形的面积计算公式，处于机械应用阶段，没有深度理解面积计算公式的由来。除了在公式推导过程的回顾中进一步明确“为什么除以 2”的道理，还可以设计怎样的活动让学生对面积公式，尤其是三角形和梯形面积公式中的“除以 2”有更深刻的认识?

再者，学生除了要会运用公式计算图形的面积，还要会什么呢? 复习课，要解决的是知识的点、线、面相结合的问题，它承载着回顾与整理、沟通与生长的独特功能。在有限的课堂时间里，应该如何有效地让学生把平时一个个课时所学的知识从新的角度、按新的要求进行梳理呢? 学生在完善认知结构的过程中，又如何发展数学思考，领悟数学思想，提升数学素养呢?

### (二) 怎样教好?

复习课上“讲—练—评”的低效模式已成为过去，高效的复习课应做到“理—联—练”。每一次的复习就是一次重构，一次由零散到结构、由局部到整体、由低阶思维到高阶思维的重构。我们接下来要思考的问题是：

原先学生局部性的、零散的认知是怎样的?

我们需要引向怎样的整体性结构认知？

如何在练习中引导学生重构高阶思维？

## 教学过程

### （一）谈话回忆，唤醒旧知孕育生长

**1. 重温面积的意义**

师：小学6年来，我们一共学习了6种平面图形，它们分别是什么？

生：长方形、正方形、平行四边形、三角形、梯形，还有圆。

师：这6种图形中，谁的面积最大？

生$_1$：圆的面积最大。

生$_2$：在周长相等的情况下，圆的面积最大。

师：思维很缜密！

师：现在你看到的圆的面积是最大的吗？（课件出示长方形、三角形、圆）

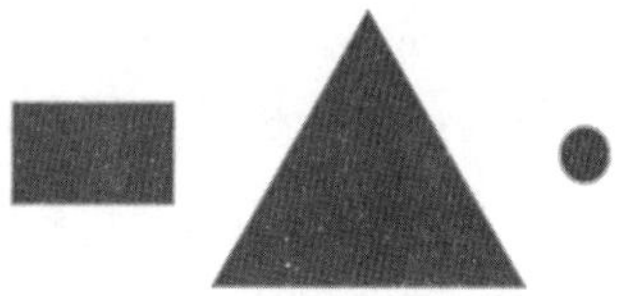

生：不是，是最小的。

师：你怎么知道？

生：直接看。

师：看什么？

生：看图形面的大小。

师：所以，面积的大小实际上就是图形面的大小。（板书：平面图形面积）

**2. 回顾面积公式**

师：现在你还能一眼看出谁大谁小吗？

（课件出示大小接近的正方形、梯形、平行四边形）

生：不能。

师：这时候就需要——

生：需要数据，再用面积公式进行计算。

师：6个面积公式，我们一起来回顾一下。

$生_1$：长方形的面积等于长乘宽。

$生_2$：正方形的面积等于边长乘边长。

……

（课件依次出示6个面积计算公式，并板贴。）

## （二）梳理知识，构建网络引领生长

### 1. 分类中回顾各图形面积公式的推导过程

师：如果要根据面积公式把它们分两类，你会怎么分？（独立思考后，同桌交流、讨论。）

$生_1$：我把长方形、正方形、梯形、平行四边形分成一类，三角形和圆形一类，因为前面四个都是四边形，三角形和圆形不是四边形。

$生_2$：我把长方形、正方形、三角形、平行四边形、梯形分为一类，圆形自己一类，因为只有圆形面积公式里用到了$\pi$，其他的没有。

$生_3$：我想把长方形和平行四边形归为一类，三角形、梯形归为一类，圆形和正方形一类，因为长方形和平行四边形都是底乘高，三角形和梯形面积公式都有除以2，圆形和正方形面积公式里都有平方。

师：有道理。如果只分两类，你们会怎么调整？

$生_4$：除以2的一类，没有除以2的一类。

师：为什么三角形和梯形的面积公式要除以2，其他4个不用呢？

生：因为它们都是两个图形拼成一个图形。

师：大家在课前已经对这部分知识进行了独立的整理与复习，你们还记得这些平面图形的面积公式是怎样推导出来的吗？我们一起来回顾一下。（补充课题板书：的整理与复习）

（1）长方形

师：长方形是我们学习面积接触的第一个图形，长方形的面积＝长×宽。我们是怎么推导出来的呢？

生：我们将长方形放在一个方格纸上，先数一排有几个格子，再数有几排，两个相乘就是它的面积。比如一排有 5 个格子，有 3 排，面积就是 5×3＝15。

师：其实，一个小方格就是一个面积单位，有几个方格就是有几个面积单位。

（2）正方形

师：学习长方形的同时，我们还学习了正方形。当——

生：当长方形的长逐渐缩短到和宽一样长时，长方形就成了正方形。正方形是特殊的长方形。（学生边说，教师边播放课件演示。）

（3）平行四边形

生：沿着平行四边形的高，将左边的小三角形剪下，移到右边，补成一个长方形，然后我们就可以用长方形的面积公式来计算。平行四边形的底相当于长方形的长，高相当于宽，所以平行四边形的面积等于底乘高。（学生边说，教师边播放课件演示。）

师：非常完整的表述。利用割补法，将平行四边形转化成长方形。

（4）圆

生：我们先将圆平均分成若干份，再将这些锯齿状的图形上下拼成一个近似的平行四边形。平行四边形的底相当于圆周长的一半，高相当于半径，所以我们就知道圆的面积等于 $\pi r^2$。（学生边说，教师边播放课件演示。）

师：分的份数越多，化曲为直，拼成的图形就越接近平行四边形。

（5）三角形

师：那为什么三角形和梯形的面积公式要除以 2？

生$_1$：用两个三角形拼成一个平行四边形。

师：随便两个？

生$_2$：我有补充，这两个三角形必须是完全相同的。

生$_3$：两个大小、形状完全相同的三角形。把第二个三角形旋转，和第一个拼成平行四边形。这时，拼成的平行四边形的底相当于三角形的底，高相当于三角形的高，但是，这时一个三角形的面积是拼成的平行四边形面积的一半。所以，底乘高后还要除以 2。（学生边说，教师边播放课件演示。）

师：“但是”，这个词用得好！但是，这时三角形的面积只是——

生$_4$：与它等底等高的平行四边形面积的一半。

（6）梯形

生：把两个完全一样的梯形拼成一个平行四边形。平行四边形的底就相当于梯形的上底加下底，平行四边形的高就是梯形的高，但是，梯形的面积只是拼成的平行四边形面积的一半，所以梯形的面积＝(上底＋下底)×高÷2。(学生边说，教师边播放课件演示。)

师：有个五年级的学生提出一个问题，你能解决吗？（能）他说：如果不用两个完全相同的三角形拼成平行四边形的方法，只用一个三角形等积变形成平行四边形，那面积是不是就不用除以 2 了？

生：我知道他说的是什么。沿着三角形高的一半的位置，横着剪下，将上面的小三角形旋转，平移，补到右下角，就拼成一个平行四边形。这时，平行四边形的底相当于三角形的底，平行四边形的高相当于原来三角形的高的一半，三角形的面积等于这个平行四边形的面积，也就是底乘高的一半，所以三角形的面积最后也是底乘高除以 2。(回到三角形面积的推导过程，学生说的时候教师播放课件演示。)

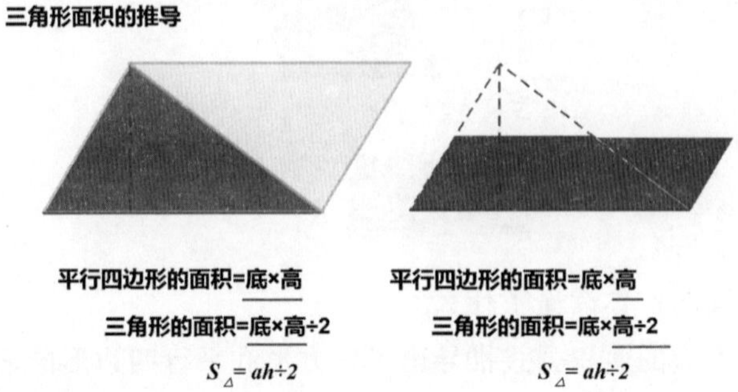


(全班自发鼓掌)

师：非常清晰的思维！

师：梯形也可以像这样等积变形吗？

生：如法炮制。

师：这个词用得真好。(回到梯形面积的推导过程，课件演示）但是——

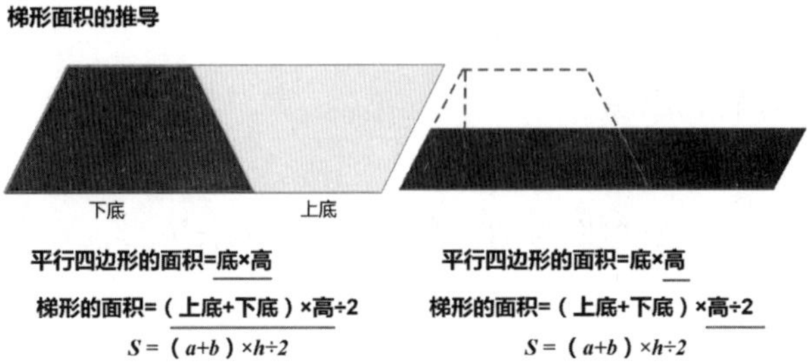

生：它的高变了，这时候平行四边形的高只是原梯形高的一半。

师：看来无论是扩倍变形还是等积变形，三角形和梯形的面积公式都要除以2。这是大家在计算时经常漏掉的，平时要多留心。

**2. 推导中梳理图形间的关系，建立知识网络**

师：从刚才各个面积公式的推导过程中，我们发现这几个图形之间是紧密联系的。能不能用线将图形与图形连接起来，体现它们面积推导之间的联系？你会怎么连呢？与小伙伴们一起讨论一下。

（两个学生上台摆图形，画线连接。）

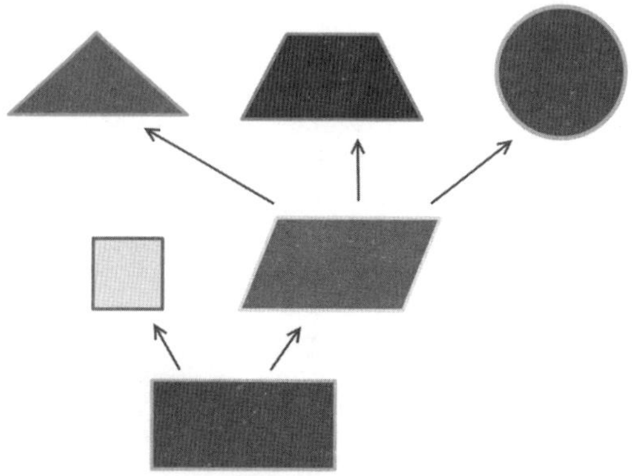

师：谁来读读图？你读懂了什么？

生：他用长方形的面积公式推导出了正方形和平行四边形的面积公式，再用平行四边形的面积公式推导出了三角形、梯形和圆的面积公式。

师：同学们在整理的过程中想法略有不同，整理出的思维导图也有所不同，但相同的是都把哪个图形作为基础？

生：长方形。

师：为什么都把长方形作为整理的基础呢？

生：其他平面图形的面积都是在长方形面积的基础上推导出来的。

（课件重新梳理一次）

**3. 小结中提炼转化思想**

师：仔细观察，你有什么发现？

$生_1$：从下往上看，这些图形的面积公式都是从长方形推导出来的。

（板书：↑、推导）

$生_2$：从上往下看，我们在学习新的图形面积时，都是把它转化成已学过的

图形。（板书：新、↓、转化、旧）

师：利用转化思想把新问题转化为旧知识，再用旧知识解决新问题。

### （三）学以致用，启迪思维促进生长

师：现在图形之间的关系理清楚了，面积公式推导也回顾了，那么利用这些公式解决问题，你们会吗？

**1. 求涂色部分的面积**

★ 求涂色部分的面积（$cm^2$）。

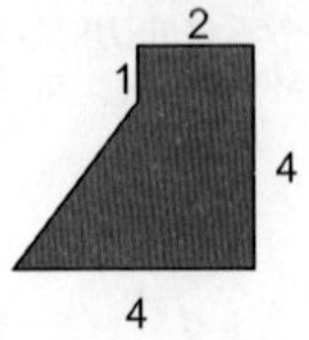


师：用哪个公式？

生：一个不够，至少要两个。

师：怎么想？

$生_1$：可以割。把这个组合图形分成上面的一个长方形和下面的一个梯形，分别求出它们的面积再相加。

$生_2$：也可以竖着分割成一个三角形和一个长方形。

$生_3$：也可以补。把这个图形补成一个大正方形，再用大正方形的面积减去空白部分的梯形面积，也能求出这个图形的面积。

师：对于组合图形，我们可以先割，再相加；也可以先补，再相减。把组合图形变成基本图形，新知又转化成旧知了。

**2. 哪一个图形涂色部分的面积更大**

★★ 哪一个图形涂色部分的面积最大？（　　）

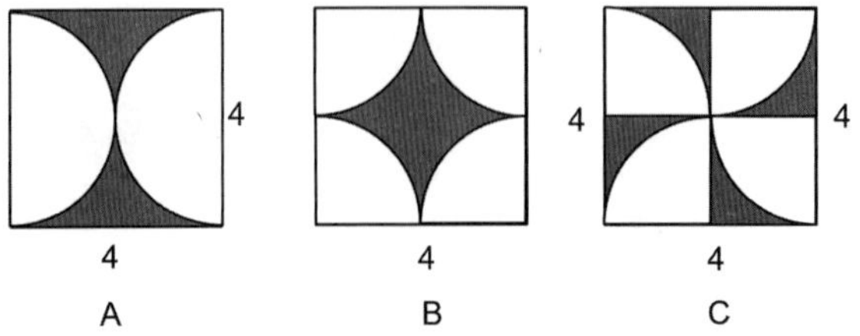


生（观察、思考）：一样大。

师：怎么想？

生：三个正方形的边长相等，说明面积一样大。正方形里面空白的部分合起来都是一个圆，涂色部分的面积都等于正方形的面积减去一个圆的面积。

师：会观察，会思考。你还能画出第四种与它面积相等的图形吗？（能）第5种呢？（能）有兴趣的可以课后再画画看。

师：这几个图形，虽然形状不一样，但是——

生：面积一样。

师：形状变了，面积不变。

**3. 求涂色部分的面积**（限时2分钟）

★★★ 下图是以一个平行四边形的四个顶点为圆心，以2厘米为半径作四个圆，求涂色部分的面积总和。

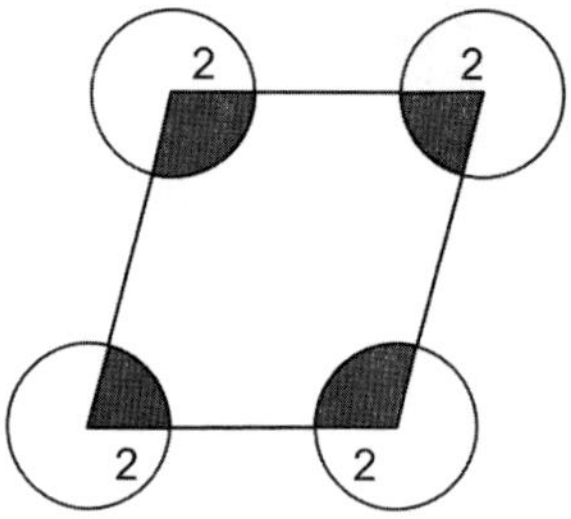


师（问做不出来的学生）：你觉得难吗？（学生点头）你呢？

生：不难。一个圆绕着圆心旋转一周，是一个周角，也就是360°。我们也知道，任意四边形的内角和是360°，那4块涂色图形可以拼成一个圆，题目求的就是半径为2厘米的圆的面积。用圆的面积公式就可以求出来了。

师：这道题有平行四边形也有圆，利用了四边形的内角和等于360°，刚好是一个圆周角。你看，知识并不是分割独立的，而是互通互融的，需要我们学会综合运用。它需要我们有会观察的眼睛、会思考的大脑，还要能灵活变通。（板书：观察、思考）

**4. 求涂色部分的面积**（限时3分钟）

★★★★ 求涂色部分的面积（$cm^2$）。

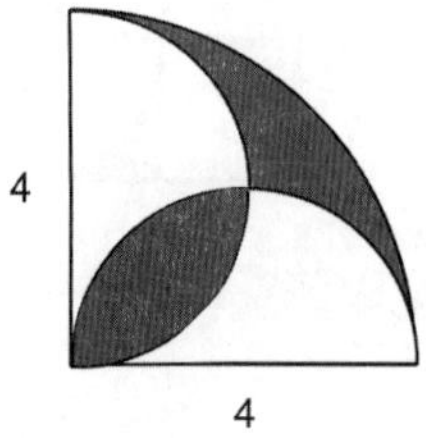


①

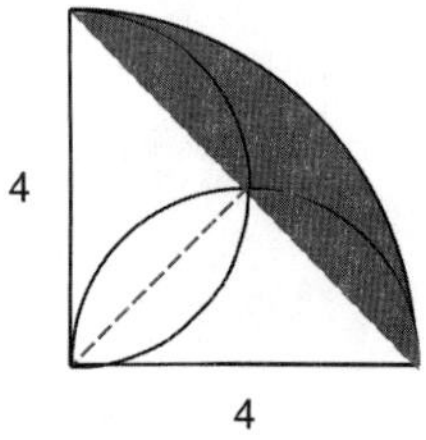


②

师：解决出来的请举手。你是怎么想的？

生：我们可以在图①上画辅助线，把中间的图形分成两部分，再拼到上面。（学生说，教师操作，如图②）如此一来，涂色部分的面积就是四分之一圆的面积减去空白三角形的面积，可以利用圆的面积公式和三角形的面积公式进行计算。

师：表扬这部分同学。原来解决一个数学问题，不仅仅是套用公式，还需要观察，需要想象，需要作辅助线。

师：学习，就是这样，把新问题转化成旧知识，再用旧知识去解决新问题。数学上我们经常这样化繁为简，化难为易。

（板书：在“新”与“旧”之间画上↑）

## （四）迁移建构，展开想象拔节生长

### 1. 思考

★★★★★ 如果只用一个图形的面积公式来计算其他5个平面图形的面积，你觉得会是哪个图形？

生$_1$：长方形。

生$_2$：长方形。

生$_3$：平行四边形。

（课件出示：梯形）

师：为什么是梯形呢？

（在线画板演示：梯形下底逐渐缩短，直至变成一个平行四边形。随着梯形的演变，学生从惊奇到惊喜。）

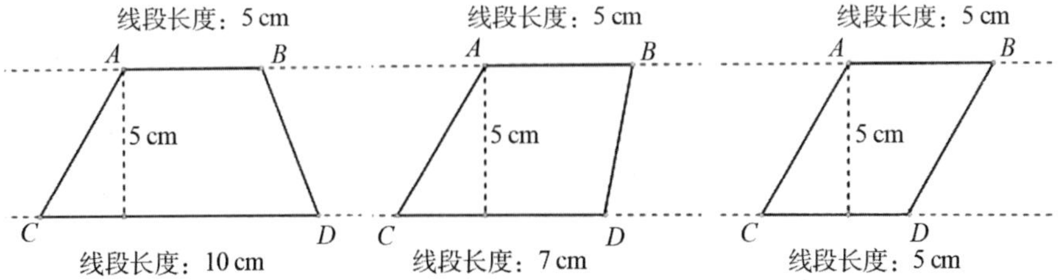


师：这时平行四边形的面积能用梯形的面积公式进行计算吗？

生：$(5+5)\times5\div2=5\times2\times5\div2=5\times5$。

师：这时梯形的面积公式 $S=(a+b)\times h\div 2=(a+a)\times h\div 2=2a\times h\div 2=a\times h$，梯形面积公式就转化成平行四边形的面积公式。

**2. 想象**

师：想象一下，这个梯形还可以怎么变呢？（板书：想象）

生：变成三角形。

师：怎么变成三角形呢？

生：把 $A$ 点和 $B$ 点重合，这时候三角形就变成了一个上底为 0 的梯形。（教师演示操作）

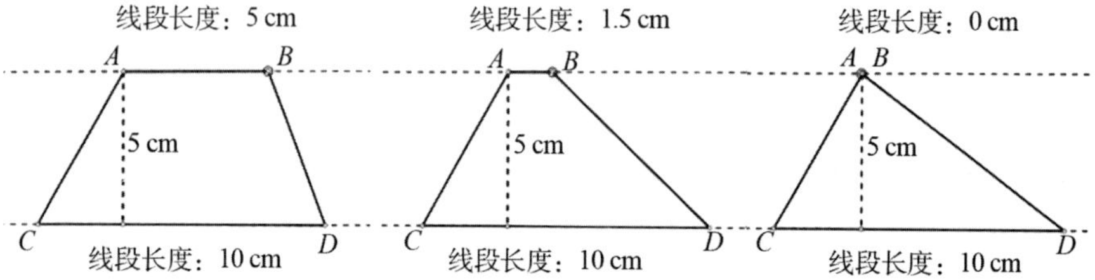


师：这时，三角形的面积能用梯形的面积公式进行计算吗？

生：$(0+10)\times 5\div 2=10\times 5\div 2$。

师：这时，梯形的面积公式 $S=(a+b)\times h\div 2=(a+0)\times h\div 2=a\times h\div 2$，梯形面积公式就转化成三角形的面积公式了。

**3. 疑问**

生（困惑）：那圆的面积要怎样用梯形来算？

师：觉得不可思议吗？那我们就一起来看看。（播放微课，体验引导。）

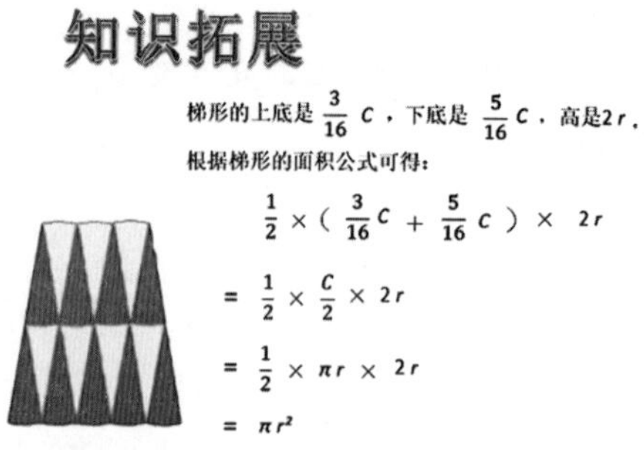


## （五）分享收获，提升凝练持续生长

师：同学们，希望你们在今后的学习中以新知为起点，抓住问题的本质，更加善于运用数学的思想和方法解决数学问题！（略）

## 板书设计

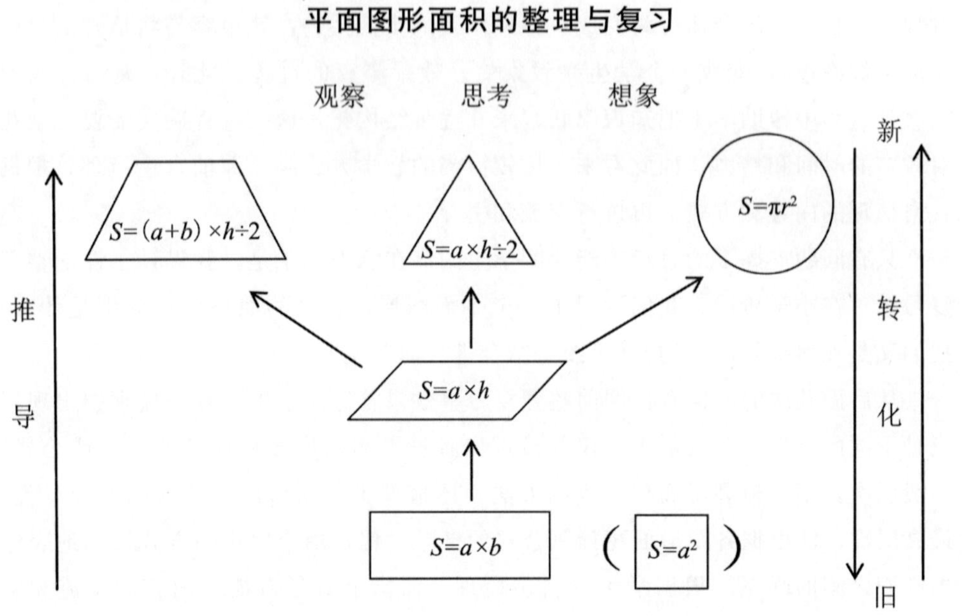


## 通融历程

在很多人眼中，平淡无奇的过程和枯燥乏味的讲解，使复习成为“简单罗列”和“知识堆砌”的代名词。“公开教学拒绝上复习课”，似乎已成为众多一线教师心照不宣的规则。事实上，我教学《平面图形面积的整理与复习》也是被安排的，当时挑的几个课题都被贻亮老师否决了，他说：“要不你就上一节复习课吧?”定下复习课后，我就在想：如何使复习课不再单调，不是“炒冷饭”和“大杂烩”，而能让学生感到新鲜、有用而又有趣呢?

### （一）立足哪里才能有用?

第一次试教，预想满满却上成了一节“裸课”，没有让学生自己进行知识回顾，而是在课堂上与学生一起回顾每个图形的面积计算公式和推导过程。由于平面图形面积的学习跨度大，三至六年级都有，学生知道各平面图形面积的计算方法，但大部分学生对计算公式的推导过程已经遗忘。尽管各面积公式之间的关联性很强，但分散学习使得大多数学生把各计算公式看作静态的、孤立的。因此，只教完 6 个平面图形的面积公式推导过程，整堂课就结束了。

挫败感十足的我，重新进行反思。复习和梳理，首先应该是学生自我整理的过程。一旦这样的个体行为变成一种集体式的步伐共进，就很容易将梳理的过程变成“炒冷饭”，变成一个学生兴致索然、效果寥寥的过程。此外，复习课需要在教学过程中帮助学生把知识串联起来并逐步结构化，这一过程确实需要花费相对较多的时间和精力。如此看来，比较恰当的教学方式是：课前自主梳理，根据各自梳理的内容和方式，再进行交流和引导。

只有问题支撑下的思考才能唤醒学生的潜在意识。于是，我设计了课前整理复习单：在小学阶段，我们学习了 6 个平面图形，它们的面积公式分别是什么？我们又是如何推导出来的？（可图文结合进行简单说明）

从后面几次的磨课看，课前整理复习单效果较好。学生在自主梳理中出现了三种不同的层次：最低层次，仅仅梳理出各种平面图形面积计算的方法或公式；一般层次，不仅梳理了面积计算的方法，还梳理了各图形面积公式的推导过程；最高层次，能根据各图形面积计算公式的推导过程，用个性化的方式恰当地表达出它们之间的联系。根据学生的自主梳理，课堂上对各自梳理内容的交流和引导，可按“结论—由来—联系”的脉络展开，引领学生让知识系统化，让思想方法显性化，建立联系，拓展思维，为学生种一棵有形的树，助学生织一张无形的网，使学生对知识的掌握达到“纵成线”“横成片”的程度，使课堂通透，整体融洽。

### （二）练习如何设计才能有趣、有用？

练习环节是复习课中不可或缺的，但由于复习内容对学生来说已失去新鲜感，往往不容易引起学生的学习兴趣。第二、三次试教时，我这样设计：4 道组合图形的面积计算题，让学生依次解决。虽然题目难度层层递进，但是每到练习这个环节，我都发现学生的热情并不高，收获也寥寥，会的学生早就会了，不会的学生也只是最终知道答案而已。所以，重新设计时我不断地思考：什么样的练习设计能一下子抓住学生眼球，还能让学生想深入挑战呢？除了“出题—做题—讲题”这样的形式外，还可以怎样设计？

再次设计时，我从做题形式开始改变，不再是一味地动手计算解决问题。首先设计了“五星闯关题”，从“一星”的“说”，到“二星”的“选”，再到“三星”“四星”的“做”，最后到“五星”的“思”，学生一下子就热情高涨了。

前面4道练习题的设计由易到难，由基础性向灵活性过渡，再加上“限时思考”让问题变得更具挑战性。通过梳理、融汇、整合，学生对平面图形面积的计算进行重构，形成知识体系。我们已经做到了以“理”求清、以“通”达融，那还能怎样进一步发展学生的思维，以“思”得慧，让练习有用呢？

在第5道题的设计中，我利用动态画板演示，引领学生对这些公式进行联通，用梯形面积计算公式统整平面图形面积计算方法，给学生一个强大的思维刺激，引导他们发现：“哇，图形之间原来还可以这样转化。”这种联系表现了特殊与一般的关系，即对于一般梯形而言，平行四边形就是一个上、下底相等的梯形，三角形是一个上底为0的特殊梯形，而圆还可以通过剪、拼形成一个梯形，进而激发学生从更高的层次体验平面图形的内在联系、多向变换。

如果说之前每一个年级的学习，学生是仰视的，那么现在，我们就需要为他们搭建一个支架，提供一个俯视的机会，让他们转过身、回过头，跳出教材，思考意识不到的问题。只有这样，才能促使他们的数学思维得到发展提升，才能彰显复习的真正意义。

整节课，在梳理与对话中帮助学生到达“融”的境界。学生在学习中丰富认识，动态几何观与转化的数学思想像种子一样落地生根，贯通学生的认知世界，让学习真正发生，让复习教学更有质量和品质。

（执教：晋江市第二实验小学　黄珍玲）

下载课件

"统计与概率"领域

# 一、《可能性》课例解析

**教学内容** 北师大版四年级上册第 95 页

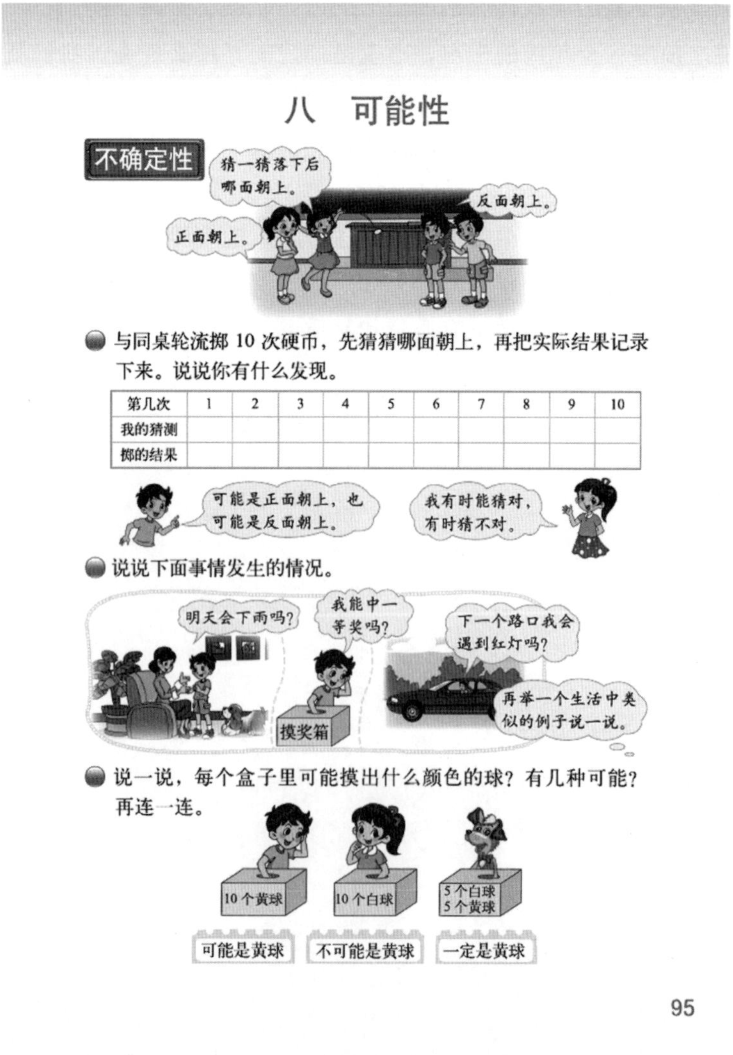

## 八 可能性

不确定性



● 与同桌轮流掷 10 次硬币，先猜猜哪面朝上，再把实际结果记录下来。说说你有什么发现。

| 第几次 | 1 | 2 | 3 | 4 | 5 | 6 | 7 | 8 | 9 | 10 |
|---|---|---|---|---|---|---|---|---|---|---|
| 我的猜测 | | | | | | | | | | |
| 掷的结果 | | | | | | | | | | |



● 说说下面事情发生的情况。



● 说一说，每个盒子里可能摸出什么颜色的球？有几种可能？再连一连。



95

## 教学目标

1. 初步理解“可能”“一定”“不可能”，能用“可能”“一定”“不可能”描述生活中的一些简单事件。

2. 通过摸球游戏等活动直观体验一些事件发生的确定性和不确定性，培养数据意识以及推理意识。

3. 激发勇于尝试的精神，增强学习数学的兴趣和信心。

## 通融思考

### （一）理解如何更通透？

在北师大版教材中，本课主要设计了三个问题：第一个问题是借助每次掷硬币之前无法预知硬币落地时是正面朝上还是反面朝上的事件感受结果的不确定性；第二个问题是联系生活中的具体事件，感受随机事件；第三个问题则是用“可能”“不可能”“一定”来描述事件发生的可能性，尝试列举出简单的随机现象中所有可能发生的结果。教材的编排层次分明，如果按部就班开展教学，学生也能体会事件发生的不确定性，对生活中的随机事件也会有所感受。但生活语言中的“一定”和统计概率中的“一定”相同吗？二者如何区分？教学中，是否仅通过观察就够了？

再者，有的教师在教学中设计“两条平行线（　　）相交”“我们（　　）会再见面”等题目让学生判断是“一定”还是“可能”，显然，这反映了教师对本课研究的“事件”在理解上出现了偏差。教师尚且如此，何谈让学生对“可能”“不可能”和“一定”的理解立体、丰满？如何让学生对生活中的确定事件、不确定事件有更深刻的体会？这些成了备课时重点考虑的问题。

### （二）过程怎样更融洽？

书山有路勤为径，学海无涯“趣”作舟。学生如果对学习材料、学习形式产生浓厚的兴趣，那么将“马不扬鞭自奋蹄”。课堂活动的组织、学习氛围的营造、师生交流的融洽等，对学习至关重要。教材编排了两个活动，从掷硬币到摸球游戏感觉转折较大，能否通过教材中的一个活动实现原本两个活动所承载的学习目标？怎样使教学素材简约？如何实现在一个活动的组织中既完成学习目标又让学生有愉悦的情感体验？整个活动如何让学生始终兴致盎然？

## 教学过程

### （一）激趣导入

师：大家喜欢游戏吗？

生：喜欢。

师：今天的数学课，我们就准备从有趣的游戏开始。（出示教具：不透明的密封袋子）猜猜老师这个袋子里装着什么？

生：球。

师：这么厉害呀！确实，老师的这个袋子里装着球。除颜色外，它们的大小、材质都一样。玩游戏之前，我们先了解一下游戏规则吧。（课件出示规则）

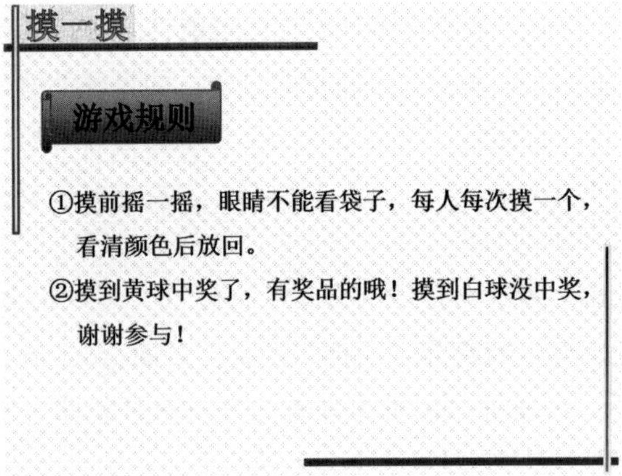


师：哪位同学将游戏规则读一读？（指一学生读，理解规则。）

### （二）体验感知

**1. 第一局摸奖全是黄球——体验“一定”**

师：下面开始第一局。机会难得，谁先试试手气？这位女孩子，你来！（指一女生上台从袋子里摸球，摸出一个黄球。）

师：祝贺你，中奖了，奖品给你。（学生自发鼓掌；教师颁发奖品，并鼓掌祝贺。）

师：还有谁想参加？最后面的男孩子，你来！老师帮他摇一摇袋子。

（男生上台从袋子里摸球，又摸出一个黄球。）

师：又中奖啦，祝贺你！这是你的奖品，谢谢你！（热烈鼓掌祝贺）

生：我！（小手林立）

师：这么多同学都想参加呀！再选一个同学来摸球，你来！

（再指一学生上台摸球，又摸出一个黄球。学生惊呼，鼓掌。）

师：哇！真羡慕！你们都中奖了！如果老师再请一个同学来摸的话，会中奖吗？这么多同学都想试，我们最后再请一位，看看能不能中奖！

（再指一学生上台摸球，还是摸中黄球。学生再次鼓掌。）

师：太幸运了！这是你的奖品，谢谢你的参与。

师：如果再继续摸的话，还会中奖吗？

生$_1$：有可能。

生$_2$：也有可能摸出白球。

生$_3$：一定中奖。

师：为什么你猜一定中奖？

生$_3$：因为袋子里装的可能全是黄球。

生$_4$：袋子里装的全是黄球。

师：那么袋子里到底装着什么颜色的球呀？想不想知道？老师现在把袋子里的球都倒出来，大家看看。

（教师将袋子里的球都倒在透明的塑料盒子里。）

师：看清楚了吗？全是什么颜色？

生：黄色。

师：袋子里全是黄球，从中任意摸一个，结果会怎样？

生$_1$：任意摸一个，都是黄球。

生$_2$：不管怎样，一定会摸到黄球。

生$_3$：从中任意摸一个，一定会中奖。

师：袋子里全是黄球，从中任意摸一个，几位同学都说了，“一定是黄球”，“一定”这个词用得特别好，表达特别准确。（板书：一定）

师：如果再请三位同学来摸，结果会怎样？

生：一定摸出黄球。

师：再请五位同学来摸呢？

生：也一定摸出黄球。

师：全班同学不管谁来摸——

生：都一定摸出黄球。

师：看来，从这个袋子里摸到的球一定是——

生：黄球。

师：这样的摸奖活动，下次你们还愿意参加吗？为什么？

生：愿意，因为一定中奖！

师：从这个袋子里摸到黄球，这件事情是一定发生的！同学们，生活中什么事情也是一定发生的？

生：一星期一定有七天。

师：上星期有几天？

生：七天。

师：这星期有几天？

生：七天。

师：下一个星期呢？

生：还是七天。

师：不管是哪一个星期，都一定有——

生：七天。

师：一星期有七天，这件事情是一定发生的。生活中还有一定发生的事情吗？

生：太阳一定从东边升起。

师：今天的太阳从——

生：东边升起。

师：明天呢？

生：东边升起。

师：不管哪一天，太阳都从——

生：东边升起。

师：是的，太阳每天都从东边升起，这件事情也一定发生。除了刚刚讲的两件事情，还有一定发生的事情吗？

生$_1$：太阳一定从西边落下。

生$_2$：每年一定有12个月。

生$_3$：每年一定有春节。

……

师：同学们说得真好，生活中一定发生的事件有很多。

**2. 第二局摸奖全是白球——体验“不可能”**

师：同学们还想玩摸球游戏吗？（想）我们继续玩第二局！

（教师再拿出一个袋子，指一学生上台，摸出一个白球。）

生：啊，白球。（失望）

师：哪位同学再来试试？老师先将袋子里的球摇匀。

（再指一学生摸，又是白球。）

师：还有同学想参与吗？再请一位同学来。他能中奖吗？

（教师再指一学生上台，还是摸出一个白球。）

师：真遗憾！你们为什么都没有中奖啊？同学们有话要说吗？

生$_1$：袋子里面应该都是白球。

生$_2$：袋子里面全是白球。

师：真是这样吗？怎样才能知道真实情况？

生：倒出来看一看。

师：听你们的，倒出来看一下。

（教师将袋子里的球都倒在透明的塑料盒子里。）

师：果然五个都是白球。你们能中奖吗？

生：不可能，一个黄球都没有。（板书：不可能）

师：刚才三位同学都不可能摸出黄球，再请其他同学来摸呢？

生：也不可能摸出黄球。

师：看来，想从这个袋子里摸出黄球是——

生：不可能的。

师：是呀！不管请谁来摸，都不可能从这样的袋子里摸出黄球。那红球、绿球呢？

生：也是不可能的。

师：这样的摸奖活动，下次你们还愿意参加吗？为什么？

生：不愿意，因为根本不可能中奖。

师：生活中有哪些事件是不可能发生的？

（同桌交流）

师：大家都有想法了吧，我们一起来听听！谁来说？

$生_1$：每年不可能没有春节。

$生_2$：太阳不可能在晚上升起。

$生_3$：太阳不可能从西边升起，从东边落下。

$生_4$：一星期不可能有八天。

……

师：看来生活中不可能发生的事件也有很多，同学们课后可以再交流。

**3. 第三局摸奖既有黄球又有白球——体验“可能”**

师：刚才的游戏中，第一局袋子里全是黄球，一定摸出黄球；第二局袋子里全是白球，不可能摸出黄球。同学们还想继续玩游戏吗？

生：想。

（先请两位学生上台）

师：这次的游戏稍微有些不同，请看：（课件出示）

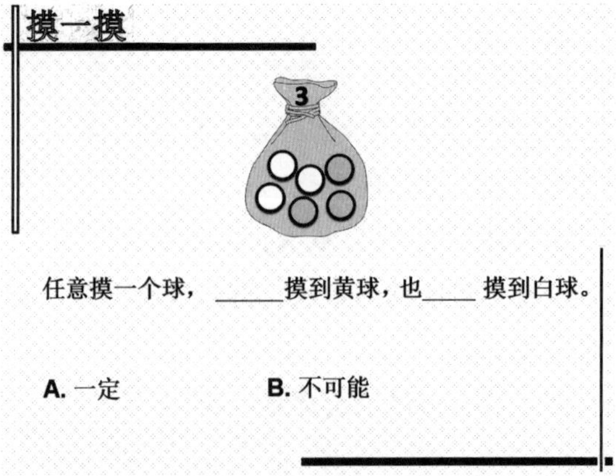


师：我们先请台上两位同学来选，如果选 A 请站到左边，如果选 B 请站到右边，请选择。

（两位学生均没有移动站位）

师：你们怎么都不动？

生$_1$：没有我们要选的答案。

生$_2$：我们想选“可能”。

生$_1$：答案中没有“可能”。

师：这两位同学大胆地说出了他们的想法，你们支持吗？

生：支持。

师：谁也说一说自己的想法？

生$_3$：袋子里有黄球，也有白球，可能摸到黄球。

生$_4$：袋子里有黄球，也有白球，不可能一定摸到黄球。

生$_5$：两种球都有可能摸到，应该填“可能”。

……

（全班举手表决，选 A 的 0 人，选 B 的 0 人。）

师：没有同学选 A，也没有同学选 B，那填什么？

生（齐声）：可能。

师：太厉害了！刚刚老师卖了个关子，悄悄藏起了一个答案。

（出示：C. 可能。板书：可能）

师：为同学们的明智选择点赞。

（教师朝全班同学竖起大拇指，并为两位同学颁奖。）

## （三）深化认知

### 1. 认识“不确定”

师：从 3 号袋子里摸球，一定是白球吗？

生：不一定。

师：一定是黄球吗？

生：不一定。

师：从 3 号袋子里摸球，我们能确定摸到球的颜色吗？

生：不能确定。

师：是啊！3 号袋子里既有白球也有黄球，从中任意摸出一个球，可能是白球，也可能是黄球，到底能摸到哪种球我们在摸之前并“不确定”（板书），它是不确定事件。

师：那么生活中，有哪些事情也是可能发生的呢？

（四人小组交流）

生$_1$：明天可能会下雨。

师：也就是说——

生$_1$：也就是说，明天可能是晴天，也可能是雨天。

师：非常好，掌声送给他！还有吗？

生$_2$：下一个路口可能是红灯。

师：你能说得详细一些吗？

生$_2$：下一个路口可能是红灯，也可能是绿灯，还有可能是黄灯。

师：说得真好，看来下一个路口出现什么颜色的信号灯我们不能确定。这也是什么事件？

生：不确定事件。

师：说对了，掌声送给你们！

生$_3$：白天可能看到月亮。

生$_4$：一个月可能有三十天。

生$_5$：买彩票可能会中奖。

……

师：看来，生活中不确定的事件有很多，数学知识原来广泛地存在于生活中。

**2. 认识“确定”**

师：1 号袋子里全是黄球。刚才我们从中摸出一个球，结果怎样？

生：一定是黄球。

师：2 号袋子里全是白球。谁来讲？

生$_1$：一定是白球。

生$_2$：不可能是黄球。

师：是的。2 号袋子里全是白球，不可能摸到黄球；1 号袋子里全是黄球，一定摸到黄球。这两个袋子的球在摸之前我们是可以“确定”结果的，它们是确

定事件。（板书：确定）

师：同学们，生活中有些事件属于确定事件，而有些事件可能发生，也可能不发生，属于不确定事件。这些现象就是我们今天要认识的生活中的“可能性”。（板书课题：可能性）

## （四）拓展认知

**1. 玩一玩**

师：很多游戏藏着我们今天学习的可能性知识，你能说说吗？

$生_1$：掷硬币。

$生_2$：掷骰子。

$生_3$：剪刀石头布。

……

师：大家找出了很多藏着可能性知识的游戏。下面我们先来看剪刀石头布，给大家一分钟，和同桌玩一玩，然后用可能性的知识说一说玩这个游戏的体验。

（同桌玩剪刀石头布）

师：好，时间到。这个游戏中藏着可能性的知识吗？谁来分享一下？

$生_1$：有可能是我赢，也有可能是他赢。

$生_2$：我出剪刀，对方可能出布，那我就赢了。对方也可能出石头，那我就输了。

师：对方还有可能出什么？结果怎样？

$生_2$：对方还可能出剪刀，我们就平手。

师：同桌两人玩剪刀石头布游戏，不管你出什么都有几种结果？

$生_1$：三种。

$生_2$：可能是赢了，也可能是输了，还可能是平手，有三种结果。

师：剪刀石头布这个游戏，除了结果有三种可能性外，还有什么也是不确定的？

生：玩的时候，我出什么也是不确定的。

师：对了。你可能出剪刀，也可能出布，还可能出石头。对方呢？

生：对方也是，三种都有可能。

师：看来，剪刀石头布游戏确实藏着可能性的知识。我们看下一个游戏。

**2. 选一选**

（课件出示）

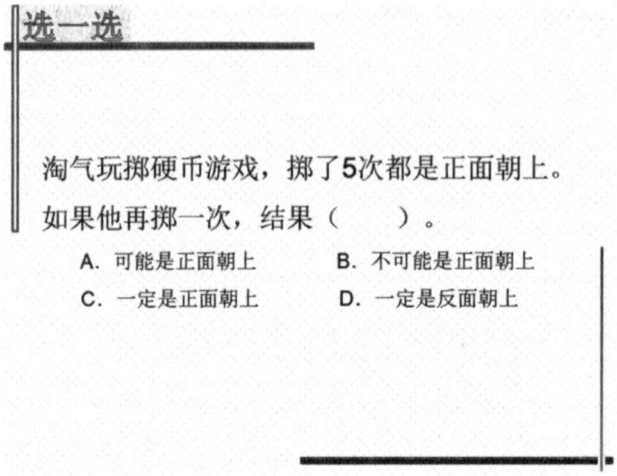


生（异口同声）：选A。

师：为什么选A？谁来和大家分享一下？

生$_1$：硬币有两个面，掷的时候，可能是正面朝上，也可能是反面朝上，两种都有可能。

生$_2$：掷了5次都是正面朝上，有可能是他幸运，第六次就不一定是正面朝上了，也有可能是反面朝上。

生$_3$：正常掷硬币，可能是正面朝上，也可能是反面朝上。

师：说得真好！所以说掷硬币是什么事件？

生：不确定事件。

**3. 说一说**

师：还有一个游戏，我们继续往下看。

（出示：超市“购物节”举办转盘抽奖活动，让学生用“可能”“一定”“不可能”说一说抽奖的结果。）

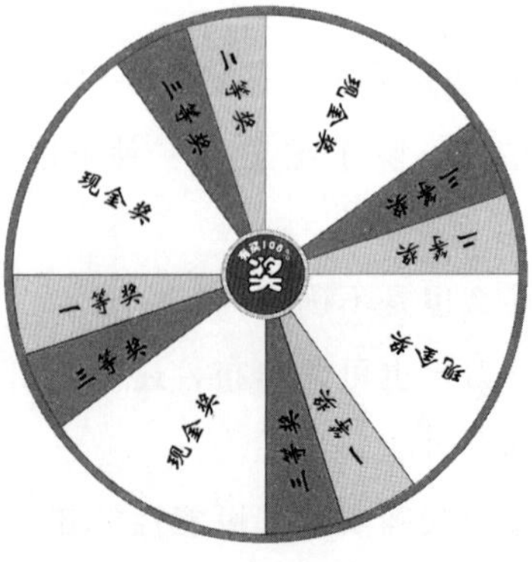

$生_1$：可能抽中一等奖。

$生_2$：也可能抽中二等奖。

$生_3$：三等奖和现金奖也可能抽中，四种情况都有可能。

师：能用“一定”说一说吗？

$生_4$：一定抽到三等奖。

$生_5$：我不同意，不一定是三等奖。

$生_6$：一定能抽到奖。

师：用“不可能”说一说吧。

$生_7$（短暂的沉默后，小声嘀咕）：一定能抽到奖啊。

$生_8$（恍然大悟，惊喜大喊）：一定能抽到奖，那就是不可能没有抽到奖！

师（大声表扬）：太好了！掌声送给这位同学。是啊，四种获奖情况都有可能。一定会抽到奖，也就是不可能不中奖。掌声送给你们，真棒！

**4. 想一想**

师：游戏大家非常喜欢，故事你们喜欢吗？

生：喜欢。

师：我们一起来听一个小故事。

（课件播放故事）

| |
|---|
| 从前，有一个好人被坏人陷害，被法官判了死刑。但按照当时法律的规定，要抽生死签，就是写两张纸条放到盒子里，一张写着“生”，另一张写着“死”，让好人闭着眼睛去摸。抽到“生”签就能免一死，抽到“死”签就马上处死。 |

师：同学们，你们猜猜，这个好人会抽到什么签？

生：可能是“生”签，也可能是“死”签。

（继续播放故事）

| |
|---|
| 坏人害怕好人抽到“生”签活下来，便偷偷地想办法把盒子里的“生”签换成了“死”签。 |

师：这时候好人还有机会抽到“生”签吗？

生：不可能抽到“生”签，一定抽到“死”签。

（继续播放故事）

| |
|---|
| 就在这时，好人的朋友偶然知道了这件事，很伤心地告诉了好人。不料好人知道后，反倒很高兴，抽完签后竟然没被处死。 |

师：你们知道他是怎么做的吗？

生$_1$：“死”签被好人的朋友换成了“生”签。

生$_2$：把抽到的签吃掉，剩下的一张是“死”签，他抽到的就一定是“生”签了。

师：同学们真聪明！是的，好人把抽到的签吞到肚子里，别人要想知道好人抽了什么签，就只能看剩下的签了。剩下的签是“死”签，说明好人抽到的是“生”签。这个故事告诉我们什么？

生$_1$：可能性并不是绝对的。

生$_2$：肯动脑筋，改变其中的条件，“可能”“一定”“不可能”有时是可以相互转化的。

## （五）回顾总结

师：同学们，这节课学得开心吗？谈一谈这节课的收获吧。

生$_1$：生活中有很多和可能性有关的知识。

生$_2$：我知道了很多游戏中藏着可能性的知识。

生$_3$：我认识了确定事件和不确定事件。

生$_4$：一定发生的事件就是确定事件，可能发生也可能不发生的事件就是不确定事件。

……

师：说得真好！今天我们认识了生活中的可能性，可能性的知识就藏在生活中。老师希望你们做生活的有心人，仔细观察，善于思考，发现生活中更多关于可能性的数学知识。

## 板书设计

**可　能　性**

确定——一定
确定——不可能
不确定——可能

## 通融历程

### （一）关于教材的斟酌

本课教材的编排结构可分为三部分：一是从掷硬币游戏引入进而感受结果的不确定性；二是生活中抽奖箱、红绿灯等具体事件的随机现象；三是通过摸球游戏尝试列举随机事件所有可能的结果。

**1. 怎样删繁就简？**

教材中知识点呈现的载体，是从掷硬币游戏到生活事件再到摸球游戏。如果照搬教材的编排组织课堂教学，感觉跳跃较大，实施有一定难度。能否直接借助其中的一个游戏使学生获得对“确定”及“不确定”的感悟？是采用掷硬币游戏，还是摸球游戏？冷静分析，不难发现掷硬币游戏的结果无非就是正、反两面，所能承载知识点的空间有限，而摸球游戏可以通过改变球的数量、颜色从而使其承载更多。故最终我选择摸球游戏。

**2. 怎样梳理脉络？**

教材中知识点呈现的顺序是从几种可能（不确定）到一种可能（确定）和几种可能（不确定）。这种混合编排形式对学生来讲，会不会造成理解的无序、凌乱？怎样通过有序的“教”实现有序的“学”？是从“确定”到“不确定”，还是从“不确定”到“确定”？几易其稿，最终定为从“确定”到“不确定”再到解释应用，收到了预期的教学效果。

## （二）关于氛围的营造

好的文章讲究“凤头、猪肚、豹尾”。课堂教学若也有“凤头”助力，则再理想不过。如何将唯一保留的摸球游戏的趣味性最大化呢？

**1. 激情点燃**

“大家喜欢游戏吗？”“今天的数学课，我们就准备从有趣的游戏开始。”“摸到黄球中奖了，有奖品的哦！”课始，从“游戏”到“有趣的游戏”再到“有奖品的游戏”，三部曲瞬间引燃了学生的参与热情。第一局连续四位学生摸球均中奖，在奖品的诱惑下，学生个个想参与，气氛迅速推向高潮，学生摸球之后对袋子中所放置的球的情况进行猜测自然也是激情满满，成功的喜悦充满课堂。

**2. 适可而止**

摸球游戏营造了氛围，第一局连续四位学生摸球中奖，想参与的学生依然小手林立，是继续活动以满足学生的中奖心理还是戛然而止？第二局连续三位学生摸球没中奖，要再请第四位学生摸球还是适可而止？经过试教对比，适可而止，断在当断处才能取得最好效果。

**3. 常中有变**

人们常常惊叹于瀑布的美，那是因为见惯了河流的静谧。如何在课堂教学中设计一些变数，发展学生的变通能力？第一局摸球游戏引导学生认识了“一定”，第二局摸球游戏引导学生认识了“不可能”，接下来是按部就班安排第三局摸球游戏引导学生认识“不确定”吗？当然不是，巧妙的课堂需要有点变化。如教学过程所示，第三局直接明示袋子中放置球的情况（3 黄 3 白），并且让学生做一道选择题（选 A 还是选 B），逼得学生“创造”出了正确选项 C——“可能”。因为缺失正确的选项，这道选择题变得格外有趣。在多变的第三局摸球游戏中，学生虽没有摸球却收获了对“不确定”深刻的理解、感悟。再比如“说一说”环节，抽奖的转盘有一等奖、二等奖、三等奖和现金奖，学生会用“一定”“可能”描述中奖的情况，那“不可能”呢？现场一度沉寂，但很快有同学悟出“一定会抽到奖”的意思就是“不可能不中奖”，难能可贵也妙趣横生。

如此一来，将中规中矩的“操作”化身为一波三折的摸奖游戏，学生在亲历猜测、验证的过程中始终兴致盎然。事实证明，好的学习氛围让课堂教学效果有了质的提升。

## （三）关于追问的重复

上完这节课，听课者或许会觉得执教者有些啰唆。为何有此感觉？因为课堂中不止一次出现同样的问题追问数次的情况。例如：第一局游戏，四位同学全摸出了黄球，在学生猜测袋子里全是黄球并将袋子里的球倒出验证全是黄球之后，追问：“袋子里全是黄球，从中任意摸一个，结果会怎样？”“如果再请三位同学来摸，结果会怎样？”“再请五位同学来摸呢？”“全班同学不管谁来摸——”“从这个袋子里摸到的球一定是——”再如：关于生活中“一定”发生的事件，学生举例“太阳一定从东边升起”，教师仍旧追问“今天的太阳从——”“明天呢？”“不管哪一天，太阳都从——”

如此不厌其烦的重复追问在整节课中出现了多次，是教师真的爱啰唆吗？时间是否白白浪费了？当然不是。陈希孺院士曾在《机会的数学：统计学入门》一书中指出，在一次性事件的场合，频率的方法不能用。也就是说，数学研究的概率问题指向的事件应是在同样条件下可以重复观察的。学生在学习本课之前，生活中已经或多或少积累了一些与可能性相关的体验，只是这些体验是零散的、混乱的、粗糙的和无序的，并且其中不乏“一次性事件”。教师在课上如何将这种感性的认识提升为科学的、理性的认识？策略就是“追问”。本课教学通过三局摸球游戏引导学生体验事情发生的确定性和不确定性，会用“一定”“不可能”“可能”描述生活事件发生的可能性，学习过程中教师的重复追问功不可没。教师有心的不断追问，丰富了学生对数学事件的感知。在不断的辨识中，学生不仅感悟了数学事件与生活事件的本质区别，还对生活中可能发生和不可能发生的事件有了更通透的感悟。追问，问出了真相，问出了真知！

（执教：晋江市第二实验小学　曾秋芸）

下载课件

# 二、《平均数》课例解析

## 教学内容　北师大版四年级下册第 90 页

### 平均数

每 3 秒呈现 10 个数字，看一看每次可以记住几个数字。

淘气 5 次记住数字的情况统计表

| 次数 | 第 1 次 | 第 2 次 | 第 3 次 | 第 4 次 | 第 5 次 |
|---|---|---|---|---|---|
| 记住数字的个数 | 5 | 4 | 7 | 5 | 9 |

● 淘气能记住几个数字？

● 平均每次记住 6 个数字是怎么得出来的？

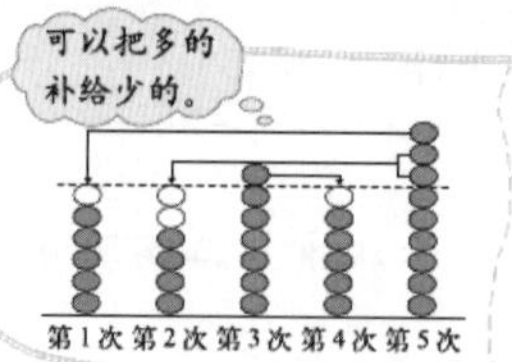


可以通过计算。

平均每次记住数字的个数为：

(5+4+7+5+9)÷5=6(个)

● 你能帮忙解决机灵狗的问题吗？

● 说一说生活中你在哪里见到过平均数。

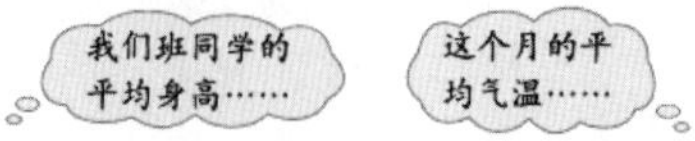


90

## 教学目标

1. 初步理解平均数的意义，认识求平均数的两种方法，会计算一组简单数据的平均数。

2. 在数学活动中感受平均数的特点，发展数据意识。

3. 感受平均数在现实生活中的广泛应用，激发学生学习数学的兴趣。

## 通融思考

### （一）能等同于“平均分”吗？

《平均数》一课是学生第一次接触离散数据的统计量，也是目前小学阶段唯一的统计量。从算术意义上看，平均数其实可以根据学生已有知识经验中的“平均分”“每份一样多”同化，这对于学生而言是较为简单的。但是，从统计意义上分析，学生对于平均数的数学理解存在一定的难度，特别是对它的“虚拟性”“敏感性”“在最大数与最小数之间”等特点的感悟。

借助学生二年级学习除法时认识的“平均分”，有的老师只重算法（合并平分）而轻算理（为什么可以合并平分）。平均数就是将一组数据平均分吗？笼统而草率地给平均数套上“先加再除”的帽子，学生常无法解释生活中关于平均数的一系列多变的问题。如何基于平均数的意义、特点上好这一节课？如何引导学生感悟平均数在生活中的广泛应用？这些问题值得深入思考。

### （二）如何在借鉴中再创新？

《平均数》是一节经典课，很多教学名师都上过，他们对于教材的处理让人折服，对课堂生成的处理高度也令人叹为观止。翻阅了名师的经典课例，站在巨人的肩膀上，该如何处理教材？如何演绎课堂？如何借鉴名师的金点子为己所用？如何更好地向学生传递自己的教学思考？

## 教学过程

### （一）话题引入

师：你们喜欢体育活动吗？

生（齐声）：喜欢！

师：曾老师也喜欢体育活动，谁来猜猜老师喜欢的体育活动？

生$_1$：跳绳。

生$_2$：跑步。

……

师：老师不卖关子了，其实我是个套圈高手。就在上星期，我们班三个调皮的男生小新、小威和小明还约我进行了一场“1分钟套圈挑战赛”。怎么样，想不想了解现场的比赛情况？

生（齐声）：想！

### （二）建立意义

**1. 移多补少**

师：比赛之前，我们先了解一下比赛规则：时间就1分钟，谁套中的个数多谁就赢。

师：首先出场的是小新，我们来看看他1分钟套中了几个圈。

（课件动态演示小新1分钟套圈情况，学生自觉一起数1、2、3、4、5。）

师：你们觉得小新的水平怎么样？

生：还行。

师：他对自己的成绩还比较满意，我们就用5个来表示小新1分钟的套圈水平。

师：第二个出场的是小威。

（课件动态演示小威1分钟套圈情况）

师：他1分钟套了2个。你们对这个成绩满意吗？

生：太少了。

师：小威也对这一成绩不太满意，觉得没有发挥出自己的真实水平，想再套一次。如果你是曾老师，你会同意他的要求吗？

生：我不同意。比赛的时间就是1分钟！

师：如果你们是小威，你们认为老师应该再给他一次机会吗？

生：应该！

师：你们怎么前后不一致啊?!

（学生偷笑）

师：小威认为没有发挥出自己的水平，不公平也不服气啊！

生：我会同意的。老师应该大度一点。

师：还真和我想到一块儿去了。老师大方地给了他第二次机会，我们来看他第二次的成绩。

（课件演示小威第二次套圈的情况）

生：哇，8个。厉害！

师：小威第二次的成绩果然好很多。可是问题来了，两次成绩相差这么多，该用哪个数来表示他1分钟的套圈水平呢？

$生_1$：我觉得可以用8来表示。

$生_2$：我不同意。小威第一次只套中2个，怎么能用8来表示呢？

师：也就是说，如果用8来表示，对小新来说——

生（齐声）：不公平！

师：该用哪个数来表示呢？小威一定会想：我毕竟还有一次套中8个呢！

生：那他还有一次只套中2个。

师：一次套中2个，一次套中8个……到底用几个来表示小威1分钟的套圈水平呢？（组织学生四人小组讨论）

师：现在还有人坚持用2个表示小威1分钟的套圈水平吗？

生：没有。

师：那还有人坚持用8个表示小威1分钟的套圈水平吗？

生：没有。

师：两种情况都不选了，现在到底该用几个表示小威1分钟的套圈水平？

$生_1$：5个。

$生_2$：5个。

$生_3$：5个。

师：不对呀！小威没有一次是套中5个的，怎么回事？

$生_1$：把8个里面的3个送给第一次的2个，这样不就都是5个了吗？

生₂：从第二次的 8 个里面移 3 个给第一次的 2 个，两次就都是 5 个。所以，用 5 个来表示比较公平。

师：大家同意这两位同学的意见吗？同意的话请鼓掌。

（学生热烈鼓掌）

师：大家请看屏幕。

（课件呈现移补的过程。）

师：数学上，像这样从多的里面移一些补给少的，使得每个数都一样多，这一过程就叫“移多补少”。（板书：移多补少）

师：像这样把数字和图形结合起来，是不是看得更清楚？数形结合可是学习数学的好办法。移完后，小威每分钟都套中了几个？

生：5 个。

师：能代表小威 1 分钟套圈的平均水平吗？

生：能！

**2. 合并平分**

师：轮到小明出场了。小明也套了两次，成绩都是 5 个。（课件分别演示）

师：这时用哪个数字表示小明 1 分钟的套圈水平？

生：两次都是 5 个，用 5 表示。

师：如果你是小明，会就这样结束吗？

生：不会，他肯定想赢。

师：是的。小明一看，发现自己同小新、小威打成平手，也请求曾老师再给他一次机会。你们知道他是怎么想的吗？

生：他想再套一次，赢小新和小威！

师：再套一次，小明一定会赢他们两个吗？

生：可能会赢，也可能会输。

师：老师答应他了，我们一起看看吧！

（课件演示小明第三次套圈的情况，成绩为 2 个。）

师：凭直觉，小明赢了吗？为什么？

生₁：可能输了，最后一次才 2 个。

生₂：肯定输了，平均数一定比 5 个少。

师：这一回，又该用几个来代表小明 1 分钟套圈的平均水平呢？

（学生先独立思考，再小组交流。）

师：哪位同学来讲讲你们交流的结果？

$生_1$：我们觉得，可以用4来代表小明1分钟的套圈水平。他两次套中5个，可以各移1个给第三次，这样每一次都套中了4个。

师：大家说，他们小组用的是什么方法？

生：移多补少。

（课件再次呈现“移多补少”的过程。）

师：还有别的方法吗？

$生_2$：我们先把小明三次套中的个数相加，得到12个，再用12除以3，结果是4个。所以，我们也觉得用4来表示小明1分钟的套圈水平比较合适。

师：为什么要除以3？

生：因为小明一共投了3次，所以要除以3。

师：看来，今天学习的知识和二年级学过的“平均分”有一定的联系！像这样先把每次套中的个数合起来，然后再平均分的方法，叫合并平分。（板书：合并平分）

师：其实，无论是刚才的移多补少，还是这次的先合并再平均分，目的只有一个，那就是——

生：使原来几个不相同的数变得同样多。

（板书：同样多）

师：数学上，我们把通过移多补少或合并平分得到的这个数，叫作原来这几个数的平均数。这就是我们今天要学习的新知识。

（板书课题：平均数）

**3. 虚拟性**

师：这里的平均数“4”能代表小明第一次套中的个数吗？

生：不能。

师：能代表小明第二次、第三次套中的个数吗？

生：也不能。

师：奇怪，那它究竟代表的是哪一次的个数呢？

$生_1$：这里的“4”代表的是小明三次套圈的平均水平。

$生_2$：是小明1分钟套圈的平均水平。

（板书：平均水平）

师：为什么多套了一次，成绩反而下降了呢？

生：因为第三次套中的太少，所以把成绩拉低了。

（引导学生再次回顾小明的套圈情况，强化对平均数虚拟性的感知。）

师：这里的“5”能表示小威第一次套圈的成绩吗？能表示他第二次套圈的成绩吗？那“5”表示什么？

生：“5”，既不是第一次的成绩，也不是第二次的成绩，它表示小威两次套圈的平均水平。

师：你的思维可真敏捷！

**4. 不确定性**

师：最后，该我出场了。曾老师想套四次，他们会同意吗？

$生_1$：肯定同意。

$生_2$：同意。

（课件出示老师前两次套圈成绩：5 个、3 个）

师：曾老师两次的平均成绩是多少？

生：5 个和 3 个的平均数是 4 个。

师：“4 个”表示什么？

生：“4 个”表示曾老师两次套圈的平均水平，并不是哪一次实际套中的个数。

师：你真厉害！看来你已经了解平均数了，为你点赞！想知道老师第三次套中了几个吗？

（课件出示第三次套圈成绩：7 个）

师：三次的平均成绩是多少？

生：5 个。

师：如果只套三次，曾老师是赢了还是输了？

生：和小新、小威平手，赢小明。

师：曾老师这时不想再套第 4 次了，他们会同意吗？

生：肯定不同意。他们想赢老师。

**5. 在最大数和最小数之间**

师：答对了，他们真的不答应。想知道曾老师最后一次套中了几个吗？

（课件出示第四次套圈成绩：1 个）

师：凭直觉说说，曾老师最终是赢了还是输了？

生：输了。因为你最后一次只套中 1 个，太少了。

师：不计算，你能估计一下，曾老师最后的平均成绩可能是几个吗？

生$_1$：大约是 4 个。

生$_2$：我也觉得是 4 个。

师：英雄所见略同啊！不过，第三次我明明套中了 7 个，为什么你们不估计我最后的平均成绩是 7 个？

生$_1$：不可能。因为只有一次套中 7 个，又不是次次都套中 7 个。

生$_2$：前三次的平均成绩只有 5 个，而最后一次只套中 1 个，平均成绩只会比 5 个少，不可能是 7 个。

生$_3$：再说，7 个是最多的一次，它还要移一些补给少的，所以不可能是 7 个。

师：那你们为什么不估计平均成绩是 1 个呢？

生：也不可能。虽然这次只套中 1 个，但其他几次都比 1 个多，移一些补给它后，就不止 1 个了。

师：这样看来，虽然还没得出结果，但我们至少可以肯定，最后的平均成绩应该比这里最大的数——

生$_1$：小一些。

生$_2$：还要比最小的数大一些。

生$_3$：应该在最大数和最小数之间。

师：是不是这样呢？我们一起算一算吧。

（师生共同完成计算过程。）

师：和刚才估计的结果比较一下，怎么样？

生：的确在最大数和最小数之间。

师：现在看来，这场套圈比赛是我输了。你们觉得问题主要出在哪儿？

生$_1$：最后一次套中的太少了。

生$_2$：如果最后一次多套中几个，或许你就赢了。

师：试想一下，如果曾老师最后一次套中 5 个，甚至更多一些，比如 9 个，比赛结果又会如何呢？

（课件呈现两种情况：5 个、9 个）

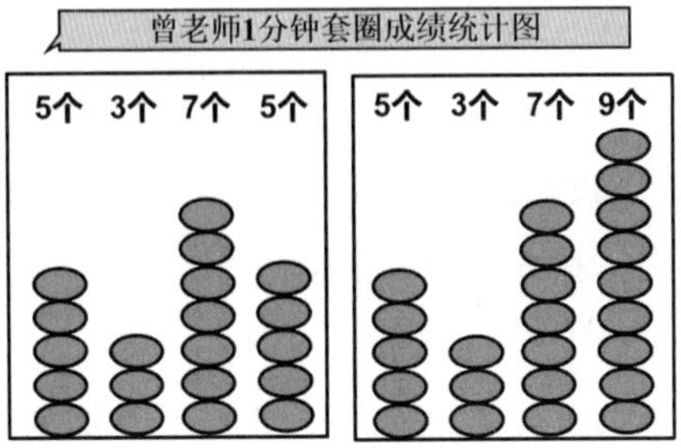

师：如果最后一次套中 5 个，结果怎么样？

生：平均数就是 5 个。

师：如果是 9 个呢？

生：平均数就是 6 个。

师：你们这么快就算出来了呀！这两组数据分别用哪种方法找平均数比较合适？

生₁：第一组移多补少，很方便，一眼就看出来了。

生₂：第二组先合后分，5＋3＋7＋9＝24（个），24÷4＝6（个）。

师：看来，寻找平均数时，也要选择合适的方法。

## （三）深化理解

师：现在，请大家观察下面的两幅图，有什么相同点？把你的想法在小组里说一说。

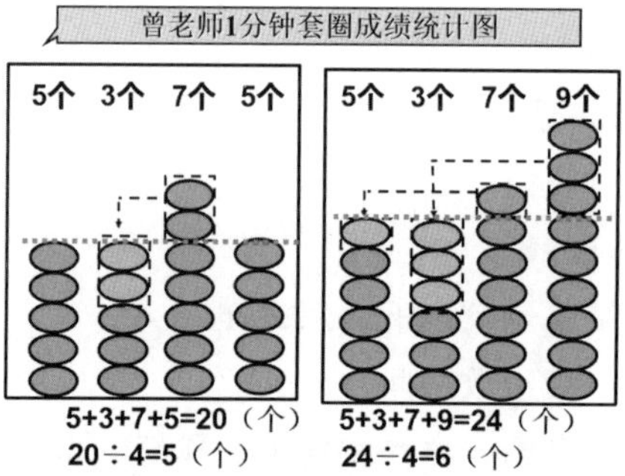


（学生独立思考，再在小组内交流想法。）

生₁：我发现，每一幅图中前三次成绩不变。

生₂：最后一次成绩各不相同，最后的平均数也不同。

师：看来，要使平均数发生变化，只需要改变其中的几个数？

生：一个数。

师：瞧，前三个数始终不变，但最后一个数从 1 变到 5 再变到 9，平均数（也跟着发生了变化）。

师：难怪有人说，平均数很敏感，任何一个数据的“风吹草动”，都会使平均数发生变化。现在看来，这句话有道理吗？

生：有。

师：随着每一个数据的变化而变化，这正是平均数的一个重要特点。

## （四）拓展应用

**1. 队员的平均身高**

（课件出示情境图）

师：李强所在的快乐篮球队，队员的平均身高是160厘米。那么，李强的身高一定是160厘米，对吗？

生：不对。

师：不是说“队员的平均身高是160厘米”吗？

生$_1$：平均身高160厘米，并不表示每个人的身高都是160厘米。万一李强是队里最矮的一个呢？

生$_2$：平均身高160厘米，表示的是篮球队员身高的一般水平，并不代表队里每个人的身高。李强有可能比平均身高矮，比如155厘米，当然也可能比平均身高高，比如170厘米。

师：说得好！为了使同学们对这一问题有更深入的了解，我还给大家带来了一幅图。画面中的人，相信大家一定不陌生。

（课件出示一张中国男子篮球队队员的合影）

生$_1$：姚明！

生$_2$：姚明的身高就不止2米。

生$_3$：姚明的身高是226厘米。

师：看来，平均数只反映一组数据的一般水平，并不代表其中的每一个数据。

**2. 歌手大奖赛的成绩统计表**

（课件出示）

**下面是“新苗杯”儿童歌手大奖赛成绩统计表。你能很快将表格填完整吗？**

| 评委<br>选手 | 评委1 | 评委2 | 评委3 | 平均得分 |
|---|---|---|---|---|
| 1号 | 91 | 91 | 91 | ? |
| 2号 | 90 | 94 | 92 | ? |
| 3号 | 89 | 88 | ? | 90 |

师：1号选手的平均得分是多少？

生：91分。

师：怎样想的？

生：三个评委都给 91 分，所以平均得分也是 91 分。

师：四个 91 分表示的意思一样吗？

生：平均得分是三个评委评分的平均水平，另外三个 91 分分别是三个评委给的分数。

师：2 号选手的平均得分是多少？

生：92 分。可以移多补少，从 94 分里面移 2 分给 90 分，也可以合并平分，平均得分一样是 92 分。

师：评委 3 给 3 号选手打几分？

生：93 分。

师：怎样想的？

生$_1$：可以用 90 乘 3 先求出总的得分，再减 89 分和 88 分。

生$_2$：平均分是 90 分，那么评委 1 的分数比平均分少 1 分，评委 2 的分数比平均分少 2 分，评委 3 的分数就应该比平均分多 3 分，也就是 93 分，这样才能互相抵消。

师：同学们说得真好，看来你们真的了解平均数了！

**3. 哪个是小林的成绩**

（课件出示）

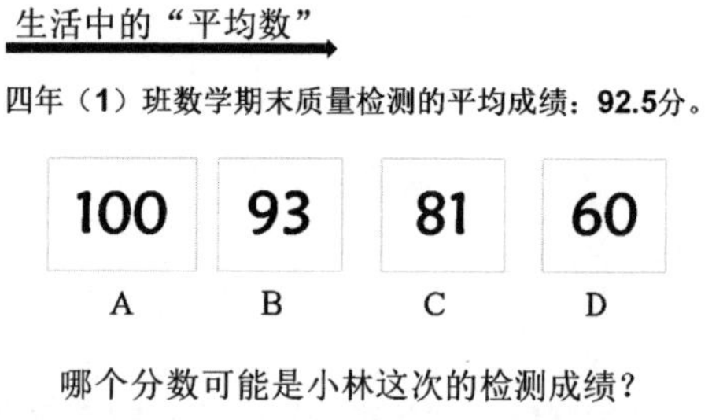


师：哪个分数是小林的成绩？

生$_1$：B。

生$_2$：A。

生$_3$：C 和 D 也可以。

师：以前的数学题经常只有一个答案。这道题四个答案都有可能，原因是什么？

生$_1$：92.5 分是班级的平均成绩，不是某个人的具体成绩，所以都有可能。

生$_2$：就像我们班考试时，也是各种成绩都有。

师：大家的分析很准确，还能联系自己班的情况来说明，掌声送给你们！

### （五）总结回顾

师：一节课的探索很快要结束了。通过这节课的学习，你们都有哪些收获？

$生_1$：我们认识了平均数，它表示一组数据的平均水平。

$生_2$：求平均数可以移多补少，也可以合并平分。

$生_3$：平均数比这组数据中的最大数小，但比最小数大。

$生_4$：平均数很容易发生变化。

$生_5$：平均数是一个神奇的数。

……

师：说得真好！走出课堂，愿大家都能带上今天所学的内容，更好地认识和解释生活中与平均数有关的各种问题。下课！

## 板书设计

**平　均　数**

移多补少<br>合并平分 } →同样多→平均水平

## 通融历程

### （一）联通多版教材

践行“通融课堂”理念多年，深知教材通融的重要性。从一课教材到单元教材，再到整本教材甚至到多版本教材的深挖对比，都只为更好地以教师到位的教促进学生深入的学。为了充分挖掘教材的意图，备课时我将北师大版教材与苏教版、人教版教材作了对比，发现苏教版教材呈现的是小队四人套圈比赛的数据，人教版教材呈现的是小组四人收集矿泉水瓶的数据，两版教材呈现的均是多人同一事件的间接数据，只有北师大版教材呈现的是淘气五次记数的数据，是单人同一事件的直接数据。间接数据便捷但生硬，直接数据生动但处理时比较费劲。

了解了各版本教材的特点，已知异同，该如何取舍为我所用？苏霍姆林斯基曾说：“教科书不过是应当随时准备逃离的跳板而已。”通过对三个版本教材的对比，我发现自己既喜欢间接数据的便捷又贪恋直接数据的生动，鱼与熊掌如何兼得？考虑再三，我最后决定大胆地将教材中的数据改为多人同一事件的数据，即将教学情境转变为老师与多位学生的比赛，通过营造紧张的比赛氛围辅以比赛数据的即时出现，带领学生在不知不觉中走进平均数。

### （二）融洽多次悬念

俗话说：文似看山不喜平。个人认为，课堂教学的组织也当同此理。如何巧妙地设置悬念启迪学生思维？如何使学生兴致盎然？这些是值得我们深究的教学之道。通融课堂，尤其注重追求课堂中师生的情感融洽，教师挖空心思设计悬念从而激发学生的学习动机，长此以往，学生终将“亲其师、信其道”，进而爱上数学学习。

关于本课的教学设计，我曾借鉴学习张齐华等许多名师的课堂实录。在借鉴学习的同时，融入自己的思考，如对教学情境进行悬念设计。一是角色设计。把3位学生塑造为调皮且十分“狡猾”的男生形象，这才有了比赛中学生恳求再给机会、悬念丛生的精彩情节。二是情节设计。第一个学生仅套圈一次，第二个学生在第一次失利的情况下请求套圈两次，第三个学生在前两次套圈打成平手的情况下申请多套圈1次，最后教师顺势套圈4次，如此一来，在有意识地设计出场次序与套圈次数相对应中，在学生的纠结与教师的大度中，在“赢了”“可惜”等情绪起伏中，有趣的情节让学生欲罢不能，吸引学生一路探究。在跌宕起伏的教学活动中，有机蕴伏求平均数的不同方法，同时让学生对平均数的虚拟性、敏感性等特点也有深刻的感悟。

### （三）统筹多个环节

#### 1. 什么比赛？

师生间的哪种比赛足以吸引学生的眼球？篮球比赛，学生喜欢，但作为小个子女教师，与学生打篮球似乎过于牵强，作为篮球运动的门外汉，表达起来我也难免底气不足。跳绳比赛，学生熟悉，但稍显平淡，且比赛数据过大，通过课件即时呈现也不好处理。苦苦思索之后，学校组织的趣味运动会映入我的脑海，对了，套圈！再说，我还真就是一个套圈高手，趣味运动会上屡屡获奖，课堂上表达起来也理直气壮些。结果一试教，对于套圈比赛，学生既有兴趣又有经验，效果好得出人意料。

**2. 哪些数据？**

为了将比赛的间接数据变成生动的直接数据，本课教学中围绕三位调皮男生与老师的套圈比赛展开，各环节的数据设计也颇费心思。例如，第一位男生小新仅套圈 1 次（5 个），毫无悬念地以 5 代表他的套圈水平。第二位男生小威第 1 次套圈仅套中 2 个，不服气，便申请第 2 次套圈，套中了 8 个，在数据的强烈对比中制造情绪波动，“用几个表示小威 1 分钟的套圈水平？”取“2”太低，取“8”太高，因只有两次，学生借助原有的知识经验（“平均分”）取中间值，获得了求平均数的初步经验。第三位男生小明前两次套圈都是 5 个，不甘心，便申请套第 3 次，却意外地仅套中 2 个，在进一步应用“移多补少”的方法求取平均数时，学习“合并平分”且感悟平均数的敏感性：次数越多，不一定成绩越好。再比如，老师的套圈数据也经过多次推敲。是安排老师赢，还是安排老师输？如何赢，学生才能接受？如何输，老师比较体面？经多次磨课，老师的套圈数据才确定为 5、3、7、1，学生在数据的逐步呈现中有了更大的空间感悟平均数的特点。比赛末尾又假设老师最后一次套中 5 个或 9 个，通过对“5、3、7、1”“5、3、7、5”“5、3、7、9”三组数据的对比，引发学生对求平均数方法的更多思考。

**3. 怎样练习？**

好的练习犹如锦上添花。如何通过练习引导学生感受平均数在生活中的价值？最终，本课教学设计三道练习巧妙地联通生活。一是教材中的“队员的平均身高”，让学生了解中国男子篮球队队员的平均身高是 200 厘米，而姚明的身高是 226 厘米，有的队员的身高是 178 厘米，再次直观地向学生呈现平均数确实就在最大数与最小数之间。二是生活中的“歌手大奖赛的成绩统计表”，让学生理解了“数据都一样，平均数是同一个数但代表不同意义”的道理，学会了如何根据数据特点快速求平均数以及知道平均数反向求其中一个数据的方法。三是学习经验中的“哪个是小林的成绩”，此题答案呈开放性，进一步引导学生认识平均数的特点。最终，在回答平均数的特点时，有学生说“平均数是一个神奇的数”，这是对平均数特点的高阶诠释！

（执教：晋江市第二实验小学　曾秋芸）

下载课件

# 三、《小小鞋店》课例解析

**教学内容** 北师大版三年级下册第 80 页

## 七 数据的整理和表示

### 小小鞋店

淘气班的同学想模拟开一个鞋店，为了“进货”需要调查。

● 说一说，可以怎样调查？

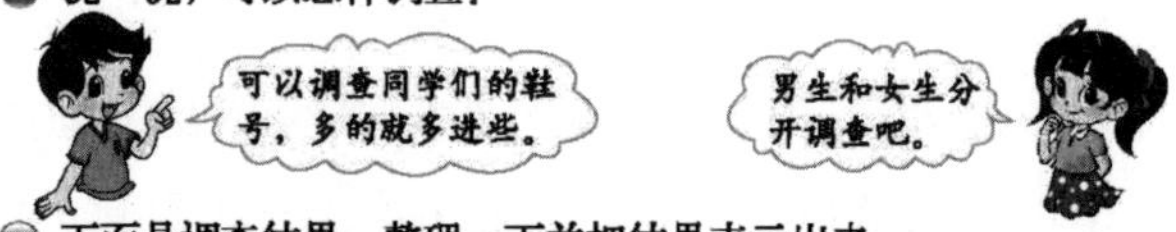


● 下面是调查结果，整理一下并把结果表示出来。

男生的鞋号

| | | | | | |
|---|---|---|---|---|---|
| 33 | 37 | 34 | 34 | 36 | 38 |
| 36 | 34 | 35 | 34 | 35 | 35 |
| 37 | 34 | 34 | 38 | 34 | 36 |
| 35 | | | | | |

女生的鞋号

| | | | | | |
|---|---|---|---|---|---|
| 32 | 34 | 35 | 34 | 34 | 33 |
| 35 | 34 | 35 | 34 | 34 | 34 |
| 34 | 35 | 35 | 33 | 37 | |
| | | | | | |

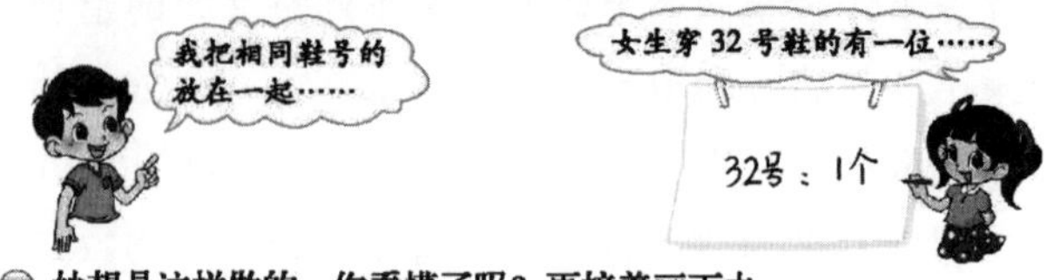


● 妙想是这样做的，你看懂了吗？再接着画下去。

男生的鞋号　　女生的鞋号

● 说一说你发现了什么，对鞋店“进货”有什么建议？

80

## 教学目标

1. 在观察、整理、对比、交流等数学活动中，初步理解并掌握用点线图整理数据的方法，能对所整理的数据进行分析并提出合理建议。

2. 经历调查、整理、分析、判断的统计过程，积累数据整理与分析的经验，体会变中不变、数形结合的思想方法。

3. 感受数学与生活的密切联系，增强学习数学的信心。

## 通融思考

### （一）学习的价值是什么？

《小小鞋店》属于“统计与概率”领域的内容，安排在北师大版三年级下册，是《条形统计图》的“前世”。看起来似乎不难，却需要不断地深究。比如，在学生系统学习条形统计图之前，为什么要让学生再次经历调查、整理、分析、判断的统计过程？点线图的学习，只是为了让学生多学习一种统计方法吗？统计过程中，什么应该作为教学关注的重点？是统计的结果，还是统计的方法，或是统计的习惯？

与此同时，怎样由本节课生发开来，培养学生的数据意识？仅一个班的信息够吗？仅对间接信息进行收集、整理、分析、判断，够吗？如果不够，我们又该从哪里下手？从哪里拓展？从哪里深化？

### （二）如何在联通中学习？

学生在学习本课之前，已经积累了一定的统计经验，学习了正字法、表格法等统计方法。如何唤醒学生的经验，调动学习的积极性？如何联通新方法与旧方法，引导学生用辩证的眼光看待新旧知识，建立整体的数学认知结构？它们之间的联通，除了方法，还有别的吗？如何在教学过程中，使师与生、生与生、生与教学素材之间也联通起来，形成更好的学习场域？

带着这些思考，我们不断尝试和创造……

## 教学过程

### （一）唤醒经验

师：同学们好！请看这是什么？（出示鞋盒）

师：淘气想在班上开间小小鞋店，准备去进货。他带了两双样品，我们一起来看一下吧。

师：你觉得进这双怎么样？（从鞋盒中拿出第一双鞋）

生（全体微笑）：太大了。

师：我们来看看这双鞋是几号的。

生：42号。

师：确实大了。这双呢？（从鞋盒中拿出第二双鞋）

生（全体大笑）：又太小了，27号。

师：你们穿几号的鞋子？

生：34号、35号、36号、37号……

师：同学们穿的鞋码都不太一样。淘气要进货得先做什么？

生$_1$：他得先问一下每个人的鞋号是多少。

生$_2$：调查下全班同学的鞋号。（板书：调查）

师（出示全班同学的鞋号）：这是淘气对全班同学的鞋号进行调查后得到的结果。你想说什么？

**全班的鞋号**

单位：号

| | | | | | | | | |
|---|---|---|---|---|---|---|---|---|
| 男33 | 女32 | 男37 | 男34 | 男36 | 女34 | 女35 | 男38 | 女34 |
| 女34 | 女33 | 男36 | 女35 | 男34 | 男35 | 男34 | 女34 | 女35 |
| 男35 | 男35 | 女34 | 女34 | 男37 | 女34 | 男34 | 女34 | 女35 |
| 男34 | 女35 | 男34 | 男38 | 女33 | 男36 | 男34 | 女37 | 男35 |

生（有的眉头紧锁）：太乱了。

师：哪里乱了？

生：一会儿男生，一会儿女生。

师：那怎么办？

生：可以将男女生的鞋号分开。

师：真不错！懂得要先分类。这样分类完，你觉得怎么样？

男生的鞋号

单位：号

| | | | | | |
|---|---|---|---|---|---|
| 33 | 37 | 34 | 34 | 36 | 38 |
| 36 | 34 | 35 | 34 | 35 | 35 |
| 37 | 34 | 34 | 38 | 34 | 36 |
| 35 | | | | | |

女生的鞋号

单位：号

| | | | | | |
|---|---|---|---|---|---|
| 32 | 34 | 35 | 34 | 34 | 33 |
| 35 | 34 | 35 | 34 | 34 | 34 |
| 34 | 35 | 35 | 33 | 37 | |

生$_1$：觉得好多了。

生$_2$：还是有点乱。

师：还有哪里乱了？

生$_2$：数字很乱。应该将同一个鞋号的放在一起。

师：老师听明白了，你的意思是要将这些鞋号进行整理。（板书：整理）同学们回想一下，之前都学过哪些整理的方法呢？

生$_1$：我记得我们之前有用过正字法来整理。

生$_2$：也有把整理后的结果写在表格里。

师：同学们任选一种方法，将男生的鞋号整理在学习单（1）处。

师（展示作品 1）：这位同学是用表格法来整理的。他从哪个鞋号开始整理？

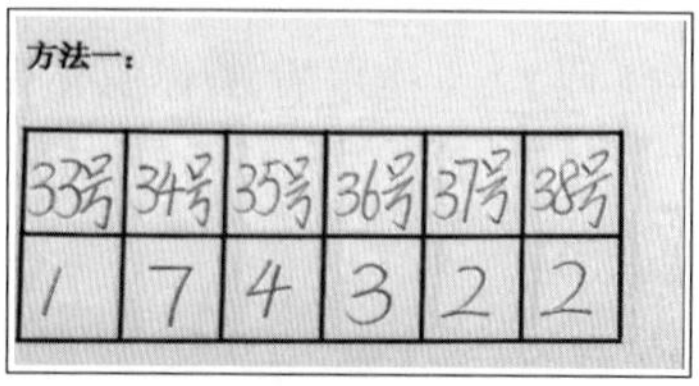
方法一：

| 33号 | 34号 | 35号 | 36号 | 37号 | 38号 |
|---|---|---|---|---|---|
| 1 | 7 | 4 | 3 | 2 | 2 |

生：从 33 号一直整理到 38 号。

师：也就是将鞋号按照什么顺序来整理？

生：按从小到大的顺序。

师：这样整理就很（有序）。

师：再来看看他整理的结果对不对。33 号 1 双，34 号 7 双，35 号 4 双，36 号 3 双，37 号 2 双，38 号 2 双。你们的结果和他一样吗？（一样）让我们把掌声送给他，感谢他的分享。

师（展示作品 2）：他也整理得很（有序）。哪些同学也是用正字法的？你们都整理对了吗？也感谢这位同学的分享。

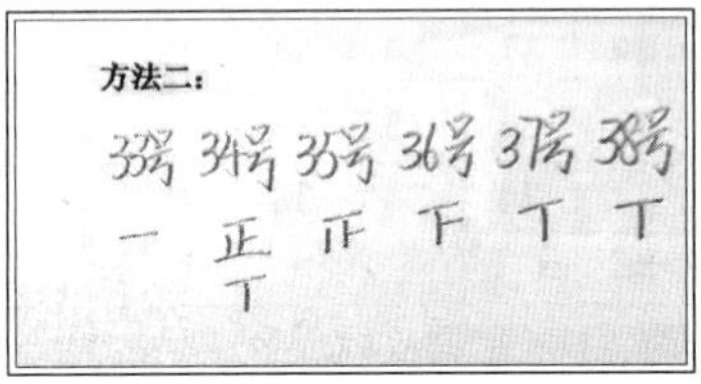


## （二）多元探究

师：刚才同学们用自己的方法对男生的鞋号进行整理。今天我们来认识一种新的整理方法。看看妙想又是怎么整理的。

（教师贴出横轴，并按表格顺序依次以"×"为标记贴出 33 号、37 号和 34 号。）

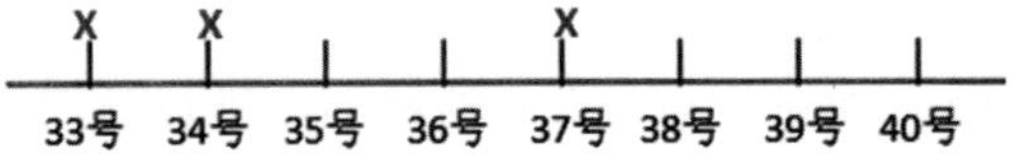


师：谁看懂了？采访一下。

生：按照表格的顺序从左到右来整理。

师：你很会观察。

生：每个"×"代表一个鞋号。

师：能像这样接下去整理 3 个鞋号吗？谁来？（请一学生上台继续整理）

师：同学们，他整理对了吗？（对）看来你真的看懂了妙想的想法，学得很快。

师：我们继续整理，贴 33 号。

生：老师，你错了。

师：怎么错了？不是从第一个开始整理吗？

生：是从第一个开始整理，不过 33 号已经整理过了。

师：那现在应该从几号开始整理？

生：36号。

师：整理过的鞋号可以怎么做？

生$_1$：做个记号。

生$_2$：打钩。

生$_3$：用斜线将它们画掉。

师：有什么好处？

生$_1$：整理完的就不会重复了。

生$_2$：也不会遗漏。

师：剩下的鞋号谁能上来一口气整理完？好的，你来。你边整理老师边依次将整理完的画掉，好吗？

师：他整理得怎么样？

生$_1$：很好。

生$_2$：她一会儿看这，一会儿看那，太麻烦了。

师：谁来帮帮她？你想怎么帮她？

生$_1$：她可以先将一行的鞋号记下来再去贴。

生$_2$：帮她念鞋号。

师：那请你上来帮她念鞋号。（学生上台）我们一起期待她们精彩的表现。

（台下学生认真观察，台上两位学生配合整理剩余鞋号。）

师：两位同学辛苦了。来，跟你们握个手表示鼓励，掌声送给她们。

师：同学们，瞧，她们不仅配合得好，而且竖着看，横着看，都很（整齐）。

师：再来看大屏幕，当表格里的鞋号全部画掉时，说明什么？

生：已经全部整理好了。

师：像这样按照表格的顺序一个一个地整理，就可以做到不重复、不遗漏。

男生的鞋号

单位：号

| | | | | | |
|---|---|---|---|---|---|
| 33 | 37 | 34 | 34 | 36 | 38 |
| 36 | 34 | 35 | 34 | 35 | 35 |
| 37 | 34 | 34 | 38 | 34 | 36 |
| 35 | | | | | |

不重复、不遗漏

师：除了像这样按表格顺序从头到尾进行整理，还可以怎么整理？

生：还可以按每个鞋号的数量来整理。

（学生边说，教师边课件展示按类整理的方法：33 号 1 双，34 号 7 双，35 号 4 双，36 号 3 双，37 号 2 双，38 号 2 双。）

师（指课件）：这是你们刚才整理的（表格法）和（正字法）。（板书）（指黑板）这是今天认识的新方法，它叫“点线图”。（板书：点线图）观察一下，它们什么变了？

| 鞋号 | 33 | 34 | 35 | 36 | 37 | 38 |
|---|---|---|---|---|---|---|
| 男生人数 | 1 | 7 | 4 | 3 | 2 | 2 |

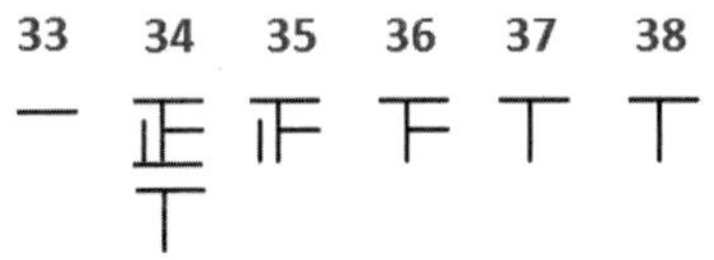


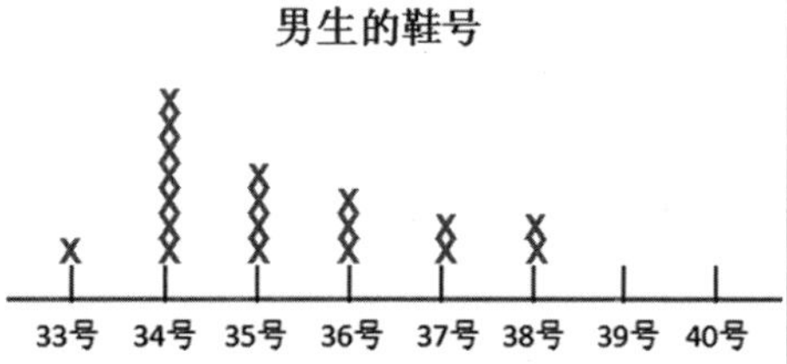


生$_1$：想法变了。

生$_2$：整理的方法变了。

师：方法变了，什么不变？

生：结果不变。

（引导学生对比 3 种方法：同一鞋号的数量一样，发现结果确实不变。板书：方法变了，结果不变。）

师：同学们真善于观察。请你们拿出学习单（2），用点线图的方法对女生的鞋号进行整理。

（出示学生作品 1）

女生的鞋号

| | | | | | |
|---|---|---|---|---|---|
| 32 | 34 | 35 | 34 | 34 | 33 |
| 35 | 34 | 35 | 34 | 34 | 34 |
| 34 | 35 | 35 | 33 | 37 | |
| | | | | | |

请用**点线图的方法**对女生的鞋号进行整理。

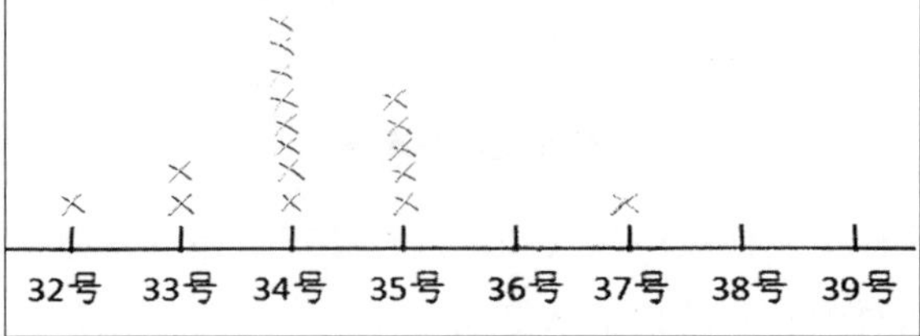

师：怎么样？

生：正确，而且很整齐。

（出示学生作品 2、3）

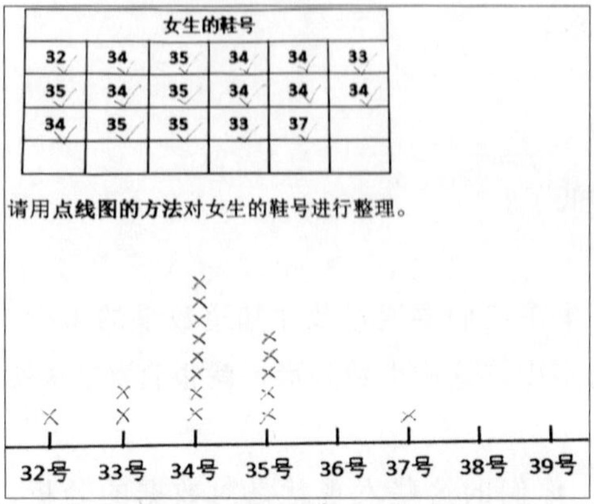


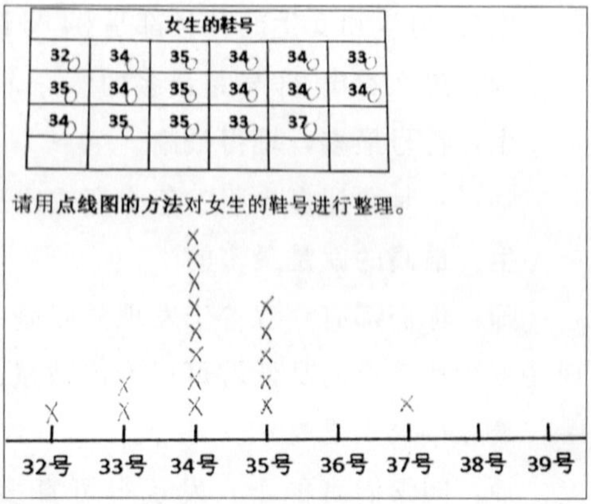


师：他们分别借助什么符号来整理？

生$_1$：打钩。

生$_2$：画圆圈。

师：让我们为这些充满创意的同学鼓掌。

师（出示课件）：这分别是整理后的男生和女生鞋号。它们有什么不同点？跟同桌说一说。

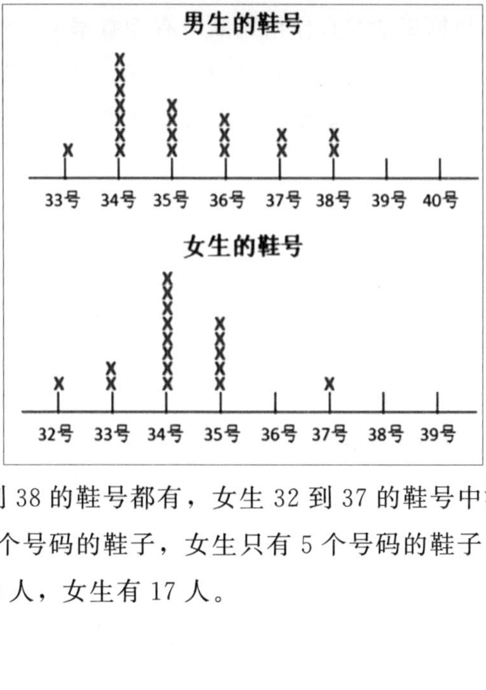


生$_1$：男生 33 到 38 的鞋号都有，女生 32 到 37 的鞋号中没有 36 的鞋号。

生$_2$：男生有 6 个号码的鞋子，女生只有 5 个号码的鞋子。

生$_3$：男生有 19 人，女生有 17 人。

生$_4$：男生最小的号码是33号，女生最小的号码是32号。

生$_5$：男生最大的号码是38号，女生最大的号码是37号。

师：真会联想。那它们又有什么相同点呢？

生$_6$：男生和女生的鞋号都是34号最多。

师：怎么看出34号是最多的？

生：符号最多，堆得最高。

师：不是要比多少吗？怎么变成比高低了？

生：最高的就是最多的。

师：你们都有一双善于发现的眼睛。本来我们要通过数才知道数量的多少，现在直接从图形的高低就可以看出数量的多少。这样由数到形，就很直观。（板书：数——→形　直观）

师：同学们真能干，发现得可真多。你们的这些发现就是对数据的分析。（板书：分析）现在淘气要去进货了，你们能够根据刚才对数据的分析，给他提供一些建议吗？（板书：建议）

生：男鞋33号1双，34号7双，35号4双。

师：有几双，就进几双。懂得看数据，用数据来说话，真棒！还有不同的想法吗？

生：34号的多进，32号的少进。

师：确实，会用数据说话并且作出判断，有理有据。

师：同学们，上到这里，我们一起来回顾一下，我们是如何帮助淘气解决进货问题的。先调查鞋号，再整理数据，接着分析数据，最后提供建议。看来开鞋店还真不简单啊！

### （三）拓展提升

师：现在淘气去找商家进货，却发现同一个款式的鞋子有三种不同的颜色。他应该选择哪一种颜色的鞋子才好卖呢？

生：比较多人喜欢的就多进一些。

师：那怎么才能知道哪种颜色比较多人喜欢呢？

生：要调查。

师：好办法！那怎么调查？

生：举手投票。

师：好的，那我们就现场来做个调查吧。（依次请学生表决，并作出判断和建议。）

师：同学们真会学以致用，又帮助淘气解决了一个问题。真棒！知道淘气为什么选择B品牌的鞋子吗？其实这里还有一个故事。想知道吗？瞧，这是淘气对全年段同学喜欢的品牌做过的一个调查。你有什么发现？

生$_1$：喜欢B品牌鞋子的有100人，是最多的。

师：是啊！因为喜欢B品牌的人最多，所以淘气就选择B品牌的鞋子。还有什么发现？

生$_2$：喜欢A品牌的人是最少的。

生$_3$：喜欢D品牌和E品牌的人一样多。

师：老师也想将这些数据用点线图的方式表示出来，我们一起来看一下。（课件出示选择A品牌的人数，学生发现人数还没整理完就已经到顶了。）

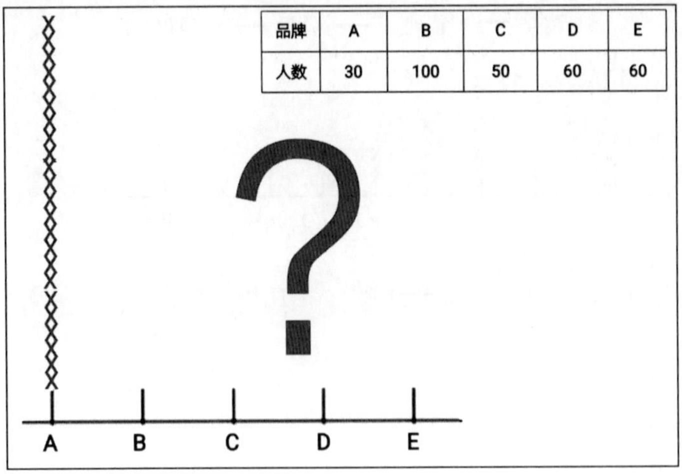


师（趁势追问）：数量30都不够表示，那数量100该怎么办？

生$_1$：画大的×，一个表示10。

师：会思考。

生$_2$（迫不及待）：我的方法更快，可以用一个×表示20。

生$_3$（高举小手）：画一个×表示50。

……

师：同学们，咱们年段有5个班。如果淘气要帮整个年段的同学进货，你认为33号的鞋应该进几双？

生$_1$：5双。

生$_2$：如果 1 个班有 1 双的话，5 个班就有 5 双。

生$_3$：不一定每个班都有 33 号，也可以进 3 双或 4 双。

生$_4$：如果要更加准确，可以把每个班级的鞋号进行汇总。

师：会思考，有办法。

### （四）深化体验

师：同学们，你们觉得这节课怎么样？（略）

## 板书设计

**小 小 鞋 店**

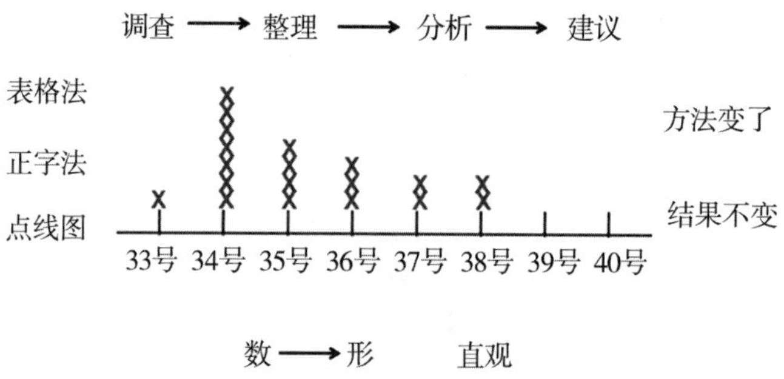


## 通融历程

《小小鞋店》是我 2016 年参加比赛的课题，也是我展示对“通融课堂”理解的第一节公开课，对我而言很有纪念价值。不仅在于名次，更在于从中获得的成长。备课、磨课、比赛的过程也是一波三折，这些暂且不论，但对于“通融课堂”的追求确有许多感悟。

### （一）让情境更通俗、有趣

教材中呈现了“淘气班的同学想模拟开一个鞋店，为了‘进货’需要调查”的情境。很显然，这个问题直接切入主题，很高效。但是对学生而言，缺少了一些灵动和趣味。于是，我们在思考：如何把静态的教材进行动态的呈现？如何把学生需要调查鞋号这件事变得更有趣，更能和学生的学习需求融合在一起？

磨课中，我们设计了“淘气班上同学为了开展合唱活动，需要统一购买鞋子”的情境，这个情境的必要性更足一点，但“趣”还是不够。

光说还不行，得有具体实物刺激一下学生的感官。我们不仅设计了一双 42 号的鞋子，还设计了一双 27 号的鞋子，因为三年级学生的鞋号大部分集中在 34、35 号。另外，这两双鞋子，能让学生一眼看出鞋子对他们来说太大或太小。那鞋子又要怎么呈现？直接拿出来不够有趣，于是我们准备了一个鞋盒。鞋盒一呈现，学生自然就知道里面放的是鞋子，猜测这节课研究的内容可能和鞋子有关，但鞋盒又是未打开的状态，就增添了些许神秘感。鞋盒一呈现，就走进了学生的心里，学生的热情被点燃。当从鞋盒里拿出一只 42 号的鞋子时，学生都笑了，因为鞋子对他们来说太大了。当我又从鞋盒里拿出一只 27 号鞋子的时候，学生又笑着说太小了。一大一小两只鞋子的呈现，和学生的已有生活经验相融合。于是，我接着追问：“你们穿几号的鞋子？”学生个个抢着回答。如此一来，便顺利引出了调查鞋号的必要性。

在这个过程中，教具就是一个鞋盒、一大一小两只鞋子，但是在呈现过程中，学生的热情被激发了。听到学生的笑声，我知道这个“趣”达到了。

### （二）让学习更融合、融汇

本节课是让学生利用点线图的方法对调查后的结果进行整理。在此之前，虽然学生已经有了用表格法和正字法整理的经验，但是让学生对调查后的结果进行整理时，有的学生因遗忘而束手无策。如何打破僵局呢？我们梳理了此前学习的整理数据的方法，通过启发、交流，让学生对所学的方法进行回顾，联通已有的知识经验，给学生一个脚手架。这样一来，学生就有“法”可依，有事可做。

利用点线图进行整理时，如何分层推进，让整理更显融汇？如何融合数学思想方法，让思维有所提升？

我示范贴了 3 个鞋号，先让学生在观察中初步感受“有序”的整理方法。整理完的 33 号，又故意重复整理一次，制造冲突，引发学生交流，借助符号的标记，体会不重复也不遗漏的数学方法。在这个过程中，学生不仅学习了点线图这个新方法，还融汇了之前的整理经验。学生上台合作整理剩下的鞋号，体会合作的“合力”，再次感受“有序”的整理方法。在这样的视觉冲击下，学生在独立整理时，更加能关注到方法和经验的融汇。观察、冲突、合作，整理“点线图”

的过程，看似简单，实则一步一景、移步换景，在整理中逐步完善数学认知，体会新知识与旧知识的联系和区别，进一步融汇整理的方法和经验。

表格法和正字法也能用于数据的整理，那点线图和这两种方法相比有什么区别和联系？如果每次学完一个知识，学生都能在心里追问“为什么要学习这个新知识，和我们之前的学习有什么不同?”，那学生将会越来越聪明，我们的课堂也将越来越灵动。“什么变了？什么不变?”学生在横向比较中，发现了不同，找到了联系。这个过程激发了学生的求知欲，也让学生体会变中不变、数形结合的数学思想方法。

从象形图示的堆叠到点线图方法的整理，实则就是条形统计图的雏形。这节课再往下走，就是条形统计图的学习。如何才能到位又不越位？一个班级的数量不够多，我们就设计淘气给整个年段的学生进货，出示整个年段的调查结果。这时的数据比之前的更多，如果还用一个符号表示一双鞋子显然不行，学生开始动脑筋想办法：可以用一个符号表示 10 个人，也可以用一个符号表示更多的人，还可以用不同的符号来表示，甚至可以用图案来表示……这样的延伸教学，给学生创造了无限想象的空间，为后续条形统计图的学习埋下伏笔。

联通已有的知识经验，融合所学的知识方法，带着思考，留点悬念。将来学习时，记忆被点燃，学生必将恍然大悟——“哦，原来是这样啊!”

（执教：晋江市第二实验小学　吴秋亮）

下载课件

# 四、《折线统计图》课例解析

## 教学内容　北师大版四年级下册第 88 页

**栽蒜苗（二）**

笑笑栽的蒜苗生长情况统计表

| 第几天 | 第 2 天 | 第 4 天 | 第 6 天 | 第 8 天 | 第 10 天 | 第 12 天 |
|---|---|---|---|---|---|---|
| 蒜苗高 / 厘米 | 1 | 3 | 7 | 10 | 14 | 15 |

● 认一认，说一说，下面这幅图是怎样得到的？

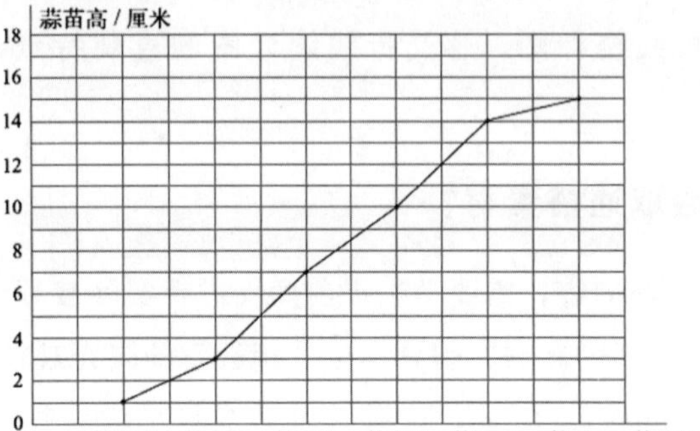

● 观察折线统计图，说一说这几天蒜苗的整体生长情况是怎样的。

● 想一想，哪段时间蒜苗长得最快？

● 根据你栽的蒜苗生长情况，在附页 4 图 2 的格子纸上绘出折线统计图，并与同伴进行交流。

88

## 教学目标

1. 认识折线统计图，理解折线统计图所表示数据的变化情况，初步尝试根据问题情境选用折线统计图进行数学表达、分析与交流，进一步发展学生的数据意识。

2. 进一步发展观察、分析、对话及思维能力，积累有关数据统计分析的数学活动经验，体会变中不变、数形结合的数学思想。

3. 密切折线统计图与生活的联系，进一步提升学好数学的兴趣。

## 通融思考

《折线统计图》是北师大版四年级下册第六单元《数据的表示和分析》的教学内容，在此之前安排的是条形统计图“生日”“栽蒜苗（一）”的学习。本课教材安排的是“栽蒜苗（二）”，根据第 2 天到第 12 天蒜苗的生长高度情况整理、绘制、学习折线统计图，感受折线统计图的直观特点，发展学生的数据意识。

### （一）怎样撷取通俗素材？

“栽蒜苗”的学习内容，需要学生提前两周进行实际栽种、测量等实践活动，有利于密切数学与生活的联系，引导学生“用数学的眼光观察现实世界”，“用数学的思维思考现实世界”。但是，这样的教学素材是学生身边常见的、熟悉的、喜闻乐见的吗？

教学的素材，应该如何从学生熟悉的事或物入手，撷取学生有感觉的、感兴趣的、有意思的内容呈现，从而使学生在不知不觉中认识折线统计图，并经由素材的吸引而不断地参与其中、思在其中、乐在其中？这是值得我们不断推敲的。

与此同时，所撷取的素材是否可以融合，以简驭繁？是否可以形成系列？是否可以触碰当前的生活热点？这也值得思量。

### （二）如何通透核心要素？

折线统计图与条形统计图相比，可以直观地表示出数量的变化情况或变化趋势。那么，它如何做到这一点？其核心要素是什么？我们怎样通透地把握它并使学生也因此“昭昭”？折线统计图与我们之前学习过的哪些内容可以融合？融合的时机和轻重如何把握？

作为发展学生数据意识的教学内容，收集、整理、分析、判断、预测是课堂教学中应涉及的基本要素。对于折线统计图而言，如何基于其特点，在判断或预测上更好地培养学生的数据意识？

## 教学过程

课前交流

师：大家喜欢听故事吗？（课件呈现的课题是“故事”）

生：喜欢。

师：为什么喜欢听故事？

生$_1$：故事好玩。

生$_2$：故事的情节很有意思。

生$_3$：有些故事里有丰富的知识。

师：看来同学们都很喜欢故事，今天我们就一起来上一节数学的故事课。

### （一）联通生活，唤醒经验

（课件出示长度相等的一组平行线）

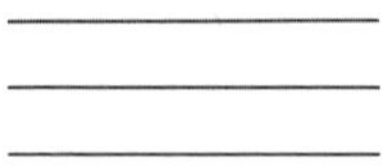

师：你看到了什么？

生$_1$：它们的长度相等。

生$_2$：这是一组平行线。

师：看来，这个故事有点简单。那么变一下，会不会有新的内容呢？

（课件出示）

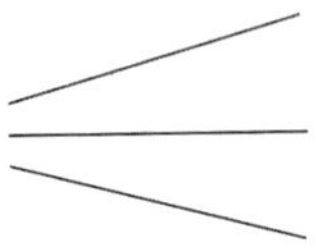

师：从左往右看，你又看到了什么？

生：上面的线在上升。

师：可以用一个字表示——“升”。

（课件出示“升”，并由此引出中间的“平”、下面的“降”。）

师：一变化，故事就变得丰富了。如果这 3 种情况整合在一起，会不会有不一样的故事？为此，需要介绍一件科技产品。

（课件出示可记录步数的腕表图片）

师：见过吗？有什么用？

生：可以记录每天走的步数。

（课件出示一周的步数情况图）

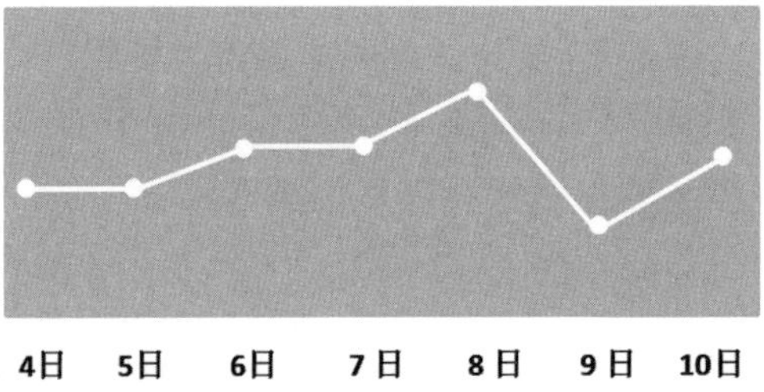


师：你读懂了什么？（先同桌交流，再全班交流。）

$生_1$：4 日到 5 日是平的，步数一样；5 日到 6 日上升，步数增加；6 日到 7 日又是平的；7 日到 8 日步数上升；8 日到 9 日下降很多；9 日到 10 日又上升了。

$生_2$：8 日走的步数是最多的。

师：怎么看出来的？

$生_2$：8 日的点最高。

师：还有吗？

$生_3$：9 日的步数是最少的，它的点最低。

师：真会联想。请同学们看大屏幕，注意听，它有说话吗？（学生摇头）你们怎么知道这么多背后的故事？它是通过什么告诉你们的？（静待学生思考）

$生_1$：通过图告诉我们。

$生_2$：通过图里面的点和线告诉我们。（板书：点、线）

师：这个故事不是听出来的，而是看出来的。它用图、用无声的图形语言来表达。没有大段的语言，用图显得更——

$生_1$：简单。

生$_2$：简洁。（板书：简洁）

师：运动除了看步数，还要关注心率。再介绍一件科技产品。见过吗？有什么用？（课件出示可测量心率的腕表图片）

生：可以监测心跳的情况。

师：是的。这里有两幅记录心率的图片，哪幅更有故事性呢？

（课件出示两幅心率图，请学生独立观察、思考。）

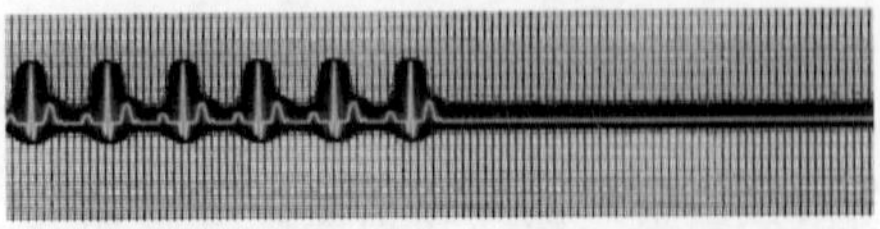

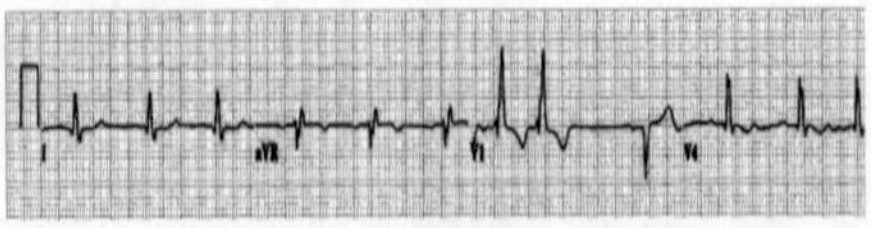

生$_1$：我觉得第二幅图更有故事性，一会儿上升，一会儿下降，有时还基本上是平的。

生$_2$：我也觉得第二幅图更有故事性。

生$_3$：我觉得第一幅图很可怕。

师：哪里可怕啦？

生：后面平了。

师：什么意思？

生：心脏不跳了，平了。

（教师比画“平”的动作，全班学生恍然大悟。）

师：幸好有心率腕表，它会发出警报。早发现，早治疗，又可以健康生活了。看来，科技产品和我们的生活密切相关。（课件出示：科技改变生活，科技创新生活。）

师：家里有这个的举手？（课件出示智能音箱的图片，全班多数同学举手。）

师：下面，我们讲讲智能音箱的故事。

## （二）通透理解，多元建构

（课件出示专卖店2015到2020年智能音箱销售情况的空白统计图，横轴为年份，纵轴为数量，每格代表200台。）

师：这个故事，需要同学们配合完成。谁先来？（请一位大胆举手的同学上台）要讲什么故事，你知道吗？（不知道）为什么敢上来？

生$_1$：我有信心。

师：真棒！很自信，掌声送给他。

师：你的任务是，用一个点讲一个故事。听明白了吗？请复述一遍。（学生复述，教师交代全班同学不出声影响台上的同学，同意的给予掌声，不同意的可以举手发言。然后请学生在屏幕上找到“2017 年卖了 800 台”对应的点。）

师：你问问大家，“同意吗？”

（台上学生问“大家同意吗？”，全班学生给予掌声。）

师：这个点，怎么找到的？

生$_1$：2017 年卖了 800 台，所以下面要对应 2017 年，左边要对应 800 台。

师：这和我们学过的什么知识一样？

生：数对。

师：是的。横轴找到年份，纵轴找到销售的数量。数学知识之间是密切联系的。这个点，有什么用？

生：告诉我们 2017 年卖的数量。（板书：数量）

师：谁能再用一个点讲故事？（学生踊跃举手）2015 年卖出 300 台，点在哪里？（请学生在屏幕上找到这个点，全班学生给予掌声。）

师：图上没有 300 啊，怎么想的？

生：300 就在 200 和 400 的中间。

师：会思考，会变通，真棒！下面，要用什么来讲故事啦？

（课件出示一组上升程度不同的线）

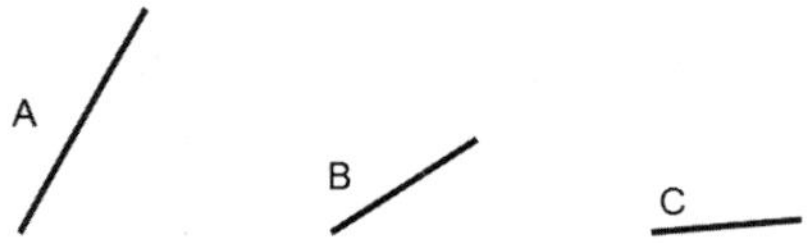


生：线。

师：“2016 年比 2015 年有增加”，你会选哪条线？（请学生独立观察、思考）

生：好像都可以，都有增加。

师：如果选 A，怎样表达更准确？

生$_1$：增加很大。

生$_2$：大大地增加。

师：选 C 呢？

生$_3$：增加一点点。

生$_4$：略微有一点点增加。

师：确实这样说，更准确了。实际上，“2016 年比 2015 年有增加”的线选的是 B。估计下，2016 年卖了多少台？

生$_1$：500台。

生$_2$：600台。

师：谁估计得更准确？（课件先在2015年300台处出示B线，再标出600台。）“2018年销量比2017年有大幅度的增加”选A，再估计下会是几台？

生$_1$：1600台。

生$_2$：1600台。

（课件演示，确实是1600台，表扬学生。）

师：观察一下，从2015年到2018年销量都在上升，有什么不一样？哪年到哪年增加得最快？你是怎么知道的？

生：2017年到2018年增加得最快，它们相差800台。

师：从数量上看。还有吗？

生：2017年到2018年的那条线最长。

师：长度。（借助课件比较，进一步明确“长度”可以看出增长程度。）

生：还可以通过角度。2017年到2018年那条线的角度最大。

师：有眼光！（借助课件比较，进一步明确“角度”可以看出增长程度。）看来，长度越长，角度越大，增加得越多、越快。（板书：长度、角度）

师：回顾一下，你们觉得线有什么用？

生$_1$：看出增加的程度。

生$_2$：看出增加的变化。

师：是的，线可以看出数量的变化情况。（板书：变化）

师：你们今天是什么身份？（学生）长大以后呢？

生$_1$：我想当医生。

生$_2$：可能是个大老板。

师（笑）：那请你上台来。老板贵姓？（黄）黄老板好。我现在是专卖店的老板，想请教一个问题。你看，我2015年开店，现在是2018年，销量一直在上升，2019年我想扩大经营，钱不够了。黄老板你投不投？

生$_2$：投！

师：这么干脆啊！为什么敢投？

生$_2$：从2015年到2018年，销量都在增加，2019年应该也会继续增加，这是个阳光产业，必须投。

师：有理有据，不错。你们也是这样想的吗？

生$_3$：我不投。

师：为什么？销量不是一直在增加吗？

生$_3$：2017 年到 2018 年增加得太快了，市场应该很快就会饱和，不可能一直增加的，所以我不投。

师：也有道理，有顾虑。

生$_4$：已经销售了这么多年，市场差不多也快饱和了，卖得肯定就不会那么好，我不投。

生$_5$：智能音箱是个新的科技产品，肯定还有许多家庭需要，我觉得可以投。

师：大家说得都很有道理。有的从市场来看，有的从需求来看，还有的同学会借助统计图中的数据、变化情况来分析，很不错。那 2019 年实际卖了多少台呢？（点击课件显示：1800 台）

师：祝贺有眼光的投资者，掌声祝贺！

（再请一位学生上台，继续预测、判断：2020 年投不投？与台下同学交流。）

生$_6$：按照我多年投资经验，99％要亏，不能投。（全班大笑）

生$_7$：2019 年比 2018 年只增加了 200 台，增加的幅度变小了，我不投。

生$_8$：增加 200 台也是增加，我觉得还是可以投。

……

师：2020 年实际卖了多少台呢？（点击课件显示：1300 台）这背后有什么故事？

生：受新冠肺炎疫情影响。

师：你的想法和老板的判断差不多。上半年都没开店，幸好下半年恢复营业，卖了 1300 台。那 2021 年，你们投不投？

（采访一排同学，投有投的依据，不投有不投的顾虑，只要言之有理，都可以。）

师：我们不仅要看到图上的数量，更要看到图背后的生活、故事，再做判断。

师（小结）：像这样的统计图，数学上叫作折线统计图。（板书：折线统计图）它通过“点”来表示数量，通过“线”来表示变化情况。

师：除了折线统计图，销售情况还可以用统计表来表示。（课件出示）

专卖店2015到2020年智能音箱销售情况统计表

2021年1月

| 年份 | 2015 | 2016 | 2017 | 2018 | 2019 | 2020 |
|---|---|---|---|---|---|---|
| 数量/台 | 300 | 600 | 800 | 1600 | 1800 | 1300 |

师：怎样变成折线统计图？［教学绘制折线统计图的方法（描点、标数、连线）并板书］

师：如果你是老板，你更喜欢统计表还是折线统计图？为什么？

生：我觉得折线统计图更清楚。

师：是的！直观是折线统计图的优点。（板书：直观）

## （三）变通应用，理解特点

师：下列各故事，可以用折线统计图来表示吗？

（课件出示故事1：小东这一学期各单元小测的成绩。）

师：挑战一下。不用口头语言，不用图形语言，谁来？

（学生用起伏的动作语言，形象地表示小东各单元小测的成绩变化情况，有点类似霹雳舞动作，全班学生报以掌声。）

师（笑）：看来，小东的成绩像坐过山车一样，一会儿高一会儿低，很不稳定。如果小东的成绩是这样的呢？（教师比画动作：平）你们觉得怎么样？

（从60分、80分、90分到100分，让学生感受到“平”可以代表多种情况。）

生$_1$：厉害。

生$_2$：学霸。

师：不是不想考得更好，而是总分就只有100分。（全班大笑）

（课件出示故事2：清源山2021年“五一”期间的游客人数。）

师：不用口头语言，也不用动作语言，能表示景区的游客人数情况吗？

生：可以用图形语言——画图。

师：会想问题，真不错！这是小东和小明所画的折线统计图，你们觉得哪位同学画的“故事”更合理些？（课件出示，请学生独立观察、同桌交流。）

小东的预测

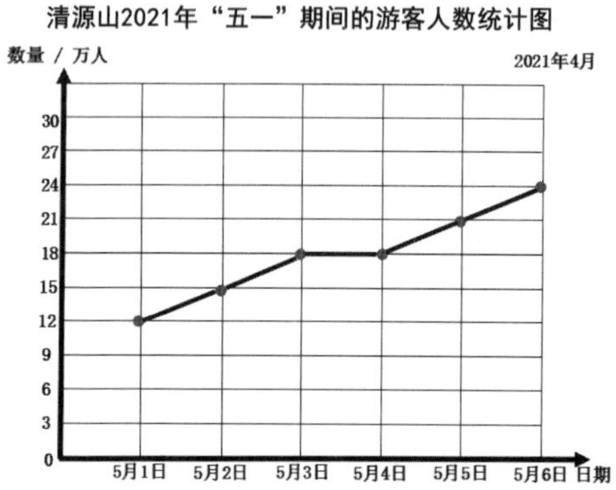


小明的预测

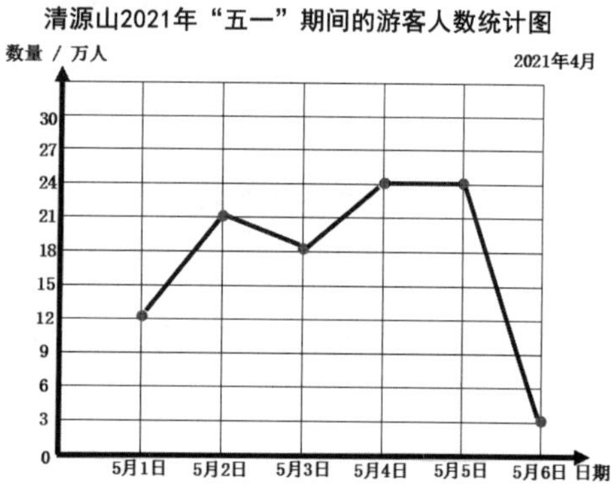


生$_1$：我们觉得小东的预测更合理些。游客不可能一下子就多的，但会越来越多。

生$_2$：我们觉得小明的预测更合理，5月6日要上班、上学，人数应该要下降，不可能还一直上升。

（全班同学点头）

师：看来，预测的结果还要考虑生活的实际。

师：如果有这样的一幅折线统计图（课件出示），对你和家人而言，你希望是有关什么内容的统计图？

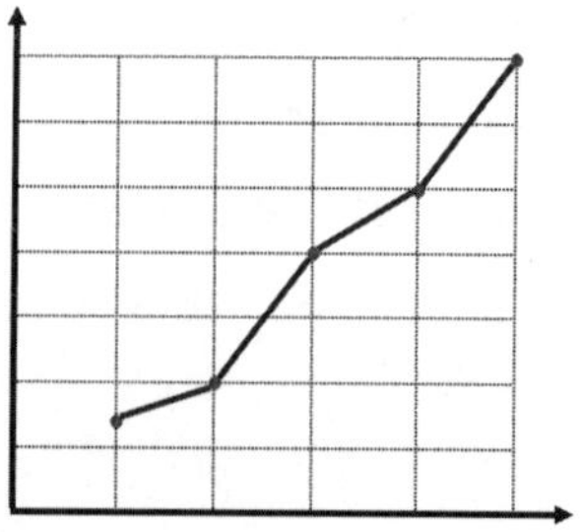

（学生的回答引起全班的热烈反响，笑声、掌声不断：工资收入、钱、房子、笑容、高兴的事……）

师：如果有这样一幅折线统计图（课件出示），你又希望是有关什么内容的统计图？

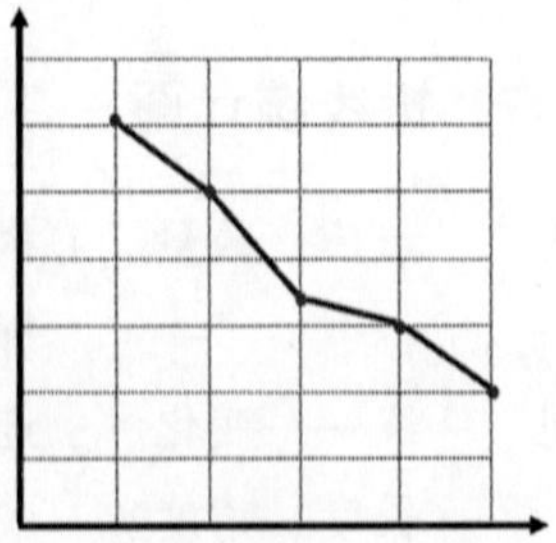

（学生的回答继续引起全班的热烈反响：水电费、垃圾、批评、作业……）

（课件出示，把上面两幅折线统计图并排。）

师：哪个好？

生$_1$：都好。

生$_2$：要看具体是什么情况。

师：是的，各有各的好。我希望同学们能够快乐越来越多，烦恼越来越少。

## （四）融汇结构，增进兴趣

师：关于折线统计图，你还听过哪些“故事”？

生$_1$：买股票，有折线统计图。

生$_2$：网站的购物车中，也有这样的销售量统计图。

……

师：看来，生活中折线统计图的身影有很多。大家有兴趣的话，课后可以继续寻找和分享。

师：你们觉得今天学习的这个“故事”，怎么样？

生$_1$：太有趣了。

生$_2$：没想到数学还可以这样学习。

生$_3$：如果有讲故事比赛的话，我一定给老师打最高分。

生$_4$：Very very good!（非常棒!）

……

师：数学，也可以像故事一样有趣、有意思。让我们带着对数学的美好感觉，更加努力地学好数学、享受数学吧。

## 板书设计

### 折线统计图

| | | |
|---|---|---|
| 简洁 | 点——数量 | 描点 |
| | | 标数 |
| 直观 | 线——变化 | 连线 |
| | （长度、角度） | |

## 通融历程

设计并执教《折线统计图》，其实背后是有故事的。2020 年 9 月，我接到一所百年老校的邀请，让我在 2020 年 12 月的校庆活动中执教本课，并与该校教师作同课异构展示交流。说实话，接到这样的任务我是有压力的。一方面，邀请参加校庆活动的研讨交流，是对工作坊的一种肯定，我必须对得起这份信任；另一方面，同课异构需要考虑如何体现出自己的思考、自己的风格，并尽可能地与另一节课有所不同、有所创新。更不用说，在 2016 年 5 月我曾指导黄珍玲老师参加泉州市小学数学课堂评优活动，当时上的也是这节课。“旧瓶”怎样装“新酒”？装什么样的“新酒”？这些都是备课初期要认真考虑的。

我曾在工作坊的组内培训和泉州市乡村教师培训活动中作本课的课例说明，出示过一张以珍玲老师执教课件打印稿为底稿的“涂鸦”，上面密密麻麻地写着自己所能想到的思考点、知识点、延伸点等。这张图片要传达的意思是，课堂教学设计思考有时需要“从胡思乱想起步”，没有拘束，不加限定，不断地往内、往外想，想到什么都可以记录下来；在此基础上，再进行整合、取舍，最后慢慢地打磨、定型。因此，我提出这样的观点：“好课是磨出来的，好课是练出来的，好课也是想出来的。”

### （一）做足“想”的功夫

想不开，就放不下，也悟不透。我们平时常说：“数学是思维的体操。”因此，课堂教学中要突出学生的数学思考、数学思维。其实，备课、磨课过程也是一样的。如果没有想明白，那么执行的过程就可能是浅层的，是随意的，而不是

“简单中蕴含深意”的。

本课教学素材的选择，也挺费一番心思。珍玲老师当时撷取的素材是手机销售情况，那么本课又该选取怎样的素材呢？仍然用手机当然可以，但总希望有所创新，在权衡中从手机到电脑最后到智能音箱，确定了主要环节的教学素材。再往前思考：什么素材既是学生熟悉的，又可以体现折线统计图的特点？于是，从体检时的心电图想到了运动时的步数统计图，最后由科技产品将其串联起来。

折线统计图，是以点和线为核心要素来传递数学信息的。那么，怎样让学生感受与体验到点和线的作用、特点、价值？我又展开了思考。从课例教学实际中，大家可以看到有一个系列的递进过程。首先，出示三条长度相等的平行线，“这个故事有点简单”。接着，对这三条线进行角度变换，上面的线向上升，中间的线持平，下面的线向下降，分别以“升”“平”“降”来表述，这不仅是对三条线的简单命名，其实也蕴含着折线统计图的三种变化趋势——“上升”“保持不变”“下降”。最后，把这三种变化趋势整合起来，形成一幅虽没有具体数据却可直观传达“故事”的一周步数统计图。在同桌交流及充分表达后，以问题引发学生思考：“它有说话吗？你们怎么知道这么多背后的故事？它是通过什么告诉你们的？”从而自然而鲜明地推出折线统计图的核心要素：点和线。

不仅素材的选择需要想，数学问题的设计也需要想，教学脉络的布局同样需要想。想不通，就继续想，这样才能一通百通。更不用说，平时磨课执教后的反思，更是考量执教者的教学智慧。为什么学生会这样想？会这样做？是哪里出了问题？是该规避还是该正视？是该淡化还是该强化？所以，“想”是教师思考的起点，也是智慧的原点。平时，应该多下些功夫。这样一来，在教学中学教学，在研究中学研究，在突破中学突破，在创新中学创新，一步一步地走向想要的理想课堂。

### （二）做足“变”的功夫

“文似看山不喜平”，其实课也如此。没有变化、没有波澜，很难引起学生的深度参与。在教学中，我们既要考虑形式与内容的融洽，也要考虑如何以更通融的形式传递数学信息、引发数学思考。

本课中，在“变”字上我也下了不少功夫。

**1. 变读图分析为讲故事**

在引入“专卖店 2015 到 2020 年智能音箱销售情况统计图”环节，不仅没有出现统计表的信息，也没有在统计图中呈现各年份的销量，而是让学生来讲故事：用一个“点”讲故事，用一条“线”讲故事。

一方面，让学生在挑战中增强学习的信心。“没学过的东西，我也行！我能行！我真棒！”另一方面，在讲故事中无痕地渗透读图方法——横轴看年份，纵轴看数量，这和先前学过的数对的数学本质是一样的。此外，以创新的组织形式吸引学生的注意，一个“点”怎么讲故事？“线”又是如何讲故事的？这样一来，学生始终沉浸于学习中而不觉得累。

**2. 变练习作图为讲故事**

作折线统计图，虽是学生的基本技能，但对学生而言是不简单的。最初的设计中，也有这个环节，但费时较多。因此实际教学中，在教学“描点、标数、连线”的作图方法后，就没有单独安排作图环节，而是把作图时间留出来让学生继续讲故事——用动作语言进行比画，用图形语言进行对比。

在动作语言的比画中，给予学生“挑战”——不用口头语言，不用图形语言，能把这个故事讲出来吗？营造出“口欲言而不能”的情境，从而使学生突破常规，用手势或动作把小东各单元小测成绩情况表示出来。这时，教师针对学生容易忽略的“平”进行介入补充，感受“平”的多种可能，丰富对三种变化情况的立体认知。

在图形语言的对比中，借助两幅“五一”假期的游客人数预测统计图，让学生不仅看到图中点与线的变化，更能透过现象联系生活，发现“5月6日要上班、上学，人数应该要下降”，从而培养学生理性的数据意识。

教学中的“变”，考验的是教师的变通能力。不仅在解决数学问题时需要灵活地运用所学知识、技能，在教学设计中也应因材而变、因事而变、因时而变。如本课在晋江执教时，“五一”假期的旅游地就换成五店市，在福州执教时就换成三坊七巷等。同时，也要在不同的课型、课题中不断地创生出既和内容相吻合，又对学生有吸引力的组织方式或教学环节。

## （三）做足“联”的功夫

数学中充满着联系。因此，课堂教学中要充分联通，使不同经验点阵共同发力，最终融汇成良态的数学认知结构。

本课中的“联”主要体现在以下几方面：其一，把课前交流、课中展开、课后延伸“联”起来，以故事为轴串起了整节课，形成一个完整的闭环。其二，在

“用线讲故事”后，比较 2015 年至 2018 年的变化异同，让学生把不同的线“联”起来，发现“长度越长，角度越大，增加得越多、越快”，从而透过现象看清线所蕴含的隐性数学信息。其三，使教学与学生的生活“联”起来。不仅所撷取的素材是学生熟悉的、觉得有意思的，还让学生展开交流生活中的折线统计图，使课内与课外“联”起来。在课堂教学的末尾，通过变化趋势一升一降的折线统计图，把知识、技能的学习与情感态度的培养有机地结合起来，让学生在“春风化雨”中提升。而这个环节，也是对珍玲老师原设计的一种保留与坚持。

学生在课后表达了对本课的喜爱，也提出希望：“如果老师还要来，我想学学鸡兔同笼问题。”还有的学生说：“我对数学学习重拾了信心。”因此，上好一节课并不仅仅是上一节课而已，我们更应尽可能地对得起学生的期待。

追寻“通融课堂”的路上，有故事，有精彩，还有更多的期待。我愿为学生的成长、学生的期待，踏歌而行，期待“面朝大海，春暖花开”。

（执教：晋江市第二实验小学　许贻亮）

下载课件

"综合与实践"领域

# 一、《搭配中的学问》课例解析

## 教学内容　北师大版三年级上册第76、77页

搭配中的学问

搭配服装

马戏团里的小丑要表演，想选一顶帽子和一条裤子。

● 可以怎样搭配呢？请你摆一摆，说一说。



● 笑笑这样表示各种搭配方法，你能看懂吗？和同学交流。



76

营养配餐

一共有多少种不同的配餐方法？

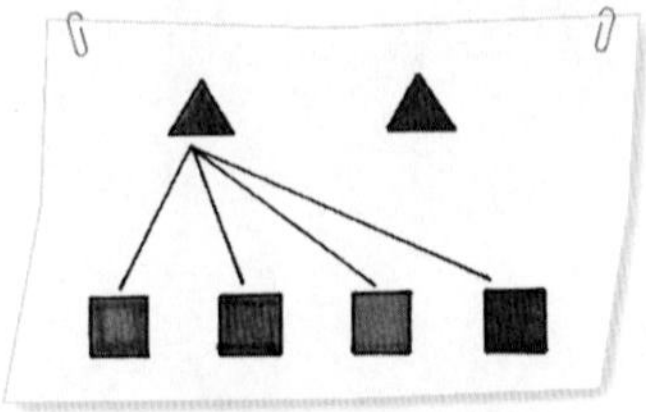

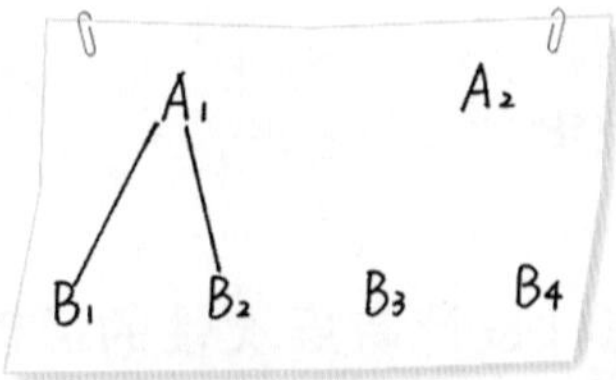

去动物园的路线

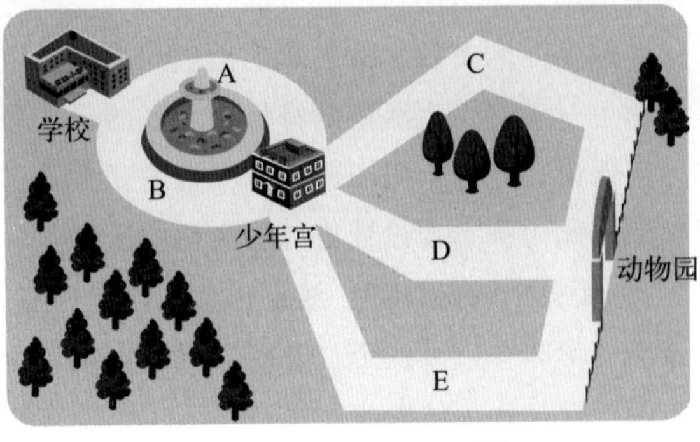


从学校经过少年宫到动物园，一共有□条路可以走。

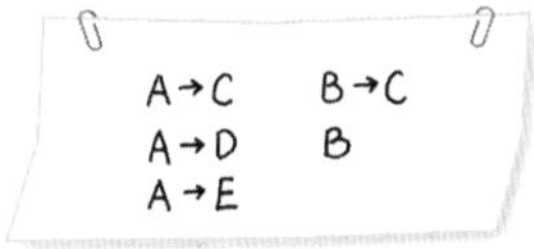


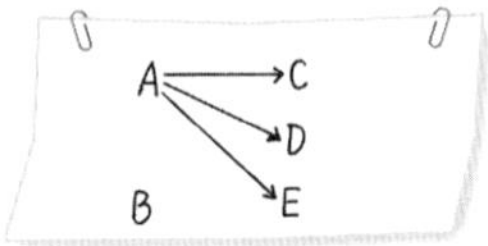


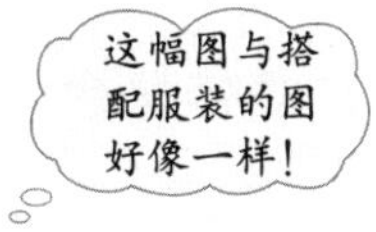


77

## 教学目标

1. 结合搭配服装等现实情境，探索并掌握简单的搭配方法，能用图形、符号等方式表示搭配方法，进一步培养符号意识。

2. 在观察、分析、操作、推理等活动中，体验解决问题策略的多样性，发展全面、有序的数学思考，积累搭配的活动经验，感悟符号意识、推理意识和模型意识。

3. 感受数学在现实生活中的广泛应用，获得成功的体验，增强对数学学习的兴趣和信心。

## 通融思考

### （一）怎样设计有层次性的活动?

有层次性的活动，可以引领学生一步一步地沿着知识、技能发展的脉络走向深刻。设计有层次性的活动，是数学课堂应有的风景。

在二年级下册《“重复”的奥妙》中，学生已经知道通过文字、图形或符号等表示规律；三年级学生对学习、生活中的符号表示经验也比较丰富，如长方形周长的计算公式等。可以说，让学生用图形、符号等方式表示搭配方法并不会太困难。那么，本课如何以此为基点，设计出有层次性的活动呢？教学脉络是否可以安排为“是什么”“怎么想”“有何用”？放手让学生自主探究“搭配中的学问”是什么、怎么得到这个“学问”以及这个“学问”有什么用，引导学生在层层深入的活动中经历知识的习得过程，体验有序思考，能找到所有搭配方法，做到不重复、不遗漏。

### （二）怎样整合教材中的素材?

教材设置“搭配服装”“营养配餐”和“去动物园的路线”三个生动、有趣的现实素材，旨在让学生分层次、有步骤地展开学习，在观察、操作、想象等活动中，初步学会有条理地思考并解决有关搭配的现实问题，初步获得有关搭配的数学活动经验。“搭配服装”是两顶帽子搭配三条裤子，“营养配餐”是两种主食和四种炒菜，“去动物园的路线”和“搭配服装”都是一类两样东西搭配另一类三样东西，只是观察的角度从上与下变成左与右。从结构上看，都属于同类搭配模型，只是存在一定的变式。是否可以整合“营养配餐”和“去动物园的路线”两个素材，设置题组练习，让学生应用刚刚建立好的数学模型进行解决，从而提升解决一类题组的经验，联通数学认知结构，从中感受数学模型的普适性？

## 教学过程

### （一）连接生活，唤醒经验

师：生活中见过什么和什么搭配？（板书：搭配）

生$_1$：衣服和裤子搭配。

师：服饰中有搭配。

生$_2$：牛奶和面包搭配。

师：饮食中有搭配。

生$_3$：铅笔和橡皮可以搭配。

师：生活中的搭配可真多！在括号里填上恰当的词语，谁来？（课件出示）

温暖的——（　　）<br>
温暖的——（　　）<br>
温暖的——（　　）

生：温暖的棉被，温暖的家，温暖的阳光……

师：这是语文中的词语搭配。绘画中色彩的搭配可以使画面更丰富；饮食中荤素搭配，营养会更均衡。（课件出示）

师：今天，我们要走进数学里的搭配。

## （二）尝试解决，探索模型

**1. 读懂信息，提出问题**

师：你读懂了什么？（课件出示）

生：奇奇要去动物园做一场表演，想选一顶帽子和一条裤子。

师：一顶帽子和一条裤子搭，这样的组合我们就叫作一种搭配。

生：有两顶帽子和三条裤子。

师：有两类物品。根据刚才找到的信息，你能提出什么数学问题？

生$_1$：可以怎样搭配？

生$_2$：一共有几种搭配？

师：很有问题意识。想一想，一共会有几种搭配？

（出示选项：①2 种　②3 种　③5 种　④6 种。在学生独立思考后举手统计：①和②没有学生选，③有 3 个学生选，其余都选④。）

师：真的是 6 种？动手试试看。

**2. 探究搭配的方法**

（课件出示操作要求，提醒学生要“不重复、不遗漏”，再让学生借助学具摆一摆，找出所有的搭配方法，同桌交流。）

**操作要求**

（1）用学具摆一摆，找出所有的搭配方法。

（2）你找到几种搭配？请填入学习单（1）。

（3）摆好后和同桌交流你的搭配方法。

**学习单（1）**

一顶帽子和一条裤子，

一共有（　　）种搭配。

（1）整理和展示搭配方法

①整理和展示搭配方法，体验有序思考能做到不重复、不遗漏。

师：老师这里也有一套学具，谁来展示下？

（请一位学生到台上操作，先用蓝帽子搭配不同的裤子，再用红帽子搭配不同的裤子。）

师：谁看懂了？

生：蓝帽子先搭粉裤子再搭橙裤子最后搭绿裤子，红帽子先搭粉裤子再搭橙裤子最后搭绿裤子。

师：你们觉得她的搭配方法怎么样？

生：她按顺序了。

师：怎么样的顺序？

生：从左往右看，第1顶帽子先搭第1条裤子，再搭第2条裤子，最后搭第3条裤子。第2顶帽子也先搭第1条裤子，再搭第2条裤子，最后搭第3条裤子。

师：是的，有序。第1顶帽子去搭裤子，有几个3？（板书：有序）

生：1个3。

师：第2顶帽子去搭裤子，又有几个3？

生：1个3。

师：总共就有2个3，3＋3＝6。（板书算式）

师：这样有顺序地搭配，有什么好处？

生：能做到不重复、不遗漏。

②图片连线，深化认知。

师：不移动这些图片，怎么把帽子和裤子搭配起来？

生：用线连起来。

师：很有数学眼光。想一想，怎么连？

（请学生上台有顺序地连一连）

师：这条线什么意思？（指着蓝帽子和粉裤子的连线）

生：表示蓝帽子和粉裤子搭，这是一种配法。

师：像这样连一连，一共有几种配法？

生：一共有6条连线，就有6种配法。

师：有顺序的连线也可以帮助我们找到所有的搭配方法。

③不同角度找搭配。

师：刚才同学从帽子出发去搭配裤子，还有其他想法吗？

生$_1$：从裤子出发去搭配帽子。

生$_2$：粉裤子配 2 顶帽子，橙裤子配 2 顶帽子，绿裤子配 2 顶帽子，一共有 6 种，2＋2＋2＝6。（板书算式）

师：看来，换个方向，用裤子去搭帽子，有顺序地搭，也能找出所有的搭配方法。

④对比两个角度，聚焦知识本质。

师：从帽子出发去搭裤子和从裤子出发去搭帽子，这两种方法有什么一样的地方？（课件出示，图片中的连线用不同的颜色区别。）

3+3=6　　2+2+2=6

生$_1$：结果一样，都是 6 种。

生$_2$：都按照一定的顺序，蓝帽子搭完搭红帽子，粉裤子搭完搭橙裤子再搭绿裤子。

师：不管从帽子出发还是从裤子出发，只要按照一定的顺序，就能够做到不重复、不遗漏。这就是今天我们研究的"搭配中的学问"。（补全板书：中的学问）

（2）用不同符号表示搭配方法

师：如果不给你学具，你还能把各种搭配方法表示出来吗？［学生拿出学习单（2）。计时 2 分钟，写好和同桌交流。］

（分层次展示不同作品）

第一个层次：文字。

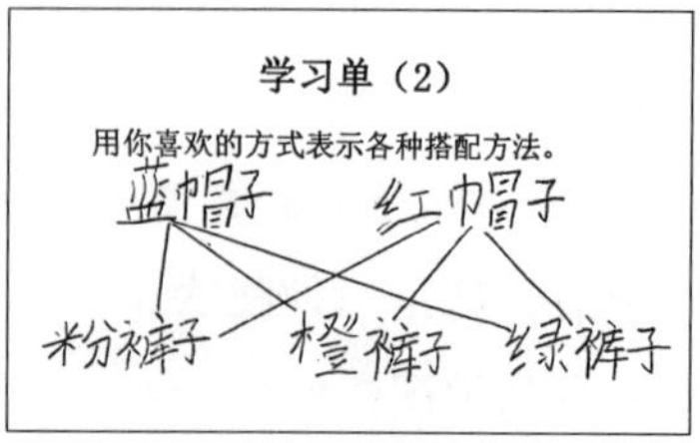
学习单（2）

用你喜欢的方式表示各种搭配方法。



师：谁看懂了？

生$_1$：用的是文字。

生$_2$：和刚才图片一样，只是把图片变成文字了。

师：是的，文字是一种常用的记录方式。（板书：文字）

第二个层次：图形。

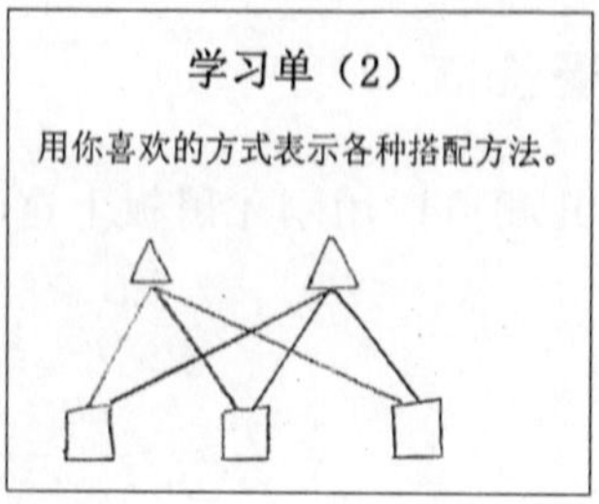


师：请作品的主人说一说。

生：△表示帽子，2 顶帽子就用 2 个△表示。□表示裤子，3 条裤子就用 3 个□表示。

师：请你评价一下他的方法。

生：用图形表示，简单多了。（板书：图形）

师：一个会说，一个会评，真棒！

师：这两种办法你觉得哪一种更简单？

生$_1$：图形。

生$_2$：图形更简单，好用。

师：是的，这就是数学的简洁。（板书：简洁）

第三个层次：数字、字母。

师：老师刚才巡视时还发现这两种作品，可以吗？（课件出示）

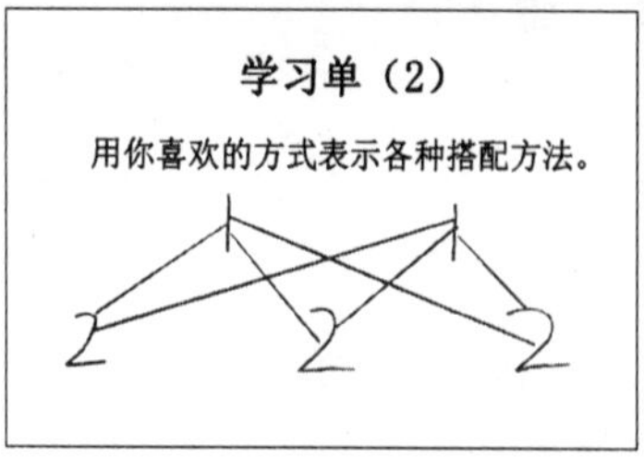


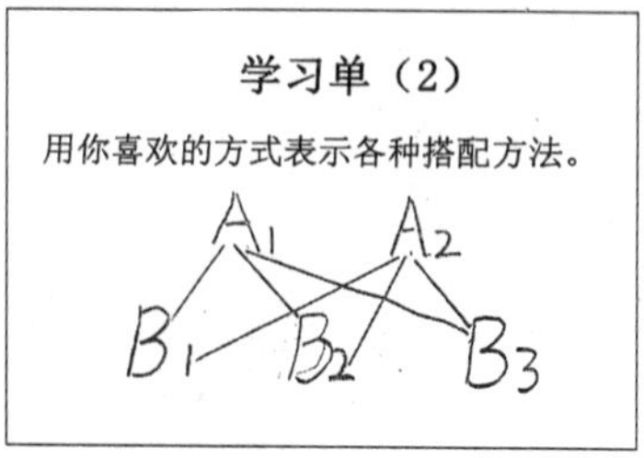


师：看得懂吗？请你说说。

（请学生解读，拓宽学生的表达视野。）

（板书：数字、字母）

师：这位同学不仅会用字母 A 来表示帽子这一类，字母 B 表示裤子这一类，还会用数字来表示它们的排序，真厉害！（板书搭配方法图）

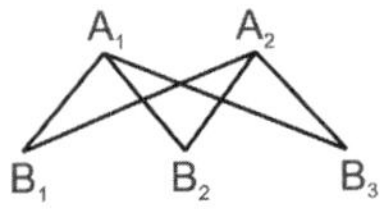


## （三）模型应用，感受价值

师：这三道题目，有哪几题可以用刚才黑板上这幅图来解决？请说说其中的道理。（课件出示题目信息）

**1. 题组练习，模型应用**

（1）午餐搭配

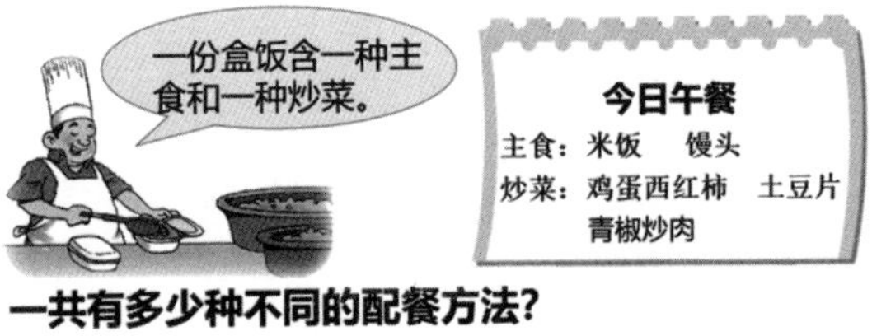


（2）搭配文具盲盒

文具店老板要把下图中的一块橡皮和一把尺子搭配成一套文具盲盒出售，一共有（　　）种不同的搭配方法。

（3）回家路线图

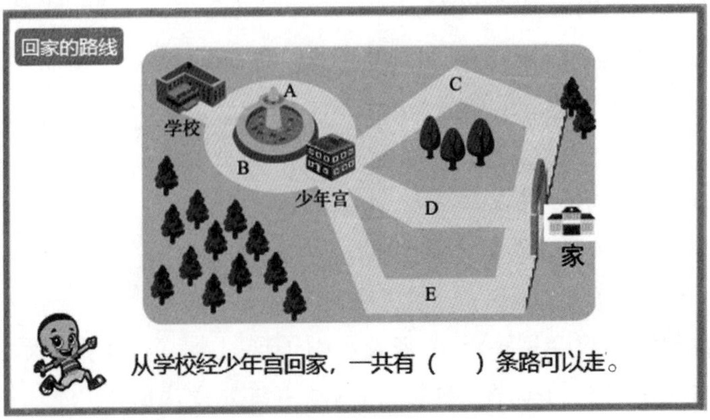

（学生独立思考 2 分钟后，同桌交流、讨论。教师巡视时询问学生，大部分学生都找到两题。）

师：汇报、交流时，同桌两人一起上台汇报，一人讲完，另一人补充。小组汇报完，其他组举手补充。

（1）午餐搭配

小组 1：米饭可以配鸡蛋西红柿、土豆片、青椒炒肉，馒头也可以配鸡蛋西红柿、土豆片、青椒炒肉，一共有 6 种不同的配餐方法，可以用黑板上这幅图来解决。

师：$A_1$ 和 $A_2$ 在哪里？

生：主食，米饭和馒头。

师：$B_1$、$B_2$ 和 $B_3$ 呢？

生：3 种炒菜。

师：真棒！其他小组也像这个小组这么说。

（2）搭配文具盲盒

小组 2：这道题中的橡皮、尺子虽然是左右放的，但也可以连线。（学生边说边连）还是 6 种，A 是 2 块橡皮，B 是 3 把尺子。

（3）回家路线图

师：第 3 题行吗？

$生_1$：不行。

$生_2$：可以。

小组 3：路线 A 可以配 C，可以配 D，也可以配 E；路线 B 可以配 C，可以配 D，也可以配 E。总共有 6 种路线，可以用黑板上这幅图来解决。

（教师跟着板书，展示列举的方法，体会表示方法的多样性。）

$A \longrightarrow C$，　　$B \longrightarrow C$

$A \longrightarrow D$，　　$B \longrightarrow D$

$A \longrightarrow E$，　　$B \longrightarrow E$

师：3 个不同的问题，为什么都可以用同一幅图来表示呢？

$生_1$：都有 2 类物品。

$生_2$：都是一类 2 种东西搭配另一类 3 种东西。

师：数学太神奇了，一个方法可以解决许多类似的问题。

**2. 拓展练习，深化认知**

师：搭配的结果只能是 6 种吗？

[随机采访3个学生，都觉得不是。再让学生用自己喜欢的方式完成学习单(3)。]

**学习单(3)**

学校即将举行“百年校庆”文艺汇演，需要挑选两名主持人。有2个男生、4个女生报名，如果挑选男、女主持人各一人，有多少种不同的挑选方法？

生：圆形表示男生，三角形表示女生。第1个男生可以和4个女生搭，有4种；第2个男生也可以和4个女生搭，也有4种。总共有2个4，用乘法算式，4×2=8。

师：不用加法用乘法，不错。想一想，再多一个男生，会多几种搭配？

生：4种，这个男生要和4个女生搭配。

师：再多一个男生，还会多几种搭配？

生：4种。

师：有什么发现？

生：每多一个男生，就会多4种搭配。

师：有什么想问的？

$生_1$：多一个女生，会多几种搭配？

$生_2$：2种，这个女生要和2个男生搭配。

师：为什么多一个男生和多一个女生，多的搭配种数不一样呢？

生：原来的男生、女生人数不一样。

师：真是一群善于思考的孩子！搭配的结果跟数量有关系。

## (四) 回顾总结，反馈评价

师：今天的搭配学习，你们有什么收获？

$生_1$：我学会了怎样搭配才能做到不重复、不遗漏。

$生_2$：要有顺序地搭配。

$生_3$：我学会了用图形、数字、字母来表示搭配方法。

生$_4$：我学会了用算式计算有几种搭配方法。

师：生活中像这样的搭配问题还有很多，我们一起跟“搭配”学做一个有条理的孩子。

## 板书设计

搭配中的学问

有序

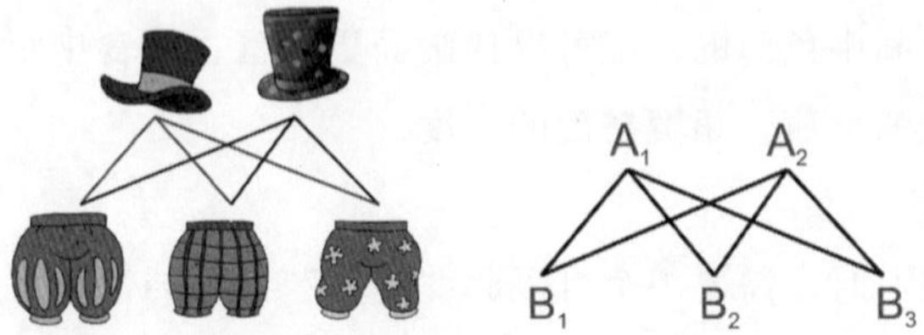


3＋3＝6　　　2＋2＋2＝6

文字、图形、数字、字母——简洁

## 通融历程

刚开始磨课时，我遵照教材依次出现三个情境，每一个情境都经历“出示情境图—获取信息—提出问题—分析问题—解决问题”的过程，让学生在活动中初步学会有条理地思考并解决有关搭配的现实问题。三个情境的教学形式大致相同，其中“搭配服装”和“营养配餐”中都有用符号表示各种搭配方法，符号表示的环节有点重复，交流也比较费时；“去动物园的路线”和“搭配服装”属于同类搭配模型。上完后我就在思考：是否可以整合教材中的素材，让活动的层次性更明显一些？怎样让本节课的模型思想更突出一些？如何沟通联系前一课《“重复”的奥妙》和后一课《数图形的学问》，帮助学生建立稳固的认知结构？这几个问题在不断地思考与磨课中逐渐明朗。

### （一）从生活中来：寻找根与源

《义务教育数学课程标准（2022 年版）》指出，学生将在实际情境和真实问题中，经历发现问题、提出问题、分析问题、解决问题的过程，形成和发展模型意识、创新意识。数学源于生活，三年级的学生对于搭配的经验是很丰富的，如服饰的搭配、食物的搭配、文具的搭配、色彩的搭配等。搭配是一种普遍的生活行为，带有较强的随意性，不太讲究是否重复或者遗漏，更别说有序了。我从学生已有的生活经验和熟悉的生活情境出发，设计教学问题，让学生亲身经历将实际问题抽象成数学模型并进行解释应用的过程。

**1. 课始的导入**

在课始环节，利用学生熟悉的事物，调动生活经验引入数学课堂。我提出问题：生活中见过什么和什么搭配？学生首先想到的是上衣、裤子、鞋子的搭配，牛奶、面包的搭配，这些都是学生生活中熟悉的事物搭配。我又适时地提供语文中词语的搭配，沟通不同学科之间的搭配现象。继而出示绘画作品和营养配餐图，通过描述“绘画中色彩的搭配可以使画面更丰富；饮食中荤素搭配，营养会更均衡”表达搭配的价值，拓宽搭配的广度。

**2. 素材的抉择**

在设计题组练习时，需要一个可以起“统整”作用的情境素材。我刚开始也犯难了，要么太普通，要么太陌生。怎样做到既熟悉又贴切呢？我突然想到在课始的谈话中，学生多次提及铅笔和橡皮等文具的搭配，联想到可以结合现在文具店、精品店流行的盲盒设计素材，所以后面的题组练习就有了学生感兴趣的文具盲盒搭配。以盲盒为情境素材，将学生熟悉的生活情境和感兴趣的问题结合起来作为切入点，增强学生学习数学的兴趣。

**3. 时间的“赋值”**

本课第一次公开教学是在12月10日。为更好地提升“主持人”素材的教育价值，我赋予该情境以特定时间——12月9日。“为纪念一二·九运动，歌咏比赛需要挑选两名主持人”，把爱国、爱校的情感融入其中。第二次执教时，已过12月9日，歌咏比赛的情境显然不太适用了，恰巧该校的“百年校庆”活动正如火如荼地进行着，我又顺势把歌咏比赛的情境换成“百年校庆”文艺汇演，充分利用学生熟悉的事物组织教学，把学生的生活经验带进课堂，将抽象的数学转化成有趣、生动、易于理解的事物，让学生体验到数学源于生活，生活中处处有数学。

### （二）到结构中去：理清脉与络

俞正强老师在《种子课2.0》中提出，一个完整的知识学习过程应该包括“它是什么？”“怎么得到它？”以及“它有什么用？”。我备这节课也是立足于这三个问题，放手让学生自主探究“搭配中的学问”是什么、怎么得到这个“学问”

以及这个“学问”有什么用，引导学生在层层深入的活动中经历知识的习得过程。

**1. 情境的融合**

深挖三个例题，可以发现“搭配服装”和“营养配餐”两个问题解决的策略都是有序思考，只是表面上呈现的数量不同；“去动物园的路线”和“搭配服装”也是一样的，只是观察的角度不同。沟通了三个例题知识之间的内在联系，我把学习重点放在“搭配服装”这个素材上，设计了“搭一搭”“连一连”“画一画”三个操作活动，力求解决“搭配中的学问是什么?”和“怎么得到这个‘学问’?”两个大问题。

在“搭一搭”环节设计了本节课的核心问题：边搭边想，怎么搭能不重复、不遗漏呢？利用核心问题激发学生在“摆一摆”中深入思考，促进学生自主建构有序思考的认识。在同桌交流的过程中，学生在不同的辨析中不断深入同化，最后清晰地感悟到只要有规律地搭配就能做到不重复、不遗漏，掌握搭配的一般方法，积累搭配的数学活动经验。“连一连”在“怎么连不容易遗漏?”的问题中深化规律的认识，给学生一个清晰的思路，加速有规律搭配认知的建构。“画一画”用不同符号表示各种搭配方法，探索抽象出“搭配服装”的符号模型，初步培养符号意识，体验解决问题策略的多样性。有层次地设计教学活动，很好地突破每个环节的教学重点，学生在观察、分析、操作、推理等活动中自主经历模型的建立过程，发展全面、有序的数学思考。

**2. 题组的设计**

改变教材中“营养配餐”和“去动物园的路线”两个素材的呈现方式，把“营养配餐”中的2种主食搭配4种炒菜改为2种主食搭配3种炒菜，这样就和“去动物园的路线”一样，也可以用“搭配服装”的模型来表示，再增加一个学生熟悉的文具盲盒搭配素材，综合设计了一道题组练习：“这三道题目（午餐搭配、搭配文具盲盒、回家路线图），有哪几题可以用刚才黑板上这幅图来解决?请说说其中的道理。”三道题目都是2样东西搭配3样东西，都可以用“搭配服装”建立的模型来解决。学生在思考、议论和辨析中不断深入知识本质，不仅能体会到建立模型的乐趣，还能通过刚建立好的模型解决问题，获得成就感，培养应用意识，感悟数学模型在问题解决中的普适性。

**3. 练习的变式**

“搭配服装”是2顶帽子搭配3条裤子，题组练习也是2样东西搭配3样东西，搭配的结果都是6种，这样的设计容易使学生形成思维定式，错误地认为搭配只能是2样东西搭配3样东西。为了消除这种思维定式，我在题组练习后提出问题：搭配的结果只能是6种吗？可喜的是，随机采访的学生都觉得不是。再让学生用自己喜欢的方式完成2男4女主持人搭配问题，得出搭配的结果是8种。学生用数据说明了搭配的结果除了是6种也可以是8种等。我进一步提出问题：再多一个男生，会多几种搭配？为什么多一个男生和多一个女生，多的搭配种数不一样呢？在层层追问中不断明晰搭配的结果跟原来男生、女生的人数有关系，紧扣数学本质，又融合了即将要学习的《数图形的学问》的知识，帮助学生建立系统的数学认知结构，深化认知。这样的变式练习培养了学生数学思维的灵活性和深刻性，有助于提高学生的数学思维能力。

（执教：晋江市东石镇山前小学　肖燕如）

下载课件

# 二、《密铺》课例解析

**教学内容**　北师大版四年级下册第 76、77、78 页

## 数学好玩

### 密铺

在装修时经常要在地面或墙面上铺砖，下面是瓷砖常见的铺法。

**活动任务**

三角形能不能密铺？四边形可不可以？

**设计方案**

1. 解决这个问题需要哪些主要步骤？
2. 你想采取怎样的方式解决问题？（独立完成／小组合作）如果是小组合作，怎样进行分工？
3. 把主要步骤、分工写下来。

76

**动手实验**

**1.** 按照设计方案将剪好的三角形或四边形拼一拼，摆一摆。

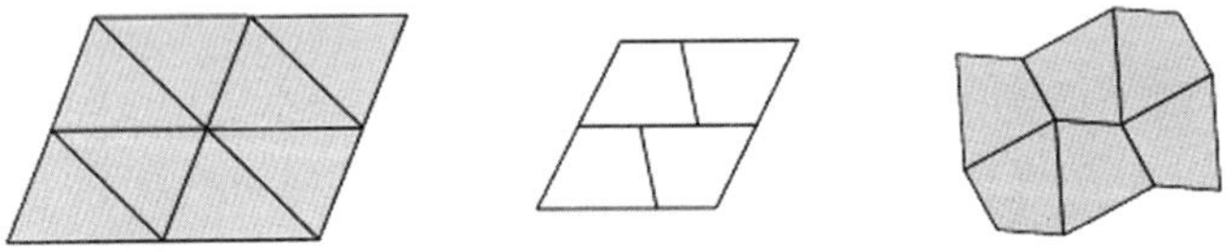

**2.** 全班交流密铺的作品，三角形能不能密铺？四边形呢？

**交流反思**

**1.** 请按照下面的方法试一试，你有什么发现？

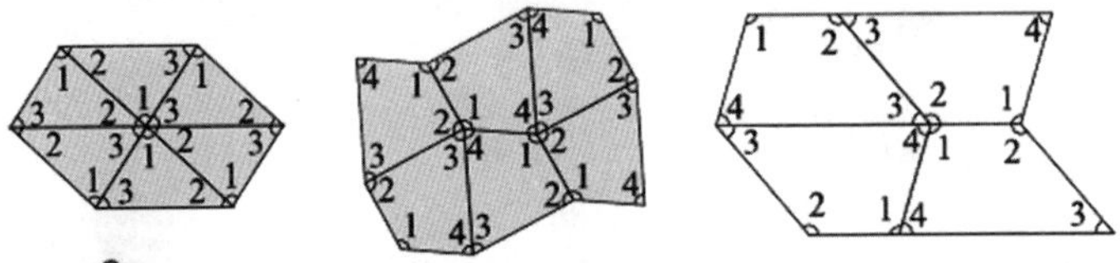

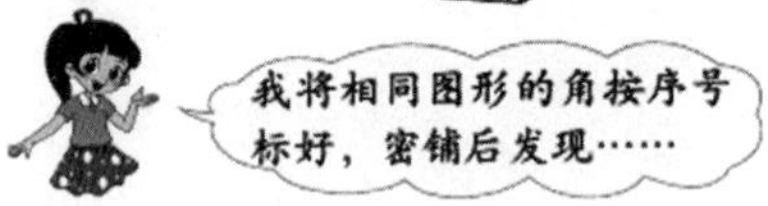


**2.** 在上面的活动中，你有什么收获？还有哪些想要进一步研究的问题？

**3.** 不是所有的平面图形都可以密铺。看一看，试一试。

**4.** 看一看下面的密铺图案，想一想它们是如何形成的。

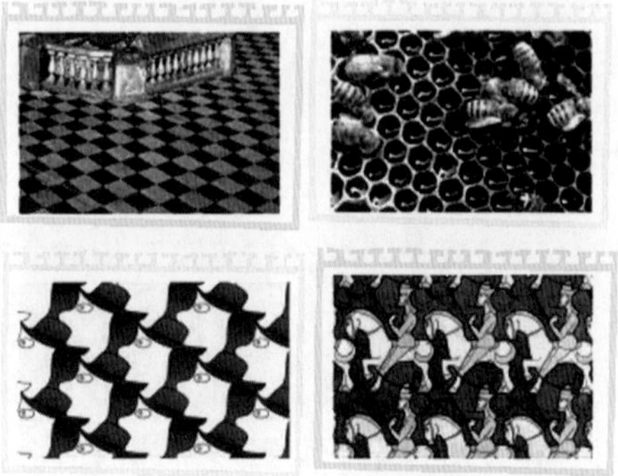

**自我评价**

在这次活动中，我的表现是(请把每项后面的 ☆ 涂上颜色，涂满 5 个为做得最好的)：

| | |
|---|---|
| 能设计合理的解决问题的方案。 | ☆☆☆☆☆ |
| 能够剪出所需的图形尝试密铺活动。 | ☆☆☆☆☆ |
| 能把密铺活动与学过的图形知识相联系。 | ☆☆☆☆☆ |
| 能与同伴合作交流。 | ☆☆☆☆☆ |
| 能联系到生活中的密铺现象。 | ☆☆☆☆☆ |

78

## 教学目标

1. 经历探索图形密铺的活动，综合应用学过的平面图形知识，理解平面图形可以密铺的原因（“拼接点处内角和为360°”）。

2. 能进行简单的密铺设计，积累相关的数学活动经验，发展空间观念，提高解决问题的能力。

3. 结合密铺活动感受数学在生活中的广泛应用，进行数学文化的渗透，培养数学学习的兴趣。

## 通融思考

### （一）“密铺”落到哪里？

北师大版四年级下册《密铺》一课属于“综合与实践”领域的范畴，看似简单，其实不然，教材中也并未明确给出相应的结论。我们通常会推断这节课对应的是《认识三角形和四边形》这一单元，但其内容又不仅限于三角形和四边形，导致备课时找不到联结点。教材旨在经历探索平面图形密铺的活动，积累相关的数学活动经验。可是，对于这样一节不纳入质量监测的内容，在实际教学中，许多教师往往心有余而力不足，避开或者草草带过。

这种心虚来源于对知识本身的不甚了解，以及对组织活动的手足无措。不禁要发问：密铺的本质是什么？如何在本课的基础上，温故而知新？这是一节综合与实践课，在了解什么图形能密铺的过程中，如何在有限的时间里一并完成活动任务、设计方案、动手操作、交流反思和自我评价五个环节？

### （二）在哪里“密铺”？

根据教师用书的建议，《密铺》建议学习课时数为2课时。作为一节公开课，如何在40分钟内呈现较为完整的课堂内容？如果学生不能发现密铺中角的重要性，我们能否主动给予脚手架供其研究？除了教材呈现的平面图形，还需要拓展到其他的平面图形吗？

为实现“重在实践，重在综合”的目标，教具、学具应当如何准备？教材中出示的几张密铺图案分别有什么奥秘？我们该如何利用素材拓宽学生的视野，让他们了解密铺在生活中的应用，联通密铺和其他知识的联系，感受数学的好玩？

## 教学过程

### （一）联系生活，感知密铺

师：老师来自安海，在我们学校旁边有一个安平桥生态公园，它是国家4A级旅游景区。老师到公园里逛了一圈，拍下这些照片。仔细观察，这些砖和砖之间有什么特点？（课件出示：公园的砖）

生：都是刚刚好的，都是紧紧的。

师：也就是说，它是没有空隙的。

生：颜色很多，它们都是平铺在路上的。

师：可以说它们是——

生：不重叠的。

师：我把刚才同学们说的这些特点记录下来。（板书：没有空隙　也不重叠）图形之间没有空隙，也不重叠，在数学里有一个专门的名词，叫作密铺。（板书：密铺）

### （二）问题引路，探究密铺

**1. 初步猜想**

师：通过刚才的图片，我们可以看出——

生：长方形、正方形是可以密铺的。

师：关于密铺，你有什么问题想问？

生$_1$：密铺是什么？

生$_2$：为什么能密铺？

生$_3$：除了长方形和正方形之外，还有其他的图形能密铺吗？

（相机板书：是什么？为什么？还有吗？）

师：你想了解什么图形呢？

生$_1$：三角形。

生$_2$：五边形。

生$_3$：平行四边形。

师：只研究平行四边形？

生$_3$：不是，平行四边形是四边形的一类，它不能代表所有的四边形。

师：怎样研究才全面？

生$_3$：把四边形分为平行四边形、梯形、不规则四边形。

师：你的回答非常清晰、完整。刚才他从几组对边平行的角度，把四边形分为两组对边平行、只有一组对边平行和没有对边平行三类。同样的道理，如果要研究三角形——

生：按角分，分成直角三角形、钝角三角形、锐角三角形。

师：说得真完整。那么，接下来我们就来研究这个学期比较熟悉的三角形和四边形。

（课件依次出示：直角三角形、锐角三角形、钝角三角形、平行四边形、梯形、不规则四边形。请学生举起手，用“√”或“×”的手势来初步判断能否密铺。在不规则四边形和钝角三角形处，部分学生认为不能。）

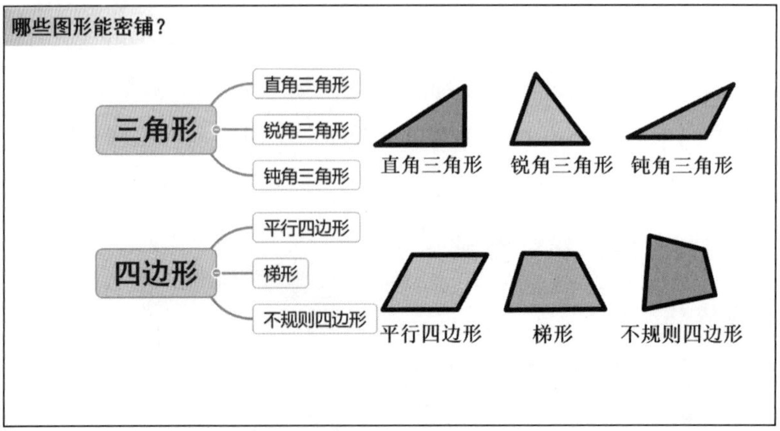

师：能确定答案了吗？

生：不能，这些都只是我们的猜测。

师：我们的猜想还要进一步验证。（板书：猜想、验证）

**2. 动手验证**

师：怎么验证呢？

生：动手摆一摆。

师：好的，咱们就动手铺一铺这些图形。在铺之前，先来了解一下规则。为了节省时间，全班一起合作，每个小组拼一种图形。铺完图形的小组就把你的作品展示在黑板上，铺完的同学请仔细观察，看看结果跟你的猜想是否一样。老师给大家准备了一块小板，请拿出你的学具袋动手试试吧。（课件出示活动要求）

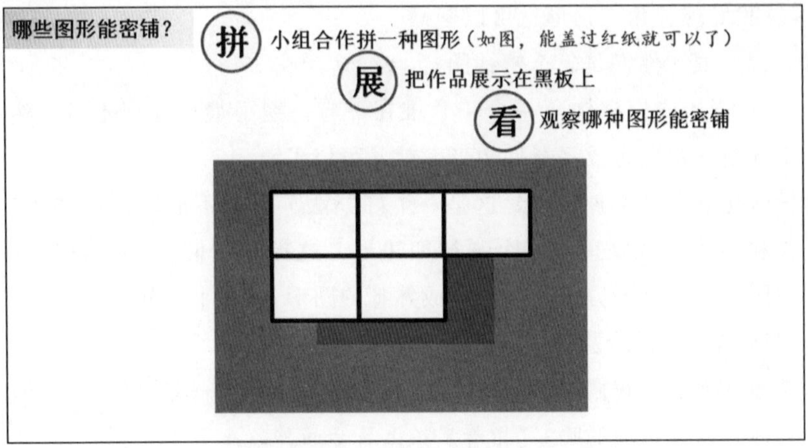


（学生分组操作，教师巡视指导，完成的小组派代表将作品贴到黑板上。）

师：黑板上已经展示了各个小组的作品，你发现了什么？

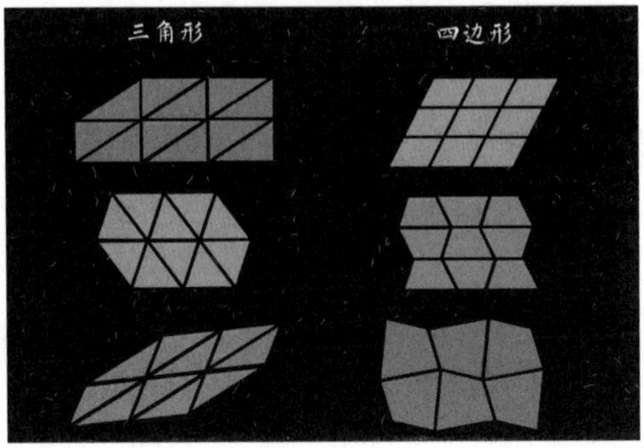


生1：不规则四边形、梯形、平行四边形、直角三角形、锐角三角形和钝角

三角形都可以密铺。

师：你想补充吗？

生$_2$：四边形、三角形都可以密铺。

师（问前一位回答的同学）：你能听懂他的意思吗？

生$_1$：他把整个结果用一句话说出来，更加清楚了。

## （三）深入研究，剖析密铺

### 1. 对比反思，引出问题

师：刚才你们的猜想跟现在验证出来的结论哪里不一样？（板书：结论）

生$_1$：我本来以为不规则四边形不能密铺。

生$_2$：我发现钝角三角形也可以密铺。

师：说一说，你们是怎么密铺的？

生$_2$：一开始我们把钝角一个一个堆在一起，摆了很久发现不行。然后，我们把两个钝角三角形拼成平行四边形，就又可以了。

师：转化成另外一种图形，这是一个好办法。看似不能密铺的钝角三角形，通过平移和旋转，可以拼成一个平行四边形，这提醒我们，如果遇到不懂的情况，我们可以用转化的方法，把它变成熟悉的图形。（板书：转化）

### 2. 二次猜想，讨论验证

师：通过验证，我们得到的结论就是三角形跟四边形都是可以密铺的。那看了这些，你有什么想问的吗？（指着黑板上展示的作品）

生：密铺的原因是什么？

师：大家有什么猜想呢？

生$_1$：和边有关系，拼在一起的两条边一样长。

生$_2$：拼在一起的边没有一样长也可以密铺。

生$_3$：可能和角有关系。

师：不如我们先从角入手。我们可以借助角的标记，比如不规则四边形，把它的四个角分别标上不同的记号，然后把其他不规则四边形中相同大小的角也标上相应的记号。为了方便表达，像这样图形和图形拼接在一起的这一个点叫作拼接点。（课件出示拼接点并为图形的角一一标上序号，学生交流操作，填写学习卡。）

生$_1$：我们发现了，拼接点这边有一个圈，这个圈是周角。

师：他直接观察发现了周角。

生$_2$：如果是拼三角形，每个角要重复两次，才能拼成一个周角。如果是拼四边形，每个角只要出现一次就能拼成一个周角。

师：为什么三角形要重复两次？

生$_2$：因为三角形三个内角加起来是180°，需要两个180°才能变成360°。

师：太会讲道理了，掌声送给他！

师：我们把他的描述再展示一遍，三角形的内角和是180°，拼接点处的∠1、∠2、∠3加起来正好拼成一个平角。两个平角就是一个周角。（课件出示三角形内角拼接的图形和算式）

生：四边形的内角和正好是360°，所以每个内角只要出现一次就可以拼成周角了。

师：再次研究，现在你知道密铺的原因是什么了吗？

生$_1$：密铺的原因与角的度数有关。

生$_2$：只要拼接点所有的角加起来是360°，就可以密铺。

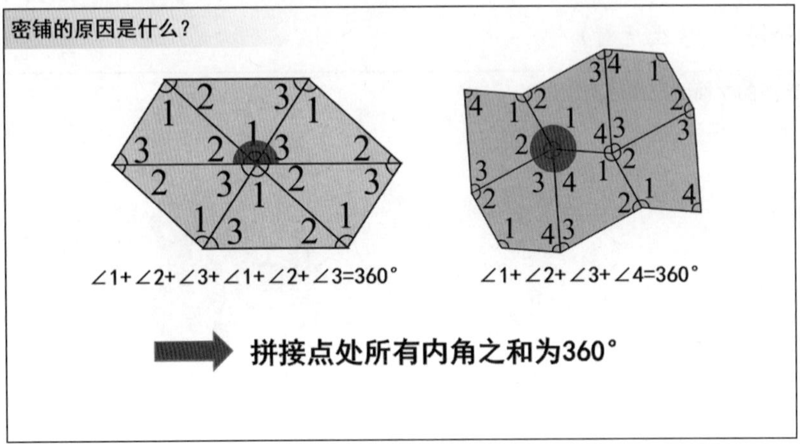


## （四）对比验证，揭秘密铺

### 1. 再次猜想，思考验证

师：学到这里，还有问题吗？

生$_1$：其他的图形能不能密铺？

生$_2$：五边形能不能密铺？

生$_3$：六边形能不能密铺？

师：我们想到一起去了。老师也带了一个五边形和一个六边形过来，不过我

带的是正五边形和正六边形，它们能密铺吗？（课件出示：正五边形、正六边形）

生：正五边形可以，正六边形也可以。

师：确定吗？

生：还得验证。

师：怎么验证？

生：拼一拼，铺一铺。

师：不用手“拼”，用脑子“拼”。正五边形的一个内角是108°，正六边形的一个内角是120°。（课件出示度数）

生：120°×3＝360°。

师：什么意思？

生：拿出三个120°的角拼起来，就等于360°，正六边形可以密铺。

师：那正五边形呢？

生：用360除以108，有余数，不能。

师：能听明白她的想法吗？（课件拼摆）一个，两个，三个，还是填不满，那就四个吧？（学生反对）

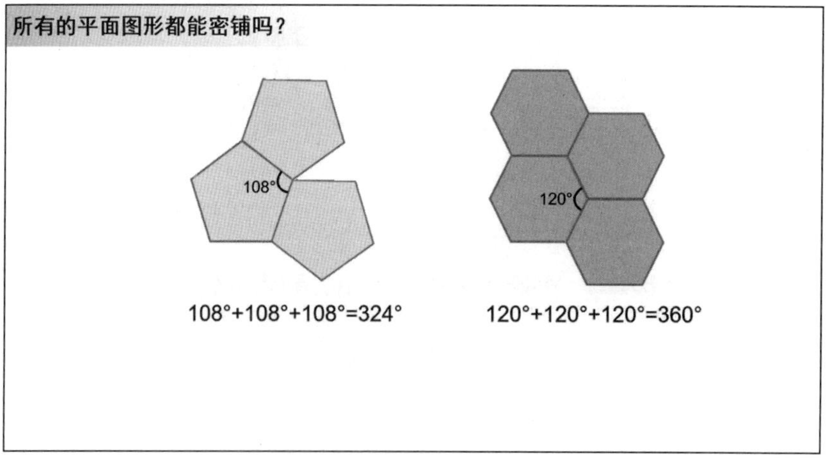


师：为什么不行？

生：密铺不能重叠。我是这么列式的：108°＋108°＋108°＝324°，还不到360°，再多加一个108°就超出360°了，所以正五边形不能密铺。

师：真好！我们学数学就是要这样，有条理地把原因说清楚。知道了度数之后，利用算式，我们就能根据刚才的结论进行验证，得到新的结论。一起说——

生：正六边形可以密铺，正五边形不能密铺。

### 2. 寻找搭档，组合密铺

师：正五边形自己不能密铺，但是——

生：帮它找个搭档。

师：哇，好主意，脑洞开起来！我们可以找哪个图形？

生：三角形、平行四边形、梯形、不规则四边形。

师：老师带来一些作品，我们来欣赏一下。

（课件播放多种图形密铺的图片）

（正方形、平行四边形的密铺）

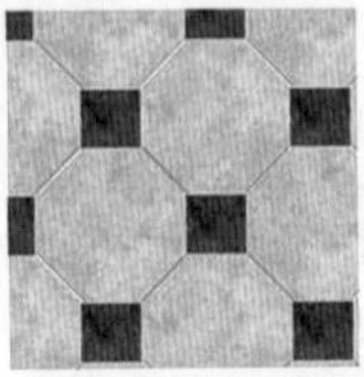

（正方形、正八边形的密铺）

（正方形、三角形的密铺）

（两种正方形的密铺）

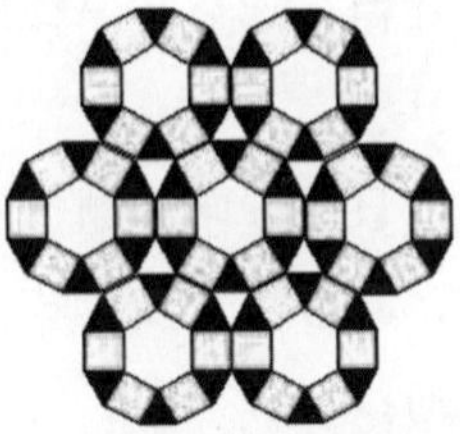

（正六边形、正方形、等边三角形的密铺）

师：生活中还有很多像这样两种图形或者多种图形在一起的密铺。

## （五）拓展延伸，赏玩密铺

### 1. 文化鉴赏

师：看，这个图形能密铺吗？

生：可以。

师：都觉得老师有能耐变魔术，对吧？这是一张神奇的骑士图，不能眨眼，仔细看！(课件出示动态骑士图)

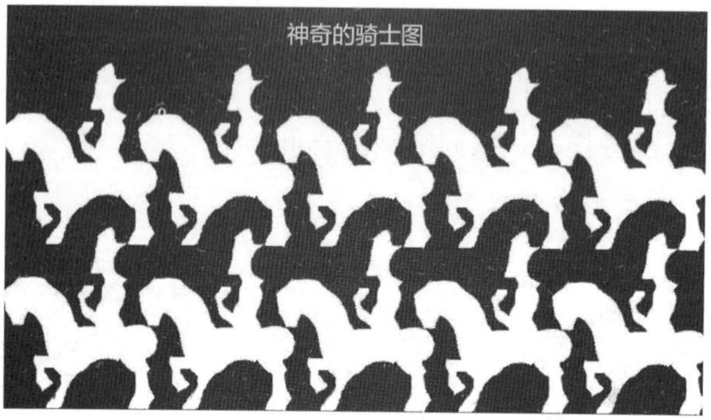


生：太神奇了。

师：你看到了什么？

生：空隙部分和白色部分是一样的。

师：什么一样？

生：形状一样，只是方向和颜色变了。

师：善于比较，非常好！知道这张骑士图是怎么来的吗？

生：旋转、移动。

师：确实是这样的。我们可以在骑士图上画出一个正方形，画上几条线条，把这些部分分别往不同的方向平移，这个正方形就变成刚才的骑士图了！(课件展示图形运动过程)

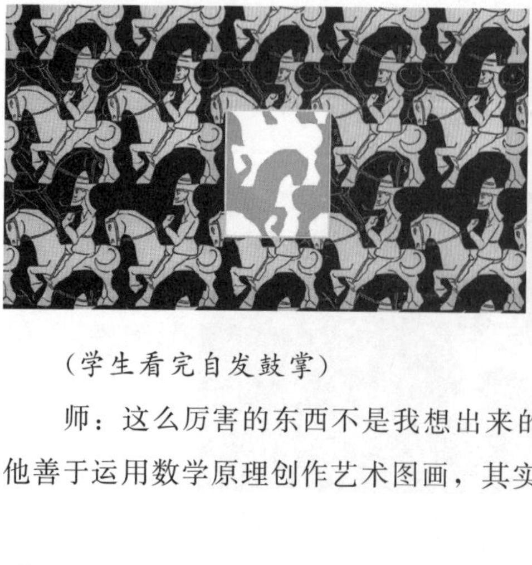

(学生看完自发鼓掌)

师：这么厉害的东西不是我想出来的，而是荷兰的艺术家埃舍尔想出来的。他善于运用数学原理创作艺术图画，其实他创作的很多作品都是由黑板上这些基本图形通过平移、旋转得到的。（板书：平移、旋转）我们继续来欣赏一下这位伟大的艺术家创作的其他作品。（课件出示埃舍尔简介及其作品）

**2. 立体密铺**

师：课上到这儿，刚才我们说，正五边形不能密铺。

生：也可能可以。

师：一切皆有可能。正五边形不能密铺，但是有的五边形可以。数学家发现了 15 种可以密铺的五边形。（课件出示多种五边形的密铺图案）

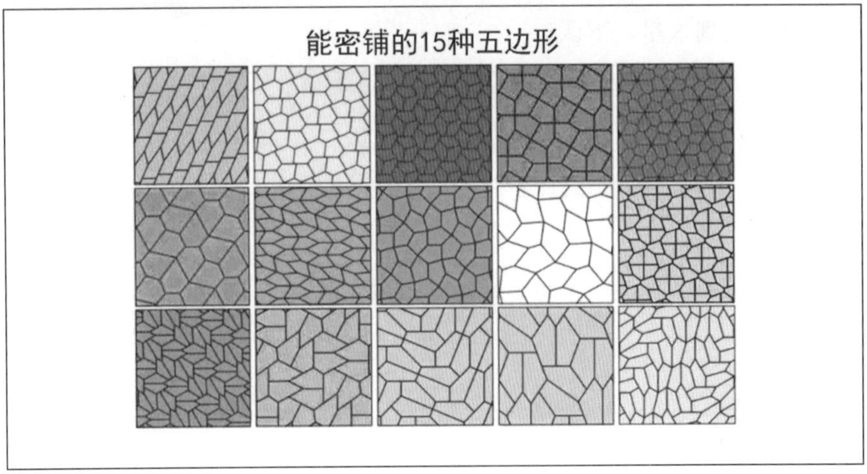


师：以上研究的都是平面上的五边形密铺，大胆猜想一下，把正五边形和正六边形的边靠在一起，会变成什么？

生：足球。

师：想象力十分丰富！立体空间中也存在着密铺。（课件出示足球图，学生发出惊讶声。）

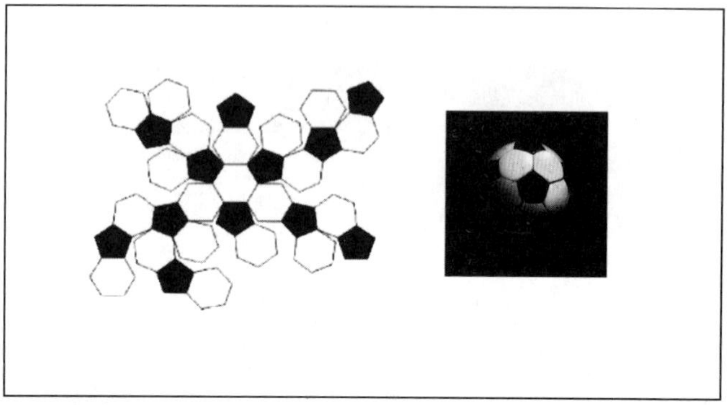

**3. 回应课前猜想**

师：这节课差不多要结束了。大家觉得这是一节什么样的数学课？

生$_1$：很有趣的。

生$_2$：快乐的。

生$_3$：大开眼界的。

生$_4$：神奇的。

师：正如大家所说，数学是非常有趣的、神奇的。生活中还有很多奇妙的密铺等着大家去发现。课后请大家利用这节课学到的知识，设计一幅美丽的密铺作品。这节课就上到这里，下课！

## 板书设计

密　铺

没有空隙　也不重叠

| | | |
|---|---|---|
| 是什么？ | 猜想 | 转化 |
| 为什么？ | ↓验证 | 平移、旋转 |
| 还有吗？ | ↓结论 | |

## 通融历程

2017年5月，在一场主题为综合与实践的工作坊活动中，我和另一位老师盲选了《密铺》这个课题进行同课异构，这也是我第一次接触《密铺》。贻亮老师说，与其把时间浪费在选题上，不如定好一个方向，努力钻研。盲选课题，无疑有点大胆，当时网络上能搜集到的《密铺》课例实在是少之又少。备课过程“山重水复”，所幸经过一番努力后，遇见“柳暗花明”。

### （一）密铺“铺”什么？

第一次翻看教材，只有简单的三页。我产生许多困惑：密铺是什么？为什么能密铺？怎么密铺？与哪些知识有关？有什么用？……看似不通透，实则为课的教学指明了一个方向，搭建了一个大框架。不得不感慨，教研本就是一种“悲喜交集”的循环往复，在弄清楚密铺“铺”什么的同时，我们也在学着如何通透地备一节课。

**1. 串联教材的深度，纵横对比把握知识本质**

纵向研读教材，《密铺》之前的知识经验可不少：一是已知的基本平面图形，如长方形、正方形等，在四年级下册还学习了三角形和四边形的分类；二是二年级下册《认识图形》单元中的《欣赏与设计》初步呈现了大量的类似密铺的素材，不过其目的是让学生从中辨认学过的图形，体会复杂的图形是由基本图形组成的，加深对所学图形的认识；三是图形的运动能提供一定的操作经验，如三年级下册学习的平移和旋转。

在《密铺》之后，也有相呼应的学习，如五年级上册的《多边形的面积》单元突出强调了图形之间的转化，这对《密铺》教学的启示是，在验证四边形能否密铺时，可以将相同的两个三角形拼成平行四边形，初步渗透转化思想。六年级下册《欣赏与设计》的课后练习中明确提到，荷兰艺术家埃舍尔巧妙地利用图形的平移和旋转创作出了大量的艺术作品。

放远看，华东师大版和人教版等不同版本的中学教材，不约而同地提到了用正多边形密铺。小学阶段研究的是一般图形的密铺，中学阶段则是研究特殊图形的密铺。

横向研读教材，在其他版本教材中也出现了相同的内容。苏教版五年级下册将《奇妙图形的密铺》作为一节独立课，没有从内角和的角度解释密铺，而让学生在操作、判断中丰富密铺的经验，尝试从密铺一种图形到两种图形甚至多种图形。人教版五年级下册没有单独设立《密铺》一课，但在《图形的运动》单元的《欣赏与设计》中呈现了通过平移、对称、旋转设计出的美丽密铺图案。冀教版五年级下册将密铺内容设置在《探索乐园》单元，直接让学生小组合作，算出内角和的度数，探究密铺的奥秘。相比之下，北师大版教材在运用已有知识解释密铺的同时，更注重综合与实践的活动过程。

以本节课为支点，横向纵向串联教材，我在用“拼接点处内角和为360°”解释密铺原理的基础上，尝试运用平移、对称、旋转等原理去感受密铺的神奇，看似无法用内角和解释的华丽图案，原来是由基本图形转化而成的。学生恍然大悟，感悟了转化的数学思想，感受了密铺的奥妙，从而体会到数学好玩。

**2. 并联世界的广度，缓慢输入才能持续输出**

除了学科知识，我们还能为学生带来什么？课堂的容量是有限的，点点滴滴的缓慢输入必将为学生带来持续输出的能量。真正好玩的数学课堂能拓展学生对数学的认知，使学生能够深切地感受到数学与现实世界的紧密联系，感受到数学的应用价值，受到数学美的熏陶，培养良好的数学素养。

备课时，我也想过用拼图游戏、七巧板、俄罗斯方块等游戏导入，调动学生的兴趣，其实是多此一举。数学和生活本来就是无法分割的有机整体，教材本身蕴含了丰富的生活情境——地砖，这与学生的生活息息相关。学生只有认识到数学是存在于现实生活中的，才能切实体会到数学的应用价值。

开普勒说：“数学是这个世界之美的原型。”数学教育离不开美学教育，如数学知识的结构美、数学思维的逻辑美、数学方法的统一美、数学表述的简洁美、师生互动的和谐美，而数学中的简单美是激发学生求知欲和内驱力的重要源泉。好的数学一定“简单美丽”，因此我搜集了大量的密铺艺术作品，向学生介绍埃舍尔，并深度挖掘其创作的奥妙，将数学教育与美育融合，同时渗透数学文化的教育。在这个过程中，学生大开眼界，我也为之震撼，深刻体会到“数学实质上是艺术的一种”，在课堂教学中引导学生发现美、欣赏美，和学生一起合作创造美。

密铺“铺”的不仅是数学的原理、美丽的图案，更是图案背后的数学文化，以及悄然生长的数学眼光和创造美的能力。因此，我们可以尝试建立数学与艺术的联系，提升数学美的价值，以美育人、以文化人，提高学生的审美和人文素养。

## （二）密铺怎么“铺”？

掌握数学本质和课堂价值后，如何将课铺展开来，成了一大困难。设计不断改动，甚至遇到过 40 分钟过去了，学生还在拼摆图形，或者只有一两个学生“上岸”，其他学生仍然云里雾里的情况，硬生生地把数学课上成了手工课、猜谜课。经历几番磨课后，我静下心来重新梳理课堂中遇到的两个大问题。

**1. 以问题搭框架，架构课堂**

《密铺》一课属于“综合与实践”领域的范畴。《义务教育数学课程标准（2022 年版）》指出，综合与实践是小学数学学习的重要领域，学生将在实际情境和真实问题中，运用数学和其他学科的知识与方法，经历发现问题、提出问题、分析问题、解决问题的过程。这实际上与做研究的过程是一样的：选题——选择研究问题，即发现问题；开题——告诉大家做什么、如何做、可能有什么结果、有什么难处、如何克服等，即提出问题；做题——按照预想解决问题、根据实际调整策略等，即分析问题；结题——以各种形式报告结果，即解决问题。整个过程经历了“从头到尾”的思考过程。

根据皮亚杰的儿童认知发展阶段论，四年级学生的认知发展正从具体运算阶段过渡到形式运算阶段，心理操作着眼于抽象概念，但思维活动需要具体内容的支持。除了由教师或教科书提供问题，应该鼓励学生自己尝试发现和提出问题。所以，我设计了三次猜想，带领学生经历“从头到尾”的思考过程。

第一次猜想，聚焦“关于密铺，你有什么问题想问？”，激发学生的问题意识。学生提问：“除了长方形和正方形之外，还有其他的图形能密铺吗？”唤起学生经验，对已学过的平面图形进行猜想，就存在疑虑的图形进行操作验证，并得到结论。同时，也为后续的活动积累了经验，形成“猜想—验证—结论”的研究模式。第二次猜想，激发学生的求知欲：“得到这个结论后，你还有什么新猜想？”探究密铺原因，初步了解拼接点处的内角和为 360°。第三次猜想：“所有的平面图形都能密铺吗？”引导学生多方位思考，运用想象和推理进行密铺，从而引出多种图形的密铺。

三次猜想，三个问题，问学交融，引在关键必要处，将研究不断深入，拓展学生思维的深度。在猜想、验证、得出结论之后，又引出新的猜想，启发学生主动提出问题，主动探求知识，积累数学活动经验，获得成就感，体验学习数学的快乐，产生一个良性循环，触发学习动力。

**2. 以素材做抓手，充实课堂**

好戏登场，初看情节，再看细节。课堂的框架搭建起来后，用到的素材可真不少，大量的学具、学习单、课件等。少则得，多则惑。还需要考量课堂节奏的推进、学生的学情以及自身的能力。

（1）素材选择：简单生动

陈省身先生说，数学是一种奇妙有力、不可或缺的科学工具，能把奥妙变为常识、复杂变为简单。简单既是思想，也是目的。教材主题图上呈现的密铺素材是地砖，分别是三种图形、两种图形、一种图形的密铺，多样却不易入手，因此我选择从简单开始。长方形、正方形的密铺十分直观，以此类地砖为情境，集中体验密铺的特点，体现数学来源于生活，为学生提出其他图形能否密铺的猜想做好铺垫，也为后续用基本图形设计美丽图案埋下伏笔。

在翻阅初中数学教材的活动材料时，我发现基本图形只要经过平移，就能设计出非常美丽的图案。于是，我将课本插图《神奇的骑士图》动态化展示，从一开始观察图片的变与不变，再到后来随机框选出基本图形，通过平移变成骑士图，让学生深受震撼，忍不住感慨数学好玩。

（2）素材使用：发散聚合

零散的素材如何排序？怎么使用？需要用什么来串联？由此我开始发散思考：从“一定”能密铺到“不确定”能不能密铺，从规则图形的密铺到不规则图形的密铺，从一种图形的密铺到多种图形的密铺，从特殊图形的密铺到一般图形的密铺，从平面的密铺到立体的密铺……层层深入，不同维度的思路相互交织又不凌乱，浑然一体，学生在其中探索、挑战、享受、创新，不仅顺利完成了对密铺知识的了解、拓展和延伸，也在极大程度上丰富了想象空间，促进空间观念的建立和发展。

（3）素材展示：提质增效

直接在公开课上准备学具显然不够现实。如果老师自己准备几十包平面图形，势必是一个大工程。纵观整堂课，缺失的是开题的部分，即“解决这个问题需要哪些主要步骤？”在磨课的时候，我尝试让学生设计方案，并前置教材中的五星评价量表，使学生明确任务层次和要求，经历分工合作的过程，尽力弥补公开课上时间不足而舍去“开题”环节的缺憾，同时也借学生之手准备好公开课上需要的学具。

解决了学具问题，展示作品又成了一大困难，乡村学校做不到人手一台平板，纸片做的学具微风都能吹跑。几番尝试后，我将学生的学具都贴上小磁片，每个小组分一块双面磁性展示板，展示作品时由学生贴在黑板上，这是2017年的做法。后来再教《密铺》时，我融入了白板、手机同屏等技术，将作品拍照上传，大大提升了展示的效率和品质。“互联网＋教育”的发展潮流为我们带来不少的便利，但学生亲手操作的感知经历不是电子软件可替代的。合理选择，有效整合，才能让教与学及时交互，走出浮华，收获实效。

融则通，通则透。当我们以融汇、发展的眼光去看待时，数学、艺术、生活之间有着千丝万缕的联系。叶澜教授说，课堂应是向未知方向挺进的旅程，随时都有可能发现意外的通道和美丽的图景，而不是一切必须遵循固定路线、没有激情的行程。好玩的数学课堂是学生深度学习的高品质课堂，是生活的高度提炼。教师只有深入生活，融会贯通，才能在课堂上启发学生的智慧，感受数学的温度。

（执教：晋江市安海镇西隅小学　蔡达娜）

下载课件

# 三、《烙饼问题》课例解析

## 教学内容　北师大版四年级下册第 82 页

● 烙饼。

**1.** 怎样才能尽快吃上饼？与同伴交流你的想法。

**2.** 妈妈是这样做的，你能看懂吗？说一说，做一做。

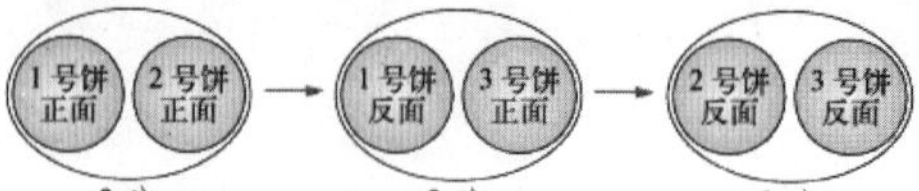


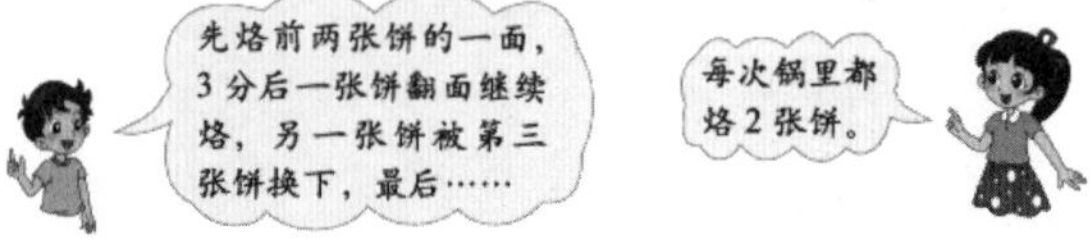


**3.** 如果要烙 4 张饼、5 张饼呢？与同伴交流你的想法。

82

## 教学目标

1. 通过模拟烙饼等数学活动，理解“同时烙”“交替烙”两种不同烙法的特点，在迁移应用中发现规律，建构数学模型。

2. 体会统筹思想、优化思想在解决实际问题中的应用，形成从多种方案中寻找最优方案的意识，提高解决问题的能力。

3. 感受数学在日常生活中的广泛应用，培养合理安排时间的意识。

## 通融思考

### (一) 怎样从经验通透到数学方法?

四年级学生对烙饼并不陌生，他们在日常生活中都有过看烙饼的经历，如有电饼铛一次能烙两面的，有大锅、小锅一次能烙不同的饼数。可以说，烙饼问题是“知识源于生活，生活中处处存在数学”的一种体现。虽然学生已有一定的独立思考与想象的能力，但是对于学生来说，要把这种处处可见的经验转化成统筹、优化的数学思想方法，还是比较抽象、难以理解的。

当学生面对“烙 3 张饼怎么用 9 分就烙好?”这一难题时，我们应该从什么样的角度切入，帮助学生消解认知上的“冰点”并通透数学思想方法呢?

### (二) 怎样从方法融合到生活实践?

学生在诸多解决问题的方案中，寻求最合理、最省事、最节约时间的方案后，如何让学生带着统筹学的数学方法再回到生活中去应用，从而提升思维层次?

在教学中，我们经常会看到这样的现象：提炼归纳出解决问题的方法后，就反复地套用这一方法去解决同类的数学问题。经历这样的教学，学生必将被模式化的思维束缚。怎样回归生活，怎样使数学与生活实践的融合度更大一些，从而解决更多现实生活中遇到的问题?

问题就是行动的源泉和动力。在教学《烙饼问题》一课时，我也在不断地“烙”着自己，以寻求新的突破。

## 教学过程

### （一）谈话导入，唤醒经验

师：看到“策略”两个字，你想到什么？

生$_1$：计谋。

生$_2$：战斗中用的计划。

生$_3$：比如三十六计、孙子兵法等。

师：看来你是军事爱好者。（学生笑）我们在生活中也需要用到一定的策略，老师现在出一道脑筋急转弯考考大家。准备好了吗？

生（异口同声）：好了。

师：煮一个鸡蛋需要10分，煮两个鸡蛋需要几分？

生$_1$：10分。

（继续问几个同学，都回答10分）

师：理由呢？

生$_2$：我有不同意见。煮一个鸡蛋需要10分，两个鸡蛋就是把两个10分加起来，那么就是20分。

生$_3$：可以两个鸡蛋一起煮，所以只需要10分。

师：刚才说需要20分的同学想明白了吗？（追问生$_1$）明白了吗？（生$_1$点头表示接受）那煮3个鸡蛋需要几分？4个鸡蛋呢？5个鸡蛋呢？

生（齐声）：需要10分。

师（小结）：看来大家已经会用这个策略了。我们同时做几件事情，就可以节省一定的时间，也会节约一定的资源。

师：在数学中也一样，经常会用到一定的策略。我们今天要研究的是烙饼问题。（课件出示几个饼）看，又香又脆的饼！你知道些什么？有什么想说的？

生：这些饼看起来真好吃。

师：看来下午肚子有点饿了。（学生大笑）

生：烙10张饼需要多少时间？

师：很有想法。

生：上面的图案只有4张饼，4张饼需要多少钱？

师：看来他很有经商的头脑。

师：要烙一张这样的饼，需要烙几面？

生$_1$：2 面。

生$_2$：正面和反面。（教师比手势：手心、手背）

师：只烙一面可以吗？

生（摇头齐答）：不可以。

师：看来大家很有生活经验，只烙一面吃了可是会拉肚子的。

## （二）动手实践，总结经验

师：笑笑家也在烙饼，我们一起来看看。（课件出示主题图）

师：你觉得要几分？

生$_1$：3 个 6 分。因为 2 张饼有 4 面，需要 6 分，6 张饼需要 3 个 6 分，等于 18 分。

生$_2$：6 张饼一共有 $6\times2=12$（面），需要 $12\times3=36$（分）。

师：有不同看法，实践出真知。老师准备了“锅”和“饼”让大家来烙一烙，先看要求。（课件出示合作要求，并请同桌拿出学习材料进行操作、交流。）

**合作要求：**

- 同桌探索并讨论烙 6 张饼最少要多少时间。
- 用圆片代表饼，演示烙饼过程，并做好记录。
- 组织语言，交流汇报。

师：好的，声音比较小了，看来都“烙”得差不多了。我们请同桌上台来烙一烙，一个当助手，一个当解说员。（黑板上画一个锅，有 6 张饼，绿色和黄色表示饼的两面。）

生：1号饼和2号饼正面烙1次就是3分，然后再烙1号饼和2号饼的反面，又是3分，一共烙了2次，就是6分。

师：1号饼和2号饼熟了吗？

生：熟了。

生（继续介绍）：3号饼和4号饼也要这样烙2次，又需要6分。

师：3号饼和4号饼熟了吗？

生（齐声）：熟了。

生（再次介绍）：以此类推，5号饼和6号饼一共也需要6分。

师：掌声送给他们！我们来梳理一下过程。（板书：饼数　方法　最短时间）

师：一共烙6张饼，两张两张地烙，分3次；先烙2张，需要2次，一共6次；每一次用3分，总共就是3个6分，$3\times6=18$（分）。（在“饼数　方法　最短时间”下面对应板书：6　2+2+2　$3\times6=18$）

师：6张烙完了，2张你会烙吗？

生：会。

师：还需要动手烙吗？（不需要了）最少需要几分？

生：6分。

师：是啊！刚才我们在烙6张饼的过程中，已经有了烙2张饼的经验。（在黑板上边重复演示刚才的烙饼过程，边问：“熟了吗？”强化经验的迁移，并板书：2　$3\times2=6$）

师：烙2张饼的方法跟烙6张饼的方法，是一样的吗？

生（异口同声）：都是两张两张地烙。

师：数学上，把它叫“同时烙”。（板书：同时）

师：烙几张饼的问题也可以这样解决？

$生_1$：4张饼，12分。

$生_2$：8张饼，24分。

师：真会学以致用。

$生_1$：烙2张是6分，烙了2次，8是2的4倍，一共烙了8次，$3\times8=24$（分）。

$生_2$：只要把2张饼同时烙，8张饼分成2+2+2+2，一共烙了8次。

（教师板书）

师：10张饼呢？

生$_1$：方法是一样的。

生$_2$：还是 2 张饼同时烙。

师：我们班有 54 人，要烙 54 张饼呢？

生（异口同声）：方法还是一样的，2 张饼同时烙，3×54＝162（分）。

师：算得真快，厉害！我们来总结一下，如果是双数饼，就可以 2 张饼同时烙。（板书：双数：同时）

师：我们已经会烙双数饼了。还有什么问题？

生：烙单数饼的方法是一样的吗？

师：有想法！那我们先烙 3 张饼，想一想，烙 3 张饼需要多少时间？（板书：3）

生$_1$：烙 2 张饼需要 6 分，烙 1 张饼还是需要 6 分。因为第 3 张饼第 1 面需要 3 分，第 2 面也需要 3 分，所以需要 6＋6＝12（分）。

生$_2$：9 分。因为刚才 6 张饼用 18 分，3 张饼只有它的一半，18÷2＝9（分）。

师：很会联想。那怎样烙？（学生挠了挠头，一下子答不上来。）

师：没关系，现在拿出“锅”和 3 张“饼”烙一烙。

（同桌合作探究、交流）

师：还是请同桌上台来烙一烙，一个当助手，一个当解说员。

生：先烙第 1 张饼的正面和第 2 张饼的正面。

师：烙几次？（1 次）熟了吗？（没有）继续烙。

生：把第 2 张饼放一边，再烙第 1 张饼的反面和第 3 张饼的正面。

师：一共烙了几次？（2 次）熟了吗？

生：1 号饼熟了，2 号、3 号还没熟。

师：继续烙。

生：再烙第 2 张饼的反面和第 3 张饼的反面，就可以烙完了。一共烙了 3 次。一共用了 3×3＝9（分）。

师：觉得他们这个方法怎样？

生：比较简便。

师：刚才说 12 分的同学，现在觉得还是 12 分吗？

生：我算错了。

师：错在哪？

生：错在没有交替着烙。

师：我们也来梳理一下。第一次烙 1 号饼和 2 号饼（出示：①②），第二次烙 1 号饼和 3 号饼（出示：①③），第三次烙 2 号饼和 3 号饼（出示：②③），这样烙了 3 次，用了 9 分。我们把它写下来，每次用 3 分，烙了 3 次。（板书：3×3＝9）

师：和刚才有同学说用了 12 分相比，有什么不一样的地方？

生：第一次烙①②（出示：①②），第二次烙①②（出示：①②），第三次烙③（出示：③），第 4 次还是烙③（出示：③）。

师：发现什么？

生：这样就多烙了 1 次，时间就多了 3 分。

师：为什么会多烙 1 次？

生：因为第 3 次和第 4 次的锅里都只烙一个面。

师：是啊，浪费了空间，就浪费了时间！

师：为什么要交替？

$生_1$：这样能把锅的空间充分利用。

$生_2$：要保证锅里都有两张饼，才可以找到最短时间。（板书：交替）

师：像这样，锅里每次同时烙 2 张饼，既不浪费时间，烙得也快，我们把这种方法叫作烙饼的“最佳方法”。这在数学上称为“优化”。（板书：优化）

师：现在，你还想烙几张饼？

生：5 张。（板书：5）

师：如果不动手，想一想，最少要几分？理由是什么？

生：先把 2 张同时烙，后面 3 张交替烙，一共烙了 5 次，三五十五，要 15 分。（板书：2＋3　3×5＝15）

师：那 7 张饼最少需要多少时间？

生：3×7＝21（分）。（板书：7　3×7＝21）

师：3 是什么？7 是什么？

$生_1$：每次用 3 分，烙了 7 次。

$生_2$：方法是 2＋2＋3＝7。（板书：2＋2＋3）

师：烙 9 张饼的方法呢？

生：2＋2＋2＋3＝9，3×9＝27（分）。

师（小结）：烙单数饼时，可以先 2 张 2 张同时烙，最后 3 张交替烙。（板书：单数：同时＋交替）

师：观察板书，你有什么发现？

生$_1$：每多 1 张饼多 3 分。

生$_2$：烙几张饼，用时间乘以饼数。

生$_3$：3 张饼烙 3 次，4 张饼烙 4 次，9 张饼烙 9 次，54 张饼烙 54 次……不管是单数还是双数，次数就是饼数。

师：为什么饼数就等于次数呢？（请学生独立思考，并留出较充裕的时间。）2 张饼几个面？（4 个面）每次锅里可以同时烙 2 个面，4 个面要烙几次？［4÷2＝2（次）］6 张饼（12 个面），12 个面烙［12÷2＝6（次）］。

师：这个“优化”的方法是伟大的数学家华罗庚提出来的。（课件出示有关的数学史料，请学生阅读、体会。）

## （三）拓展延伸，提升经验

师：挑战来了！笑笑家的锅变大了，每次能烙 4 张饼。现在要烙 6 张饼，需要多少时间？动手试一下。（教师巡视课堂，观察、了解学生的操作情况，再全班交流。）

生：先把饼①②③④放在锅里，烙了 1 次。

师：熟了吗？（没有）

生：再把饼③和④拿掉，把饼①②⑤⑥放进去，这样饼①②熟了。第 3 次烙饼③④⑤⑥。像这样一共烙了 3 次，需要 9 分。

师：他们用的方法是什么？

生：交替烙。

师：如果不交替烙，会有什么结果？

生：那得烙 4 次，花的时间更多。

师：为什么会有 3 次、4 次的区别呢？

生$_1$：因为烙 3 次时把锅的空间填满了，没有浪费；如果没有把锅填满，就要烙 4 次，浪费时间。

生$_2$：我还有一种方法。6 张饼，一共 6×2＝12（面），每次烙 4 个面，需要 12÷4＝3（次），3×3＝9（分）。（学生自发鼓掌表示认同）

师：生活中，我们经常会和爸爸妈妈一起互动。（课件出示）

**游戏的问题**

一种电脑小游戏，玩1局要5分，可以单人玩，也可以双人玩。小东和爸爸、妈妈一起玩，每人玩两局，至少需要多长时间？

生$_1$：15 分。最多玩三局，第一局爸爸和小东，第二局妈妈和小东，第三局爸爸和妈妈，尽量每局都是 2 个人同时玩，这样不会浪费时间。

生$_2$：15 分。最多玩三局，每人 2 局，3×2＝6（局），6÷2＝3（局），3×5＝15（分）。

师：看来大家已经会用刚才学到的“优化”方法了。

### （四）归纳收获，提出希望

师：这节课接近尾声了，你有什么收获？学到了什么？

生$_1$：我学到了烙饼的方法，可以“同时”，也可以“交替”。

生$_2$：我学到了要用策略，这样才能够最优化。

生$_3$：不浪费空间，才能更好地节省时间。

……

师：生活中处处有数学。只要同学们有一双善于观察和发现的眼睛，积极动脑思考，就一定会有收获的。

## 板书设计

### 烙饼——优化

| 饼数 | 方法 | 最短时间 | 次数 |
|---|---|---|---|
| 2 | 同时 | 3×2=6 | 2 |
| 3 | 交替 | 3×3=9 | 3 |
| 4 | 2+2 | 3×4=12 | 4 |
| 5 | 2+3 | 3×5=15 | 5 |
| 6 | 2+2+2 | 3×6=18 | 6 |
| 7 | 2+2+3 | 3×7=21 | 7 |
| 8 | 2+2+2+2 | 3×8=24 | 8 |
| 9 | 2+2+2+3 | 3×9=27 | 9 |

饼数 ↗ 双数：同时
饼数 ↘ 单数：同时＋交替

## 通融历程

2019 年 4 月 28 日，我第一次公开执教《烙饼问题》。作为工作坊“送研下乡”主题研讨活动的一节课，这也是我加入工作坊以来真正意义上的第一节公开课。巧合的是，当天活动是同课异构，且执教者是我在师范学校的学弟。

《烙饼问题》是北师大版四年级下册《数学好玩》中《优化》的内容之一，教材意图是通过“烙饼”这样的简单事例，让学生尝试从优化的角度，在解决问题的多种方案中寻找最优方案，初步体会统筹思想在实际生活中的应用。教学中应该把优化思想的渗透作为一条主线贯穿全课，使学生体会优化思想的应用，初步形成从多种方案中寻找最优方案的意识，而非在“难度”上做文章。我以为，任何超越当下学生学习能力的深度拓展和挖掘，都很可能无功而返。

在备课、磨课、试教、推广的过程中，我努力使形式与内容、生活与数学融洽起来，共同发力，创设更贴合学生认知的数学活动，融化学生的认知“冰点”。

## （一）通透教材，大道至简

在一开始的教学设计中，我按照教材内容设计流程。通过操作活动探索交流烙 2 张饼、3 张饼、4 张饼、5 张饼的最少用时，从中发现规律，归纳并总结烙饼的最优方法：如果烙的饼数是双数，两张两张同时烙就可以了；如果烙的饼数是单数，可以先两张两张同时烙，最后三张交替烙。最后引导学生发现烙饼所需的总时间与烙饼张数之间的关系：总时间＝饼数×3（饼数＞1）。

但是整节课试上下来，既没有对这一操作方案为什么是最优方案作出“数学的分析”，也没有对烙饼张数与所需总时间之间何以存在这一关系作出“数学的解释”。这就造成了数学课堂教学中理性涵养的缺失，给人一种不通透的感觉，学生更是“只知其然，不知其所以然”。

从数学建模的观点来看，这样的设计缺陷是显而易见的，没有根本解决学生的“痛处”。那么，如何才能实现归纳推理和演绎推理的融合，实现“通则不痛”呢？我作了新尝试：让学生从 6 张饼开始烙，在烙 6 张饼的过程中，自然而然地把 2 张饼、4 张饼烙完了，从而通透地认识到双数饼的烙法就是“同时烙”，使复杂问题简单化，实现了“教是为了不教”。同时，在此过程中，及时捕捉生成资源，把烙饼问题与倍数关系相结合。没想到这样一调整，效果还挺好，获得了听课老师的一致赞赏。

## （二）设计冲突，融化“冰点”

在学生已经掌握了双数饼的最佳烙法后，再来教学单数饼的最佳烙法，顺应了学生的认知规律，也更符合学习由易到难的坡度递增规律。但是，试教时并不那么一帆风顺。

在一开始的设计中，我是这样问学生的：“现在双数饼会烙了，你还想烙几张饼？”学生的回答有 5 张、7 张等，然后我又回过头来问：“烙 3 张饼至少需要多少时间？”这样的提问，看似开放，实际上却浪费了教学时间，也不利于聚焦学生的注意力，提不起学生的兴趣。试教之后，我改变提问方式，直接开门见山、直奔主题：“烙 3 张饼至少需要多少时间？”一方面，蕴含了从第一环节的 6 张饼到 3 张饼的设计逻辑；另一方面，也蕴含了数学推理，即烙 6 张饼最少需要

18 分，所以烙 3 张饼最少需要 9 分。但在实际操作中，很多学生烙 3 张饼需要 12 分，由此形成了较为强烈的认知冲突。在操作、交流、分析中，帮助学生打破“同时烙”的思维定式，从“同时烙”到“交替烙”，从而智慧地突破教学难点，融化了认知“冰点”。与此同时，在操作、交流、分析中，让学生体验到合作的必要性，培养了合作交流的意识和能力。

由此，我有这样的感受：在教学中，我们要设计有挑战性的核心问题，寻找有意义的教学素材，展开有探究空间的数学活动，思考有层次性的数学本质，这样学生的学习过程会更有乐趣。既要关注学生学习的“现在”，更要着眼于学生学习的“未来”。以能力带动知识，以思维提升学力，做到减负增效，这样我们也能享受为师的教学乐趣。

### （三）融合经验，优化次数

优化，不仅在于让学生在课堂中寻找解决问题的最优方案，还在于我们在课堂中怎样教学生学得最好。求优，是人类永恒的追求，是人类发展的动力。本节课让学生在动手操作、合作学习中，经历了猜想、操作、归纳、验证的过程，发展了数学思维能力，培养了主动探索、大胆探究的品质。

但是，每次都要让学生动手烙饼吗？动手操作的“烙”和思维操作的“烙”如何通透？如何融合？本节课中，只安排了 3 次动手操作，即烙 6 张饼、3 张饼，以及锅变大要烙 6 张饼，其余的烙饼活动都设计成根据已有的烙饼经验进行推理、思考。我以为，不能把操作活动安排得太满。减少操作活动，更有利于学生通透数学理解，直达数学本质，从而使知识、经验在联通中形成更大的力量。实际上，学生只要知道 2 张饼和 3 张饼的烙法，其他的饼数都可以由此迁移、由此组合，问题从而迎刃而解。

学生的生命力和个性充分发展的过程，也是师生共同探究、共同成长的过程。教师要充分发挥组织者、引导者与合作者的作用，让学生成为学习的主人，如此一来，教学相长的课堂才能变得生动、变得智慧、变得更有品质。

（执教：晋江市第二实验小学　张名取）

下载课件

# 四、《你会数数吗？》课例解析

## 教学内容

自编内容。

## 教学建议

在学完北师大版小学数学五年级上册第三单元《倍数与因数》后使用。

## 教学目标

1. 经历数数、发现规律的全过程，掌握特殊情况下数数的方法，学会取胜的策略。

2. 积累数学游戏活动的经验，渗透倒推、变中不变、类比推理等数学思想。

3. 在游戏的过程中，获得成功的体验，感受数学的魅力，增强学好数学的信心。

## 通融思考

### （一）怎么编？

《义务教育数学课程标准（2022年版）》指出，数学教学活动应激发学生学习兴趣，引发学生积极思考，鼓励学生质疑问难。游戏是激发学生学习兴趣、调动学习积极性的有效手段。游戏在儿童生活中很常见，但有的游戏对道具要求高，有的游戏规则复杂，有的游戏思维含量低。能否自编一种集简单、易学、好玩于一体的数学游戏，让学生立于“玩”的基点，顺应“好玩”的儿童天性，冲破“正儿八经讲知识、练解题”的课堂藩篱，成就数学课堂“情理互通”的特有样式，使得数学教学别开生面，为学生喜闻乐见？

作为自编教材，要融洽教学素材之间的关系。教学素材的选择并不是越多越好，素材少而精且各部分与整体之间关系、轻重和谐，有助于打造出一节好课。于是，我们思考：能否把学生张口就来的“数数”设计成一节数学游戏课？能否在“数数游戏”中渗透数学思想方法？我们进一步思考：如何增强游戏的互动性，激发学生的好胜心？如何让学生充分地探究取胜策略？对于我们所撷取的教学素材，需要再三推敲：合适吗？合理吗？相容吗？次序对吗？比重对吗？是否可以合并？是否可以替换？是否可以删减？

### （二）如何融？

小学数学深度学习指的是在教师引领下，学生围绕具有挑战性的学习主题，全身心地积极参与、体验成功、获得发展的有意义的数学学习过程。深度学习需要学生的积极思考。好玩又简单的游戏，如果仅仅是让学生兴致盎然、哈哈一笑，显然是浅薄的。为此，教师应关注“数学游戏也需要数学地思考”，引导学生积极探索游戏内在的规律。

教学设计能否围绕核心问题展开教学？教师要如何把握学生的好胜心理，让学生的思维处于高度集中和兴奋的状态？教师如何适时抛出问题让学生思考？如何适时稍加点拨让学生茅塞顿开？如何适时积极评价让学生信心百倍？如何引导学生在好玩中主动探索数学的奥秘？如何真正将玩和学有机融合？

## 教学过程

课前交流，唤醒经验

师：今天我们学习什么内容？

生（读）：你会数数吗？

师：你会数数吗？

生：会。

师：说一说，你会怎么数？

生1：一个一个地数。

生2：两个两个地数。

生3：五个五个地数。

生4：正着数、倒着数……

师：接下来，我们玩个数数游戏，请听规则：女同学先数 1、2，男同学接着数 3、4，女同学再接着数 5、6，男同学接着数 7、8……这样轮流下去，你会数数吗？

全班同学准备，女同学先开始。

女生：1、2；

男生：3、4；

女生：5、6；

……

男生：23、24。

师：停！我们真正要玩的游戏当然不是这样的，但与 24 有关。

## （一）初玩游戏，寻找诀窍

（课件出示：从 1 数到 24，两人轮流数，每次每人最少数 1 个数，最多数 2 个数，谁先数到 24 谁就赢。）

师：游戏规则中，有不容易理解的地方吗？

生：“每次每人最少数 1 个数，最多数 2 个数”是什么意思？

师：谁来解决这个问题？

生：每一次每个人最少数 1 个数，每一次每个人最多数 2 个数。举个例子，如果我先数 1，对方可以数 2，也可以数 2、3，最少数 1 个数，最多数 2 个数。

师：猜一猜，先数的一方会赢，还是后数的一方会赢？

生1：我认为先数的一方会赢，因为先数的人有主动权。

生2：我认为后数的一方会赢，因为 24 是偶数，后数的一方容易抢到 24。

师：同学们都很有想法！实践是检验真理的标准。请拿出学习单（一）玩一玩，游戏过程用△和○记录下来，可用“剪刀石头布”来决定谁先数。

**学习单（一）**

**两个人轮流数，从 1 按自然数顺序数到 24，每次最少数 1 个数，最多数 2 个数，谁数到 24 谁就赢。**

**提示：游戏的过程用△、○等符号记录下来，以便交流、讨论。**

①1、2、3、4、5、6、7、8、9、10、11、12、13、14、15、16、17、18、19、20、21、22、23、24。

②1、2、3、4、5、6、7、8、9、10、11、12、13、14、15、16、17、18、19、20、21、22、23、24。

③1、2、3、4、5、6、7、8、9、10、11、12、13、14、15、16、17、18、19、20、21、22、23、24。

**取胜策略：______________________________。**

（学生试玩游戏）

师：哪个同学都是赢的？挑战一下老师。

生：我来！我先数！

师（笑）：真佩服你的勇气！为了便于研究，我们把数的过程记录下来。开始吧！

生：1、2。

师：3。

……

生：19。

师：20、21。

生：22。

师：23、24。

师：承让！同学们，游戏也需要思考，结合你们数的经验，有发现规律吗？

生：谁数到 21 谁就赢！

师：能具体说一说吗？

生：数到 21，就能数到 24！

师：真的吗？我们来试一试。

生：我数 21，如果你数 22，我就数 23、24；另一种情况，我数 21，如果你数 22、23，我就数 24。

师：确实抢到21就能取胜。

师：同学们，你们看清楚了吗？数到21时，如果对方数1个数，咱就数几个数？

生：2个数。

师：如果对方数2个数，咱就数——

生：1个数。

师：我们把两人中每人都数一次称为一轮。每轮几个数？

生：3个数。

师：同学们真棒！通过刚才的分析和讨论，我们已经清楚，要想抢到24，就必须抢到21。现在问题变成：怎样才能抢到21呢？

生：必须先抢到18。

师：真的吗？你来当擂主，试一试。

$生_1$：18。

$生_2$：19、20。

$生_1$：21。

$生_2$：重来一次！

$生_1$：18。

$生_2$：19。

$生_1$：20、21。

师（笑）：心服口服了吧！同学们，抢到18后，每轮3个数，果真能抢到21。

师：现在问题变成什么？

$生_3$：怎样才能保证抢到18？

$生_4$：必须先抢到15。

……

师：我看同学们都在点头！那怎样才能先数到3呢？是争取先数的一方？还是当后数的一方呢？

生：后数的一方。

师：没错！这种情况下，我们一定要想尽办法，争取后数。对方数1，我们数啥？

生（异口同声）：2、3。

师：对方数 1、2 呢？

生：我们只数 3。

师：非常好！我们就是要与对方始终保持每轮 3 个数。

师（指着板书，边圈边说）：3 个数为一轮，我们画一个大圈。数 24 个数，共几轮？

生：共 8 轮，24÷3=8（轮）。（板书）

师：现在，明白游戏取胜的策略了吗？

生：让对方先数，每轮 3 个数。（板书）

师：想不想体验打败老师的感觉？

生（异口同声）：想。

师：老师今天就牺牲一回。告诉我，要想赢我，谁先数？

生：老师，你请！

师：然后？

生：每轮 3 个数。

师：好！那我不客气了，1。

生：2、3。

师：4、5。

生：6。

师：可以数 2 个数的啊。

生：我只数 1 个数，6。

师：这帮小精灵，还真不上当！7。

生：8、9。

师：这回怎么知道要数 2 个数了呢？

生：当然，3 个数为一轮。

……

师：19、20。

生：21。

师：谁来帮帮我？22。

生：23、24。

师：重来！22、23。

生：24。你换了也没用。

师：老师输得心服口服。同学们，现在你会数数了吗？

生：会。

（学生再次试玩）

师：有没有哪个同学是后数的，还数输了的？

（学生情景再现）

师：有道是“一步数错，满盘皆输”。先数的同学也不用灰心，细心数还是有可能反败为赢的。

师：每轮 3 个数，这个“3”的作用很大，它和规则中的哪些数有关？

$生_1$：最少数 1 个数，最多数 2 个数。

$生_2$：1＋2＝3。

师：其他规则不变，从 1 数到几，也能用这个取胜策略？

$生_1$：从 1 数到 27，可以用，只是再多数一轮。

$生_2$：从 1 数到任何一个 3 的倍数，都可以用这个取胜策略。

师：你真会概括！

## （二）再玩游戏，刨根问底

（课件出示：游乐场的老板对数学很感兴趣，对数数游戏非常有研究，他规定：24 张卡片，顾客与售票员轮流拿，每次最少拿 1 张，最多拿 3 张，拿到最后一张的顾客可以免费进入游乐场游玩！）

师：情境变了，还是数数吗？

生：虽然变成拿卡片，但还是可以当成数数的。

师：还有哪些规则变了？

生：“每次最少拿 1 张”和“每次最少数 1 个数”一样，最多变成“每次数 3 个数”。例如：我数 1，对方可以数 2，也可以数 2、3，还可以数 2、3、4。

师：你解释得很清楚！同学们，现在你还会数数吗？

生：会！

师：请同学们拿出学习单（二），同桌之间试玩，并把过程记录下来。

**学 习 单（二）**

**有 24 张卡片，顾客和售票员轮流拿，每次最少拿 1 张，最多拿 3 张，拿到最后一张卡片的顾客可以得到 1 张免费入场券。**

①1、2、3、4、5、6、7、8、9、10、11、12、13、14、15、16、17、18、19、20、21、22、23、24。

②1、2、3、4、5、6、7、8、9、10、11、12、13、14、15、16、17、18、19、20、21、22、23、24。

取胜策略：________________________________。

……

师：哪两个同学来试玩一下？（黑板上记录数数的过程）

师：你发现了什么？

生：先数到 20 就稳赢。如果对方数 1 个数，我就数 3 个数；对方数 2 个数，我也数 2 个数；对方数 3 个数，我就数 1 个数。不管怎么样，24 都会被我数到。

师：想要先数到 20，要先抢到几？

生：要先抢到 16，然后 12，以此类推，抢 8 和 4。

师：现在每轮几个数？

生：4 个。

师：每轮 4 个数，需要几轮？

生：6 轮，24÷4＝6（轮）。（板书）

师：现在这个游戏的取胜策略是什么？

生：取胜策略是让对方先数，每轮 4 个数。（板书）

师：“每轮 4 个数”中的“4”，和规则中的哪些数有关？

生：与“最少数 1 个数”和“最多数 3 个数”有关，1＋3＝4。

### （三）灵活运用，玩出新奇

（课件出示：游乐场的老板决定提高难度！25 张卡片，顾客与售货员轮流拿，最少拿1张，最多拿3张，拿到最后一张卡片的顾客可以得到2张免费入场券。）

师：和上一题相比，有相同的地方吗？

生1：有，还是每轮4个数。

生2：25÷4＝6（轮）……1（个）。（板书）

师：是的！数6轮还余1个数，这时你还会数数吗？

生（有些迟疑）：会。

**学习单（三）**

**有25张卡片，顾客和售票员轮流拿，每次最少拿1张，最多拿3张，拿到最后一张卡片的顾客可以得到2张免费入场券。**

①1、2、3、4、5、6、7、8、9、10、11、12、13、14、15、16、17、18、19、20、21、22、23、24、25。

②1、2、3、4、5、6、7、8、9、10、11、12、13、14、15、16、17、18、19、20、21、22、23、24、25。

取胜策略：______________________________。

（学生再次试玩）

师：想要抢到25，只要抢到哪些数就可以？

生：只要抢到21、17、13、9、5、1，也就是4的倍数多1的数。

师：想要抢到1，谁先数呢？

生：自己先数1。

师：和同桌说一说取胜策略是什么。（同桌交流）

生：取胜策略是自己先数1，每轮4个数。（板书）

师：对比这三次游戏的取胜策略，有时先数的一方会赢，有时后数的一方会赢，你发现了什么？

生：除法算式中没有余数的让对方先数，有余数的自己先数，余数是几，就先数几个数。

师：总结得真到位。

### (四) 游戏拓展，总结收获

[课件出示要求：请你设计游戏！按自然数顺序从（　　）数到（　　），最少数（　　）个数，最多数（　　）个数，谁数到（　　）就赢。学生自主设计游戏，同桌试玩。]

师：这节课我们玩了什么游戏？

生：数数游戏。

师：这个游戏好玩吗？

生：好玩！看似简单的数数竟然是这么好玩的游戏！

## 板书设计

### 你会数数吗？

(1、2、3)、(4、5、6)、(7、8、9)、(10、11、12)、(13、14、15)、(16、17、18)、(19、20、21)、(22、23、24)

24÷3=8（轮）　　取胜策略：让对方先数，每轮 3 个数。

(1、2、3、4)、(5、6、7、8)、(9、10、11、12)、(13、14、15、16)、(17、18、19、20)、(21、22、23、24)

24÷4=6（轮）　　取胜策略：让对方先数，每轮 4 个数。

1、(2、3、4、5)、(6、7、8、9)、(10、11、12、13)、(14、15、16、17)、(18、19、20、21)、(22、23、24、25)

25÷4=6（轮）……1（个）　　取胜策略：自己先数 1，每轮 4 个数。

## 通融历程

### 故事一：数到几？

一开始，自编的数学游戏是这样的：“两位同学轮流报数，每次报 1 或 2，然后把两人报的所有数加起来，谁报数后和是 10，谁就获胜。”我们思考：这样的表达，是否会给学生造成不必要的干扰？游戏的重点是让学生掌握获胜策略，还是考查学生的准确计算？如果换个形式呢？例如：“有 10 颗珠子，两人轮流取，每次只取 1 颗或 2 颗，谁取走最后一颗珠子，谁就获胜。”“从 1 数到 10，两人轮流数，每次只数 1 个或 2 个，谁数到 10，谁就获胜。”这两种形式是不是都可以？哪种形式在课堂上实施效果会更好？

我们进一步思考：如果只是数到 10，一开始就出现有“余数”的情况，是否符合先易后难的顺序？另外，学生按每轮三个数，只要数三轮就数到 10，学生自主找规律的空间会不会太小？第一次试教时，先让学生从 1 数到 18（“每次最少数 1 个，最多数 2 个”），再进行变式（“每次最少数 1 个，最多数 3 个”），让学生从 1 数到 24。这时问题又来了，数的总数从“18”变成“24”，规则从“每次最少数 1 个，最多数 2 个”变成“每次最少数 1 个，最多数 3 个”，两个衔接环节的变化过多，不利于学生理解“没有余数”游戏的取胜策略。

能否一材多用，一开始就让学生从 1 数到 24 呢？我们开始第二次试教：第一次游戏，让学生按照“每次最少数 1 个，最多数 2 个”的规则从 1 数到 24；第二次游戏让学生按照“每次最少数 1 个，最多数 3 个”的规则从 1 数到 24。因为总数都是 24，学生只要集中精力研究“每轮 3 个数”与“每轮 4 个数”的区别，在对比的基础上，就能较好地理解“每轮几个数”与“每次最少数 1 个，最多数几个”之间的关系。

融洽产生合力。本节课主要围绕“24”展开教学，实现一材多用，一材多变，在简洁中透出丰富，在简单中蕴含深刻。

### 故事二：如何玩？

数学游戏不应只是游戏，还要让学生在游戏过程中有新的收获。数数游戏，学生用口一数就过，怎样对数的过程进行研究呢？不容置疑，记录“数”的过程显得特别重要。开始试教时，考虑到学生从 1 数到 24 是熟练的，让两个学生用不同颜色的笔在横线上写数，两人各写一次就是“一轮”；然而，边数边想，影响学生思考的连贯性，甚至出现学生漏数了数字的情况，给后续的研究带来麻烦。再次试教时，把 1 到 24 的数字全部标在学习单上，学生数数时，只要用简单的符号标出各自数的数字，从而可以专注于研究“怎么赢”，这为学生融汇游戏的取胜策略提供了助力。

怎样让学生在玩的过程中掌握学习方法呢？本节课上，学生主要掌握倒推法。

初玩数数游戏，学生感觉无从下手，没有规律。玩了几次后，聪明的学生就会发现第一轮游戏中“想抢先数到24，就要抢先数到21”。怎样让学生明白这个道理呢？我们先让学生自主表达、举例验证，其他学生加以补充说明。由于“最少数1个数，最多数2个数”涉及的情况不多，学生通过自由举例辨析就能发现其中的道理，从而引发“想抢先数到21，就要抢先数到18”的猜测。因为倒推法是逆向思维的，验证这个猜测成为学生理解倒推法的重要环节，所以在学生自主讲清道理后，组织其他学生进行模拟实战。最后引导学生经历“想抢先数到18，就要抢先数到15”到“想抢先数到3，就要让对方先数”的过程。这样一来，学生一通百通，经历完整运用倒推法的过程。

联通更有力量。本节课通过与学习单、学习方法的联通，围绕核心问题“你会数数吗”展开教学，学生的学习认知过程是丰富的、多层次的、深刻且有张力的。

## 故事三：怎么变？

作为一节自编的数学游戏课，要怎样进行变式呢？怎样让游戏更有趣、更精彩？这需要一定的通融智慧。由于学生受思维水平及活动经验的限制，“数的总数除以每轮个数”没有余数的情况，学生较易学习。所以，游戏的第一个环节就是“从1数到24，两人轮流数，每次每人最少数1个数，最多数2个数，谁先数到24谁就赢”。至于第二个环节，是在第一个环节的基础上改成“总数为25，其他条件不变”，还是改成“最多数3个数，其他条件不变”呢？由于学生第一次玩数数游戏，第一次学习运用倒推法，变化太大可能会影响学生参与游戏的积极性。通过前测调查，学生对于“没有余数”的情况理解较好，而“有余数”的情况又分为“余1”和“余2”两种可能，学生此时的应变还未到“水到渠成”的程度。

同时，在第一个环节结束后设置“从1数到几，也能用这个取胜策略”的问题，引导学生举一反三，得出“只要这个数是3的倍数就可以”。这一过程，实质上是学生对“没有余数”的情况进行类比总结，为第二个环节（“从1数到24，两人轮流数，每次每人最少数1个数，最多数3个数，谁先数到24谁就赢”）的开展打下坚实的基础。第三个环节出现“有余数”的情况，激发学生的挑战欲望，从而一步步地把学生的探究热情引向深入。

“文似看山不喜平”，数学课堂教学也要有冲突、有波折、有挑战、有变化。这节课以“你会数数吗”为核心问题，一问四变，从自信的“会”到高兴的“会”，到迟疑的“会”，最后到自豪的“会”。通过学习数数游戏的几种变式，吸引学生，发展学生，成全学生。学生会变通、善变通，知识和技能便有了灵性和生机，便可以举一反三地处理更多的生活问题和数学问题，学习便成为自觉，并获得智慧的愉悦。

思则变，变则通，通则活。教师可从课前、课中和课后的一系列追问、思考、研究中，不断磨炼自我，经常性地把学生置于相互质疑、相互帮助、相互倾听的氛围中，让学生喜欢数学、爱上数学、享受数学，让数学变得有趣、有意思、有味道，让学和玩相通，让理和情交融。

（执教：晋江市第二实验小学　唐德志）

下载课件

# 第三章
# “通融课堂”的教学策略

# 一、教材解读策略——走近教材，走进教材

解读教材是教师的基本功之一。只有深入地解读教材，才能更好地达到使用教材的一定境界：用教材教，而不是教教材。关于如何解读教材，许多名师学者都曾提出观点、方法，如吴正宪老师提到的“不同版本教材间的横向比较”和“不同时空的教材变化间的纵向比较”等。这些观点、方法，其实都在提醒或揭示着如何走近教材，在此基础上走进教材——领悟教材编写者的意图和追求。由此，化外在的教材为内在的教学素材，最终实现对教材的再利用、对教学的再设计。教材解读至少有 3 种内容层级：宏观层级是全套教材、现行主流版本教材；中观层级是全册教材的所有内容或“大观念教学”视域下的内容单元；微观层级是课时教学。在教材解读中，这 3 种内容层级视角缺一不可。教材解读的方法至少也有 3 种层级：一是粗读；二是细读；三是精读。在教材解读中，这 3 种方法层级是由低到高不断发展的，要尽可能地做到精读。在“通融课堂”的实践中，我们始终关注着如何走近教材，最终走进教材。

## （一）走近教材：把握“有什么”与“是什么”

教材是编写者根据课程标准理念和要求，以及学生的学习心理、学习规律和数学发展的规律等进行的一种文本表达，包含学习主题、基本线索、认知结构等。解读教材，首先要做到的是把握教材里“有什么”与“是什么”。

例如，北师大版一年级上册第 24 页的《一共有多少》。

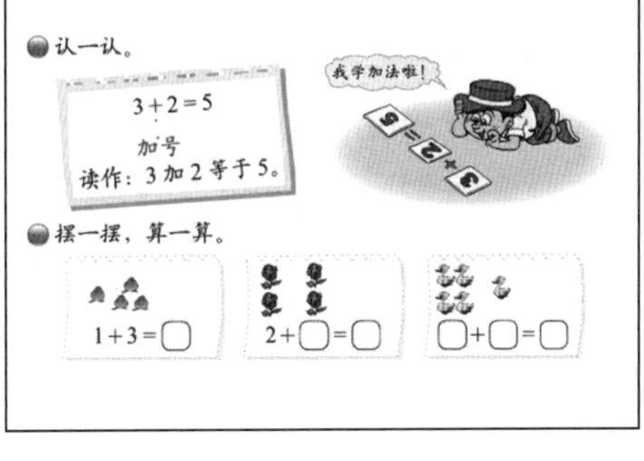

**1. 教材“有什么”**

从文本阅读中，我们可以看到教材中蕴含许多内容。

**教学课题：**一共有多少。

**教学素材：**铅笔、大熊猫、抽象出的圆形图片和教学卡片等。

**教学组织：**有几支铅笔？有几只大熊猫？说一说，数一数，认一认，摆一摆，算一算。

**数数方法：**左手三支笔，右手两支笔，既可以从头数起（1、2、3、4、5），也可以在左手的基础上继续往下数（3、4、5）。

**数学模型：**一个是算式模型（3＋2＝5），另一个是概念模型（加数＋加数＝和）

**配套练习：**有3题；在课后的“练一练”中，还有对本课教学内容的拓展练习及变式练习。

要把握教材“有什么”，需要我们在解读时有意识地对所呈现的文本信息进行罗列、排序，整理出教学内容的知识点、技能点、方法点等。

**2. 教材“是什么”**

在明确教材“有什么”的基础上，还应进一步解读教材相关内容，即“具体是什么”，从而“定位”教学内容。

教学问题1，即“有几支铅笔?”，以学生熟悉的生活素材引入，从左到右，一“分”一“合”，其中揭示的是加法的数学本质——“合并”“累加”。可以理解为把3和2合并起来，也可以理解为在3的基础上增加2。因此，本教学环节不仅要让学生学会用两种不同方法数出总数是5支，还应该让学生通过模拟笑笑“分”与“合”的动态过程，感知、体验并表达“合起来一共是5支”或“再加上2支，现在一共有5支”。

教学问题2，即“有几只大熊猫?”，和教学问题1相比，有相同点也有不同点。相同点是左边还是3，右边还是2；不同点在于问题1的铅笔可以在实际动作中“合并”“累加”，而问题2却需要“想象”“模拟”这一过程，或者用圈一圈的方式来实现。因此，它既是对教学问题1的一种迁移，也有教学内涵的发展变化，即从身边的学习用品到生活中可爱的动物，再抽象到用圆形图片表示，不仅体现了数学的应用迁移，还体现了认知从表象到半抽象的递进学习。

教学问题4，即“摆一摆，算一算”，是对教学问题1和2的迁移练习。从和为5到和为4，从左边的数量比右边大迁移到左边的数量比右边小或相等，从大熊猫再推广到水果、植物、小鸭子，不仅呈现了加法算式的不同特点，还体现了加法应用的一般化。

要把握“具体是什么”，需要我们在解读教材时有意识地对所呈现的文本信息进行对比、分析，看清相同点、不同点、分化点、生长点等。

“走近教材”让我们对教材有较为全面、整体的认知。不过，这种认知更多地集中于“四基”中的基础知识、基本技能。因此，我们还应不断地“走进教材”。

## （二）走进教材：把握“为什么”与“去哪儿”

解读教材的过程，并不是全盘、不假思索地接收文本呈现的所有信息。阅读中必须要融入自己的思考，这样才能更好地解读教材。对教师而言，走进教材是一种比较高的要求，也是打磨自己的教学思路、教学创意的基本起点。走进教材，就是要去发现教材编写者在静态文本呈现中隐藏着的、等待被发现的信息或线索，从而通透地把握教材。在这个环节，要着重做好两方面的工作：“为什么”与“去哪儿”。

例如，教学北师大版四年级上册《路程、时间与速度》。

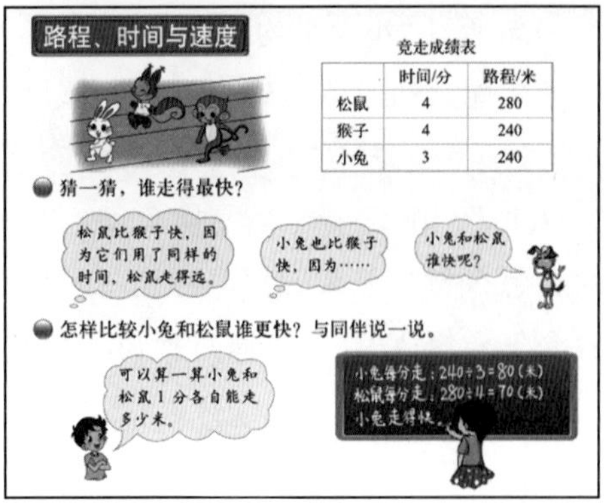
路程、时间与速度

竞走成绩表

| | 时间/分 | 路程/米 |
|---|---|---|
| 松鼠 | 4 | 280 |
| 猴子 | 4 | 240 |
| 小兔 | 3 | 240 |

猜一猜，谁走得最快？

松鼠比猴子快，因为它们用了同样的时间，松鼠走得远。

小兔也比猴子快，因为……

小兔和松鼠谁快呢？

怎样比较小兔和松鼠谁更快？与同伴说一说。

可以算一算小兔和松鼠1分各自能走多少米。

小兔每分走：240÷3=80（米）
松鼠每分走：280÷4=70（米）
小兔走得快。

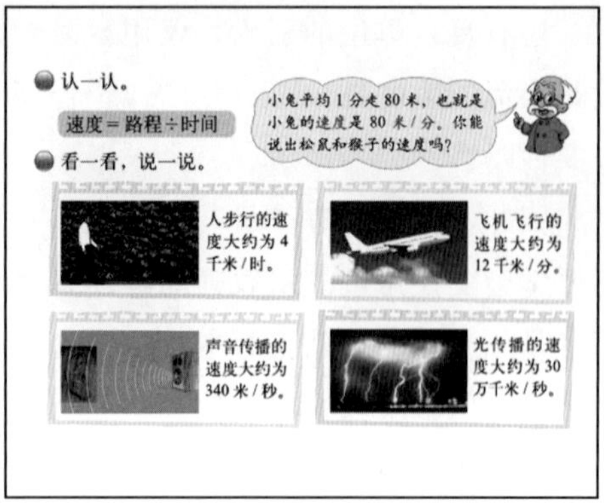
认一认。

速度=路程÷时间

小兔平均1分走80米，也就是小兔的速度是80米/分。你能说出松鼠和猴子的速度吗？

看一看，说一说。

人步行的速度大约为4千米/时。

飞机飞行的速度大约为12千米/分。

声音传播的速度大约为340米/秒。

光传播的速度大约为30万千米/秒。

### 1. 教材“为什么”

解读中，我们可以对教学素材、教学结论、概念表述等提出自己的思考，并寻找解释或依据，从而在持续的教材解读中提升解读力。

如本课的情境主题图中参加比赛的3只小动物，分别是小兔、松鼠、猴子，比赛的项目是竞走。旁边还有一张表格，列出3只小动物竞走的时间和路程，该表蕴含3种不同的比较策略：相同时间比路程，相同路程比时间，时间和路程各不相同比速度。对此，我们不应简单地看出教材中编排了什么，更应深入思考“为什么”——为什么是这3只小动物？为什么是这项比赛项目？为什么用表格呈现？是否因为要提供真实的问题情境，让学生在比较陌生的动物间、在比较陌生的比赛项目中，避免前概念的影响，过于直接地得到数学结论（“谁更快”），从而降低素材的教学效能？通过表格整理呈现信息的方式，把3种不同的比较策略融合，是否更有利于培养学生的信息收集、分析、处理能力，以讨论、交流的大空间来构建合作学习的必要性和发展性？

这是从教材文本的一个侧面所能想到的，突出的是尊重教材、理解教材。但对教材的思考还可以进一步深入。

其一，3只小动物在现实生活中的运动方式不尽相同，小兔大多是水平方向的，松鼠大多是竖直方向的，现在都变成水平方向，是否有违动物的角色定位？其二，对于竞走项目，不仅学生觉得陌生，教师本身也是陌生的，只需要这次比赛的具体数据吗？这样的情境创设是否较为苍白？其三，3种不同的比较策略空间确实较有利于开展合作学习，但不一定有利于全班同学的交流。常见的情况有两种：一是学优生的话语霸权，中下生、后进生被学优生拉着“跑”，虽也点头表示同意，但不一定真正理解；二是需要的时间较多，与教学内容所承载的分量相比，有偏重的倾向，不太适于40分钟教学的提质、增效。

还有复合单位的引入，仅用智慧老人的一句话（“小兔平均1分走80米，也就是小兔的速度是80米/分。”），合理吗？学生能感知、体验到引入复合单位的必要性吗？

因此，要“走进教材”不能仅有一个“入口”，不仅要学会变换角度，有时还要学会变换角色。从教师的解读到“学生会怎么想？怎么看？”，再到“教材编写者是怎么想的？其他版本教材对这个内容会怎样修改？”等，通过换位、推想，我们就可以触及教材的内核。

**2. 教材“去哪儿”**

教学，不仅要为“现在”服务，更要为“未来”服务。因此，解读教材也要有融合的眼光、联通的眼光。简言之，要在解读中把握借由教材的教学，明确我们“去哪儿”。

（1）把握“四基”的整体推进

既要关注教材中的基础知识、基本技能，也要关注其背后的基本数学活动经验的积累、基本数学思想的体会。如本课中，通过教学问题4“看一看，说一说”，从3只小动物的竞走速度过渡到生活中常见的其他速度（步行的速度、飞机飞行的速度、声音传播的速度、光传播的速度），关注的是对原有生活经验的唤醒、利用。与此同时，感受速度数学模型的“变中不变”，即在复合单位中前半部分与时间单位行驶的路程有关，后半部分与时间单位有关，从而更立体地理解复合单位的特点，并与速度的计算公式（速度＝路程÷时间）进行一一对应，体会数学知识间的联系。

其间，对于速度的数学本质也要有更深入的把握。我们以为，让学生理解的速度不仅是“单位时间内走过的路程”，还应该再通俗些，再通透些。从学生的生活语言表达来看，比速度就是在比“谁更快”，这可以作为本课教学的核心问题。从数学本质联系来看，速度是“基于时间的多少对路程的平均分”，其数学模型的上位概念是“每份数＝总数÷份数”，从而在已有生活经验、认知经验的唤醒、利用、改造中达成对速度更深刻的认知。

（2）把握课时的前后递进

本课时教学的是如何求速度，下一课时教学的是对速度计算公式的举一反三，即如何求路程、求时间，以及该数学模型在“总价、数量和单价”中的迁移应用。可以看出，教材编写上强调的是“求速度”（占 1 页版面），而后续的“求路程、求时间及迁移应用”编写为“试一试”，内容也占 1 页版面。那么，怎样将这两课时衔接起来？第一课时中突出什么更有利于前后教学的衔接？画图的策略如何强化？《路程、时间与速度》中的 3 个数学模型都要让学生记住吗？为什么《义务教育数学课程标准（2022 年版）》中只提供“路程＝速度×时间”这个计算公式？怎样将这 3 个计算公式进行化归、融汇？为何教材没有编排“求工作效率”的内容，难道它不是小学阶段应该教学的知识点、技能点吗？“求工效”与“求速度”是否可以融合？

通过联通、追问等方式，我们对教学内容的“四基”落实及前后递进有了更立体的定位，进而勾勒出教学明与暗的双线索、发展显与隐的双维度，从而更好地理解教材——在有限的教材版面中的取与舍、分与合、时与序等，最终触及隐于教材文本表象下的火热思考和深层追求。

应该说，许多教师对教材的解读这个环节做得不是多了而是少了，不是深了而是浅了。简单套用教材来开展教学的多，随意篡改教材的也屡见不鲜。通过对教材“有什么”“是什么”“为什么”“去哪儿”等四个维度的解读，在“走近教材”中“走进教材”，这是“通融课堂”的视角与思考。当然，我们也在学习与践行中借鉴了诸多名师、专家的经验。让我们在教材解读中一路同行，一起成长。

（执笔：晋江市第二实验小学　许贻亮）

# 二、教材加工策略——从“教材”到“教学材料”

从“教材”到“教学材料”，不能简单地看成是名词扩充。虽然“教材”本身包含了“教什么”，也在一定程度上体现了“怎么教”，但教材的宏观与教学的微观、教材的隐性与教学的显性、教材的共性与教学的个性、教材的疏远与教学的切身等差别是客观存在且不可忽视的。教材与学生的心理需求、认知水平等的客观距离，决定了它难以直接成为学生可自主操作的对象。因此，让学生独立直面教材，绝大多数情况下并不能让深度学习真正发生。正如郭华教授主张的“深度学习的第一个重要标志，就是能将外在的教学内容转化为学生内在的精神力量”，必须通过深度加工，把教材中的学习主题、基本线索、认知结构等变成学生感兴趣、可探究、能发展的教学材料。以“教什么”的改变引发“怎么教”的蜕变，以“教什么”的深度视角引发“怎么教”的深度推进。那么，在日常教学中如何把教材深度加工成教学材料呢？下面以北师大版四年级下册《买文具》这节课为例谈几点思考与体会。

## （一）深度加工要修炼好“趣”字诀

教材是抽象的、静态的。对于小学生而言，我们不能奢望他们和成年人一样因对知识的渴望而付出艰辛的“智力努力”。因此，教学并不能总是一厢情愿的“我以为”，而是应该基于学生的生理、心理、思想等方面的，适合学生年龄特点、智力性质、认知水平的一种“他喜欢”。要引发深度学习，首先要做的事情，就是要让学生“动心”，让学生从心里觉得数学有趣。不仅是感官上的有趣，更是理智上的有趣。因此，深度加工教材要修炼好“趣”字诀，这样教学才能像磁铁一样紧紧地抓住学生的心，深度学习才可能真正发生。

应该说明的是，“趣”字诀的修炼，不能沦落为对学生的“讨好”。不是讲笑话，不是做滑稽的事，更不是一大堆物质奖励。我们所要修炼的“趣”，是在对教学内容进行“二次倒转”过程中的具体化、生动化、趣味化，改造数学使之更适宜教学和学习。其根在学生的生活实际，要让其感受到数学就在身边，有亲近感；其根在学生的数学现实，要让其感受到数学真的好玩，有愉悦感。并且，这种亲近与愉悦，不断地从浅层走向深层，从感官走向理智。当然，发现“趣”、创造“趣”，并不是凭空而来，也不是伸手可得，它需要我们不断修炼，从简单中看到丰富，从低级趣味发展到高级趣味，让生活与数学达成深度“通融”。

例如，《买文具》这节课，教材内容为“一位小数乘整数的口算乘法”，是《小数乘法》教学单元的第一课时。以“买文具”为具体情境，并以买 4 块橡皮和 3 把尺子各需要多少钱等问题有序列性地开展教学。

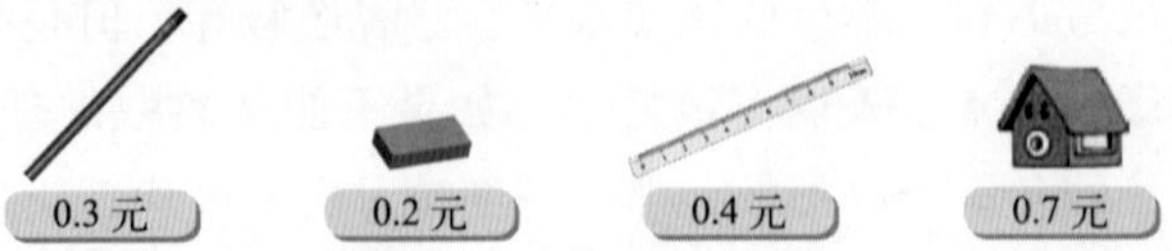


对学生而言，买文具是熟悉的，但谈不上有趣。可见，知识与技能的“干货”多，但缺少了让“干货”得以“泡发”的情境、情感、情绪等。那么，该如何对此进行深度加工呢？我们进行了如下尝试。

**1. 使课题名称“趣”起来**

把买文具这样普通的事件改成通俗的、有趣的数学问题：“你会计算吗?”先让学生读一读，再追问：“会吗?”“你会什么计算?”课伊始，通过创设问题情境巧妙唤醒学生已有的数学经验，充分点燃学生的学习热情，为后续学习做好情感、情绪、经验的铺垫。

**2. 使教学流程“趣”起来**

“买 4 块橡皮需要多少元?”教材提供笑笑和淘气的两种不同方法，如果只是按“出示题目—列式计算—交流算法—确定得数”这样常规的教学流程，显然“趣”的诱因不强，难以让学生真的“动心”。

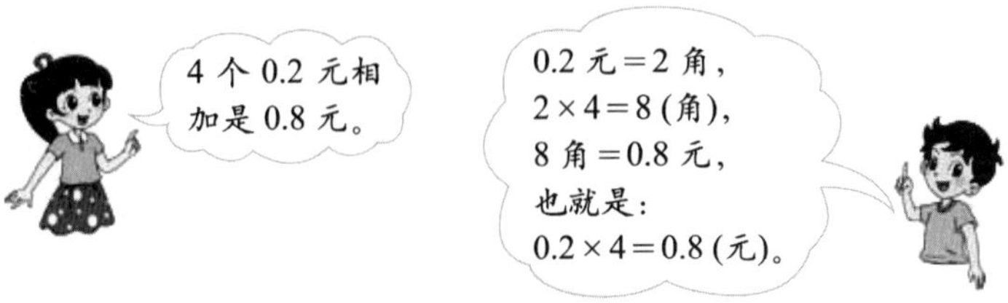


实际教学中，我们调整了交流算法与确定得数之间的顺序，按照“出示题目—尝试计算—反馈得数—反问质疑—探明事理”的教学流程，使课堂焕发生命力。如课刚开始 3 分钟左右，学生都认为“买 4 块橡皮需要 0.8 元”，教师反问：“难吗？会吗？既然都会，那我们可以下课了吧?”由此引发学生思考：“没有学过，怎样确定答案是对的？小数乘整数还有什么秘密？”让学生在“趣”中从“知其然”向“知其所以然”迈进，从做对向想通迈进，从算法向算理迈进，提升“趣”的理性水平和思维深度。

当然，修炼“趣”字诀还可以通过撷取更有意思的教学素材、创设更有参与度的组织方式等，在不知不觉中拨动学生的心弦，使学生乐意且投入地付出“智力努力”而不觉“时间都去哪儿了”，这应该成为评判深度学习的一个重要维度。

## （二）深度加工要修炼好“联”字诀

教材的编写虽考虑到了学生的认知水平、已有经验等，但是受篇幅、呈现方式、课时切分等影响，常给人以离散之感。如果不能从离散的现象中看到联系，站在整体的、系统的角度予以把握，那么深度学习也不可能真正发生，正如郭华教授提到的“‘深’在系统结构中”。因此，深度加工教材要修炼好“联”字诀，准确地理清知识、技能、活动经验、思想方法之间的联系与脉络，从而以结构的力量达成深度学习。

教师要提升教学的长远眼光，把每一节课、每一单元、每一册的教学都当作学生学习、发展的一个局部，从而为构建点清、线明、面厚、体固的数学认知结构提供更多的营养储备。对学生而言，明了知识、技能等“从哪来”“现在在哪”“到哪去”，不仅是认知线索的问题，更是一个认知路径的问题、方法的问题、水平的问题。这种“联”，使学习从表面走向深入、从浅显走向深刻、从零散走向集约，在整体而有序的推进中最终形成有张力、较完善的数学认知结构。

例如，《买文具》这节课，我们对教材进行“联”方面的教学材料设计。

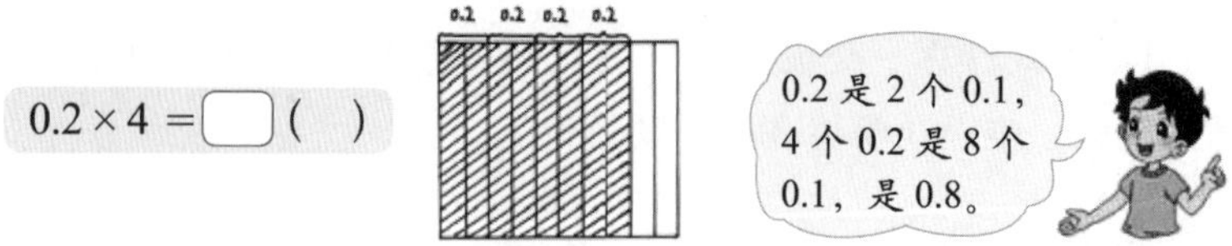


### 1. 在经验中“联”

由“0.2×4”学生可以自然地想到“0.2+0.2+0.2+0.2=0.8（元）”，想到“0.2元=2角，2角×4=8角=0.8元”，想到“2×4=8，0.2×4=0.8（元）”。这时的“联”，尚处于表面的个体经验层级。组织学生适时地反思三种方法有什么相同点，从方法的不同看到本质的相同，即都有转化思想。在此基础上，适时回顾四年来的计算教学，体会转化思想在加、减、乘、除法计算中的广泛应用，感悟原有的转化经验不仅能够解决过去的数学问题、现在的数学问题，还可以解决以后的数学问题，使数学知识、活动经验、数学思想有机地“联”成一体。

**2. 在应用中“联”**

（1）在数学应用中“联”

本节课的内容是“一位小数乘整数的口算乘法”（如 0.3×3 和 4×0.2），但如果局限于此，关注的视野太窄，对学生运算能力的提升效度太低。教学中，我们创设如下练习作为“教学材料”：从小数乘整数到整数乘小数，从纯小数乘整数到带小数乘整数，从小数乘一位整数到小数乘两位整数，从一位小数乘整数到两位小数乘整数等，使小数乘整数的相关内容在形式上并联起来，形成具有层次性、灵活性、发展性的迁移应用，让学生在应用中展开高阶思维，在应用中进行抽象反思，提炼出小数乘整数的算法，最终在分析、评价中达成深度学习。

| | |
|---|---|
| ① 0.5×7 = | ② 9×0.8 = |
| ③ 1.4×2 = | ④ 0.3×12 = |
| ⑤ 0.03×4 = | ⑥ 1.25×3 = |

（2）在生活应用中“联”

小数乘整数不仅能解决买文具等简单的购物问题，还能解决大多数学生已知的数学问题。教师要做的仅是消除它们之间的隔阂，联通原有的经验点阵，丰富学生的认知视野。教学中，我们以“0.5×3”为轴，串联起学生多元的生活应用，如长度问题、质量问题、面积问题、时间问题等，让学生在阅读信息、类比举例中体会变中不变的数学思想，感悟小数乘整数真有用、真好用，逐步构建内部统一的数学模型结构。

| 0.5×3 |
|---|
| 爬一层楼梯需 0.5 分，爬 3 层楼梯共用多少分？ |
| 一根木棒长 0.5 米，这样的 3 根木棒共长多少米？ |
| …… |

**3. 在发展中“联”**

“学习就是迁移，学习为了迁移。”本节课是整数乘法向小数乘整数的迁移，同时又为后续学习小数乘小数提供认知基础。作为教师，要能够动态把握、全局统筹，立足于单元整体教学，对教材进行深度加工。教学中，我们在课末增设列式为“0.3×0.2”的铺地砖情境，引发思考：“等于 0.6 还是 0.06？怎么想？怎么算?”从而使课内与课外、起始课与后继课、知识的“现在”与“未来”联通起来，融洽起来。

多角度、多层次的“联”，凸显的是深度学习在联想与结构、活动与体验、迁移与应用中的价值追求，使学习更加结构化，在引发积极的数学思考中使学习深刻起来。

## （三）深度加工要修炼好“理”字诀

深度学习是一种基于理解的学习。教材承载了教材编写者对课程目标落实的理解与权衡，这种理解与权衡从整体上看充满选择与取舍，且选择、取舍背后都有一定的道理。因此，深度加工教材要修炼好“理”字诀，要先分析、把握其中的“理”，再转化为自身的教学理解，并以数学活动等形式最终转变为学生的数学理解。只有让学生知理、懂理、辩理、信理，我们所追求的深度学习才算是真正得到落实。

学生要通过数学学会数学思维，其落脚点就在“理”的分析、表达、反思和应用上。能在变化中把握不变，能透过现象看本质，能举一反三，能灵活变通，显现出来的就是数学素养。对教师而言，要修炼好“理”字诀，就要以学之“理”为基，构建好教之“理”，既要概括到位，又要通俗易懂，使学生真正地想通、学懂、会用，产生正迁移的力量。

例如，《买文具》这节课，教材以面积模型和文字叙述两种方式来呈现其中的“理”（如图②），紧扣的是小数的意义，是计数单位的累加。我们认为，教材这样编排是比较合理的，但要作为“教学材料”仍有进一步深度加工的空间。

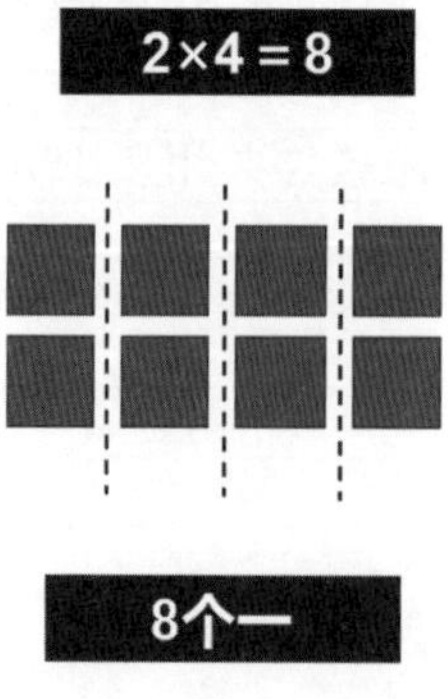


①

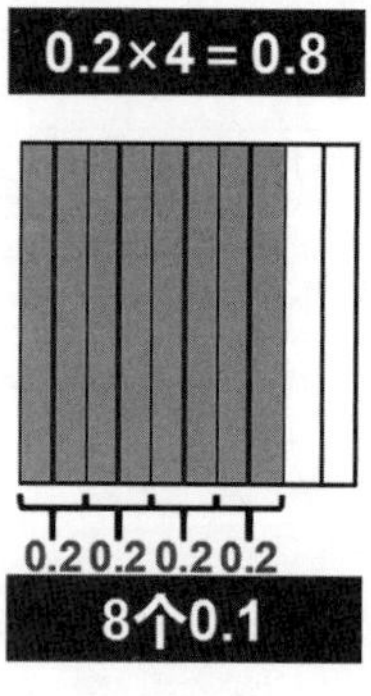


②

**1. 知“理”的异同**

计算教学，不仅要掌握计算的程序和步骤，还要掌握计算的程序、步骤背后的道理。对于小数乘整数和整数乘整数，虽然算的数字不同，但算理是相通的，都是求几个相同加数的和的简便运算，不同点在于所取的一份数不同，或者说是计数单位不同。在教学材料设计中，我们由教材提供的小数乘法面积模型联想到整数乘法的实物模型（如图①），把二者并列地呈现，便于在观察、分析中达成“对于数学知识的深刻理解”。

**2. 明“理”的实质**

首先，交流计算“0.2×4”常用的三种方法：①转化为人民币实物的摆；②转化成小数加法的算；③转化成整数乘法的推理。让学生选一种较喜欢的方法，多数学生会选第③种。对这一结果，教师不能简单地一带而过，不然就错失了让学生体悟其中“理”的机会。通过追问，让学生明白选择趋同的背后是数学普适性的简便思维和类比思想。其次，在做完6道算式练习后，不能只简单地核对答案正确与否，而要以此为契机，挖掘、通透其中的“理”。教学过程中，在核对答案后，组织学生对6道算式进行分类，在分析不同点和相同点后，让学生自主建构小数乘整数的计算法则：把小数乘整数转化成整数乘整数，关键是依据求的是几个0.1或几个0.01来确定小数点的位置。

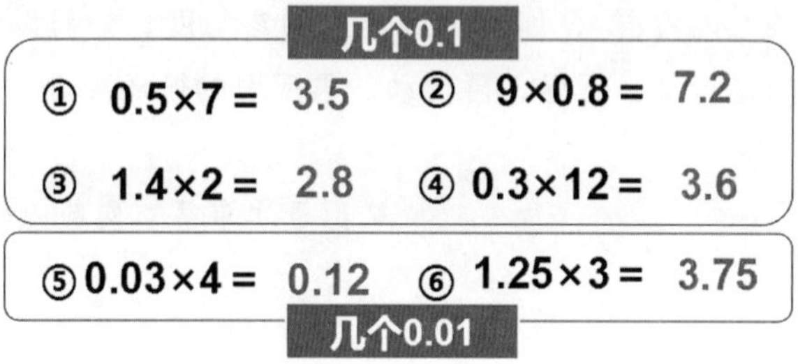


**3. 懂“理”的变式**

要评估学生是否真正学会“理”、学懂“理”，教学中就应提供具有跳跃性空间或挑战性难度的“劣构问题”，在变式、挑战、迁移中达成理解的更高层次。教学中，我们在用面积模型理解小数乘整数算理的基础上，创设了数线图作为“教学材料”。

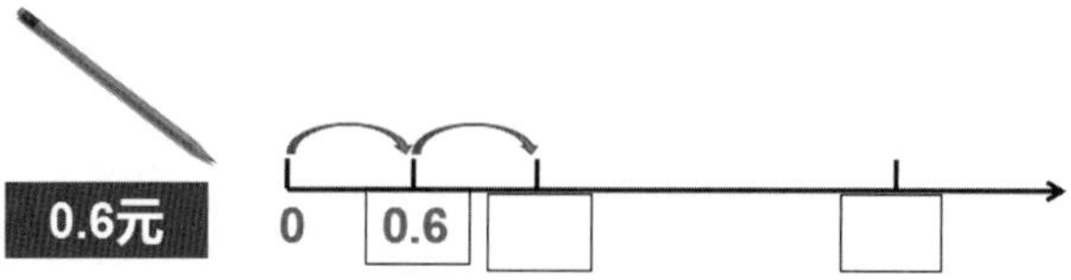


可以看出，这里呈现的是有信息缺失的数线图，需要学生自己从图中获得相关信息：第一格0.6元，代表的是1支铅笔的价钱；求的是买2支铅笔多少钱和

买几支铅笔多少钱。其变式在于，故意省略数线中间的分段点，增加了线段“留白”和思维的“留白”。这样的深度加工，把原有经验中熟悉的有序数数，设计成有挑战性的主题内容，促使学生积极开动脑筋，在观察、操作、推理中尝试填补“留白”，自我解答。交流中，学生对最后一个方格里填什么数有3种不同回答：①3.0、②4.8、③9.6。相应地，学生表达的理由分别是：①第一格为0.6，有5格，5个0.6相加，所以是3.0；②第一格为0.6，第二格为1.2，后续每格都为1.2，分别是2.4、3.6、4.8；③第一格为0.6，第二格为1.2，后续每格都在原来的基础上乘2，分别是2.4、4.8、9.6。虽然正确答案是3.0，但不可否认的是，后面两种学生的“误解”中也有一定的合理成分：小数乘整数，其实也是在“数数”——数一份是多少，有几个这样的一份。只是对于“第二份是多少？往下一份是多少？”，学生在解读上出现了分歧。通过深入地讨论、对话，融化学生的认知“冰点”，这时的“理”便深深地刻在学生的脑中、心中。

综上，践行深度学习的理论与实践，首先就是要把“教材”深度加工成“教学材料”。“趣”字诀解决的是“亲”与“疏”的关系，“联”字诀解决的是“整”与“零”的关系，“理”字诀解决的是“里”与“表”的关系。除此之外，如何从整体上把握“核心内容群”、如何扩展学生的参与度、如何设计有挑战性的学习主题等，需要的是行动、反思、再行动、再反思的循环推进。

（执笔：晋江市第二实验小学　许贻亮）

# 三、教学设计策略——生本·序列·波澜

教学设计是一个常谈常新的话题，也是一个既熟悉又较难以言说的话题。当前课程改革已进入深水区，跨学科视域的项目式学习、课后作业改革等成了热点话题，对教学设计的要求不是降低而是提高了。我们要把握时代发展的要求，不断提升自己的教学设计思路与水平，精益求精，与时俱进。那么，在日常教学中要怎样汲取名师的备课经验，并在课堂中不断地自觉实践、自律探索呢？下面我结合自身的实践经验，梳理三种常用设计思路，抛砖引玉，以期更多的讨论与争鸣。

## （一）从“逻辑”转向“生本”

教学设计的起点，首先是教材。“数学教材为学生的数学学习活动提供了学习主题、基本线索和知识结构”，是对认知规律、教材版本特色等的一种合乎常理的理性呈现，具有较高的内在逻辑性。但是，在深入解读教材时，我们应始终关注“人”，把实际学情、生活热点等纳入思考范畴。一方面，教材更新常落后于时代变化，多年前的素材、情境等在时间更迭中难免落后于时代，难免缺失亲近感和吸引力；另一方面，学生的学习虽仍呈现出一般规律性，但在社会庞大信息量的影响下，其学习的“图谱”已日趋丰富，这也应引起我们的重视。只有始终关注“生本”，才能“让学习真实地发生”，在点燃学生学习热情的同时展开更有意义的教学之旅。

在“逻辑”与“生本”之间，大致存在以下三种情况：①“逻辑”＝“生本”，即教材内容与学生的数学现实基本持平或相近；②“逻辑”＜“生本”，即教材内容的层次低于学生的数学现实；③“逻辑”＞“生本”，即教材内容的水平高于学生的数学现实。其中，第①种情况是最理想的，按教材编排的内容教下来，教学目标便可顺利达成。但实际上，后两种情况更为常见。当“逻辑”＜“生本”时，教学设计就要敢于向前迈一步，跨入学科间联通或数学知识内部联

结，让学生既“吃得饱”又“吃得好”。如徐斌老师执教《平均数》时，不仅教学一组离散数据的两种统计方法，让学生理解平均数的意义，还进一步把统计与概率、统计量与变化趋势等结合起来。当“逻辑”>“生本”时，教学设计应该注意填补缺口，让学生可以借助“桥梁”“台阶”达成教学目标，避免先吃“夹生饭”再反复“炒冷饭”，这样既影响“口感”又难以“消化”。如徐斌老师教学《9 加几》，课伊始的复习、梳理“10 加几”，为本课“凑十法”的学习确立思路导向，夯实认知基础。

“逻辑”与“生本”的关系情况及教学设计思路，可以图示如下：

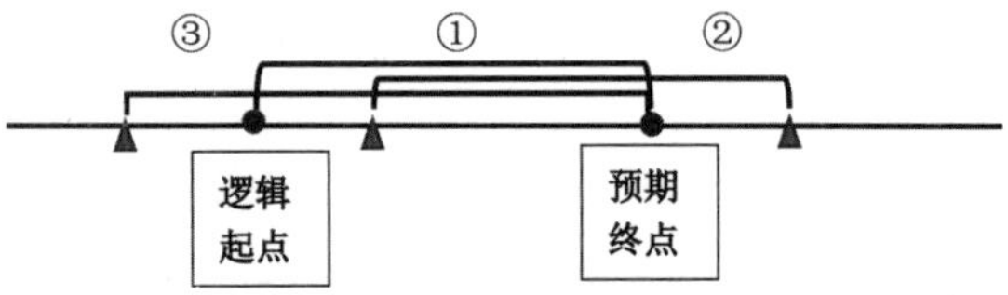


日常教学中，对于常见的“逻辑”与“生本”不相等的两种情况，我简要列举两个课例加以说明。

其一，“逻辑”<“生本”。以北师大版五年级下册《长方体的认识》为例，教材呈现的前两个问题是：生活中哪些物体的形状是长方体？长方体有什么特点？其实，学生在学习一年级的初步认识、四年级图形分类的再次认识中就认识了长方体，在生活中也常接触长方体物品，实际学情显然超过教材的逻辑起点。因此，教学的起点可向前跳，从选择小棒搭长方体开始。学生通过拼搭，认识到长方体有 12 条棱，分为长、宽、高 3 组，每组 4 条棱长度相等，再由此跨入求长方体的棱长总和或由其棱长总和、长、宽倒推出高的长度等，使拼搭长方体的认知价值倍增。在此基础上，学生在定性观察和定量刻画中明确相对的面面积相等。化形为数、以数助形，使学生对本课的整体认知迁移到整个教学单元。

其二，“逻辑”>“生本”。以北师大版五年级下册《分数乘法（三）》为例，教材编排的内容是《庄子·天下》中的一段话（“一尺之棰，日取其半，万世不竭”），辅以长方形图理解分数乘分数的算理及计算法则。与《分数乘法（二）》（整数乘分数）相比较，其算式意义虽仍是“求一个数的几分之几是多少”，但“一个整体”从“一个整数量”$\left(6\text{ 块饼干的}\frac{1}{2}\right)$变成“一个分数率”$\left(\text{纸条剩下}\frac{1}{2}\text{的}\frac{1}{2}\right)$。由“整数量”到“分数率”，这样的大跳跃，导致学生认知水平与教材内容间存在断层，显然教材的逻辑起点高于实际学情。这时，教师可在这两课时的衔接处做填补，如“求一个分数量的几分之几”$\left(\frac{5}{6}\text{千克的}\frac{1}{2}\right)$，如此一来，整数乘分数与分数乘分数的相关内容在递进发展中紧密相连，既填补了空白又融化了认知“冰点”。

由“逻辑”向“生本”转向，既需要敏锐的教学判断又需要到位的生活观察，既可通过学生的日常兴趣、课堂表达、学习效果来分析学情，又可辅以课前访谈、课后交流等。只有对学生的认知有准确的判断，设计的教学才能更好地为学生发展服务。

### (二) 由“整合”理出“序列”

囿于篇幅的限制，教材需严格控制每一课时的码数和字数。有些素材在实际教学中是有先后顺序的，但是教材编排时常进行同类合并、整合，静态的同步呈现隐藏了动态的变化。“数学材料往往以简明的数学语言表述，推理的步骤之间会省略有关信息……就必须对这些压缩的材料恢复细节。”因此，教师要启动教材阅读的选择性策略，从静态的“整合”中梳理出有用的信息并连成动态的“序列”，使教学从哪儿开始、向哪儿发展，最终到哪儿结束，都有清晰、生动的教学路径。“序列”追求的是以点破面、以点带面、以点成面。

教学中的动态发展序列，常见的有 4 种类型（如图）。①并列式：多见于教学内容之间层次相近的迁移应用。如徐斌老师执教《鸡兔同笼》时，从“鸡与兔”到“自行车与三轮车”再到“2 分与 5 分硬币”。②递进式：多见于对教学内容的认知理解有程度高低之别的情形。如苏明强老师执教《分数的初步认识》时，设计的教学问题串：“0 和 1 之间有数吗？”“0 和 1 之间有什么数？”“你还想知道些什么？”③发散式：多见于教学内容具有多个侧面的情形，它聚焦于从外部寻找不同。如张齐华老师执教《负数》时，呈现了“－2 可以表示什么”的问题，引出地下 2 层、欠钱 2 元、低于小组平均身高 2 厘米等。④聚合式：多见于教学内容之间具有共同本质的学习，它聚焦于内部发现相同。如华应龙老师执教《分数的再认识》时，提出“先分一分，再数一数，就是分数”，把分数统一到“数，起源于数”的本质把握。

① ② ③ ④

教学中，不同样式的序列常以组合方式呈现。我们应以教学内容为“矢”、以教学目标为“的”，合理设计且巧妙融合，有的放矢地规划教学路径，使学习拾级而上。

以北师大版五年级下册《长方体表面积》为例，教材呈现的是标明数据的长方体平面展开图，通过列表求取3组相对的面的面积并相加来计算长方体的表面积。这样呈现，隐藏了从长方体到平面展开图的过程，隐藏了不同面与棱之间的关系，隐藏了空间想象能力和分类、分组的思维方式等。结合教学内容和教学目标，我确立的教学序列为“递进式＋并列式＋发散式”，以活动1至活动3的递进为主，活动4再并列拓展与发散学习。

**活动1：**先出示两个面，问：往右再画两个面，你会怎么画？你是怎么想的？（应用展开与折叠的已有经验对平面展开图进行补充）

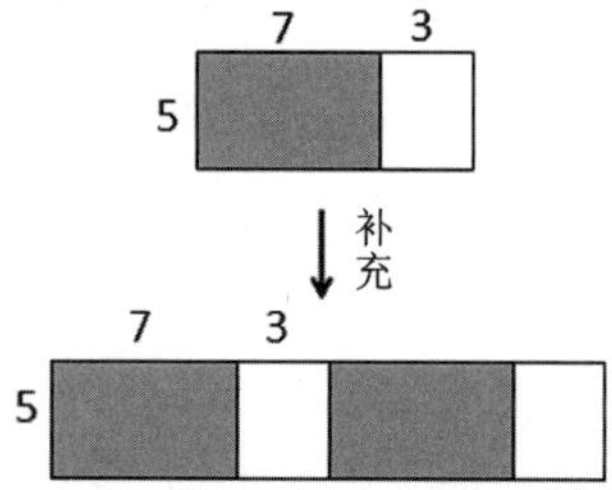


**活动2：**再添加上、下两个面，使之可折叠成长方体，你会选哪种图形？（发展推理能力和空间想象能力）

A. 边长5厘米的正方形

B. 长5厘米、宽3厘米的长方形

C. 边长3厘米的正方形

D. 长7厘米、宽3厘米的长方形

根据学生的回答，教师可利用课件添加相应图形，引导学生先展开想象再直观演示，最终确定答案，让学生再次感受长、宽、高与各个面之间的联系。

**活动3：**求长方体6个面的面积之和，你会怎么算？（如图，借助图形的直观，突出“对”与“组”的理解与建构）

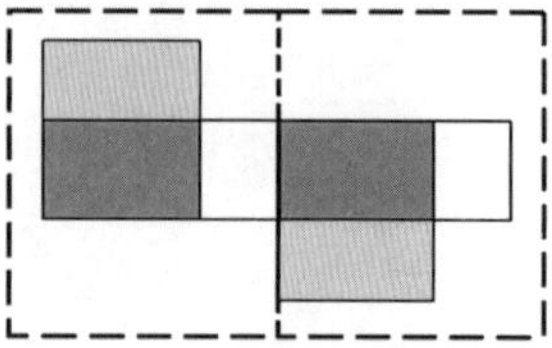

方法 1：分为 3“对”，上、下面面积＋前、后面面积＋左、右面面积。

方法 2：分为 2“组”，（上面面积＋前面面积＋左面面积）×2。

**活动 4：**会计算长方体的表面积有什么用？教师引导学生由此拓展到正方体的表面积计算、无盖长方体鱼缸的表面积计算等。

从“整合”到“序列”的进发，教学便可以依序而行，循序渐进。“序列”清晰，则发展有迹可循。需要说明的是，“序列”不仅存在于一个课时内，对于整个教学单元来说，“序列”同样适用且重要。站在单元整体教学的角度，对教学课时进行再规划（调整次序、删减增补等），使之“序列”井然，可以提升单元的整体教学价值。当然，这样的尝试与实践对于教师日常教学设计的挑战更高，我们应当审慎而扎实地推进。

### （三）于“平常”添些“波澜”

此处所谓的“平常”，是指日常教学中教师依教材内容而教。其教学结构基本合理，知识递进或认知结构发展基本畅通，然而顺当之中缺少一份生动、一份深刻、一份意想不到。“文似看山不喜平”，学生学习也是如此。没有学习过程的高峰体验，数学的深刻感悟便难以企及。让学习难点“多飞一会儿”，让体验风暴更强烈些，在“平常”的认知历程中投一些“石子”、设一些“堤坝”、加一些“悬疑”等，使学习过程产生“波澜”，能让学习更有魅力，更让人成长。

名师课堂与我们的日常教学相比，其“波澜”更多见且更独到，常有移步换景、一步一景的课堂景观。“波澜”的设计思路大致有 3 种：①倒置，从结论往数学本质追溯；②刨根，在认知盲区处不断追问；③反转，使学生在习以为常处恍然大悟：“原来是这样啊！”

要让课堂有“波澜”，我们对于学习、课堂、所教内容就应有通透的认知。这种教学，倡导的是敢于放手（让学生独立思考、自主探索、充分交流），直面挑战（改变课堂常规的线性教学样态，锤炼教师的课堂调控力），推陈出新（使学习更有期待感），使学生在一浪接一浪的“波澜”中有“思”的深入和“质”的突破。

以北师大版五年级下册《分数除法（二）》为例，教材安排一组递进式的教学问题，借助操作、数形结合得出计算法则：“除以一个不为零的数，等于乘这个数的倒数。”

**填一填，说一说。**

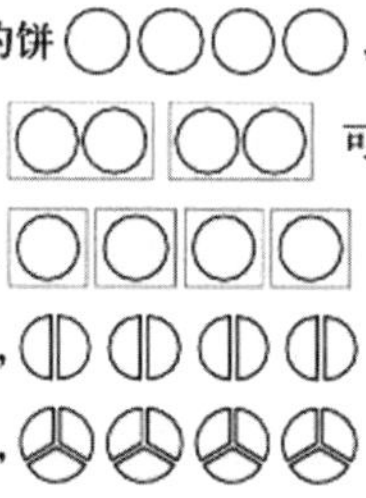

4张同样大的饼，

每2张一份，可分成几份？$4\div2=$______(　)

每1张一份，可分成几份？$4\div1=$______(　)

每$\frac{1}{2}$张一份，可分成几份？$4\div\frac{1}{2}=$______(　)

每$\frac{1}{3}$张一份，可分成几份？$4\div\frac{1}{3}=$______(　)

教材内容编排的内在逻辑是类比推理：从整数除法到分数除法；被除数不变，每一份越小，分得的份数越多。按教材开展教学是可行的，统一的教学情境使计算法则得以合情迁移，只是认知体验上较为“平常”。其一，过于简单，难以引发学生的深度参与；其二，过于单一，除数都是分子为1的分数；其三，过于单调，支持认知理解的手段只有圆片操作，没有联通更多的已有经验。其实，学生关于分数除法的认知储备是较为丰富的，教材内容编排属于“逻辑”小于“生本”的情况。为使学生对分数除法有更多的高峰体验，我拟定的设计思路是“倒置＋反转”。

**环节一：**复习迁移。计算$\frac{2}{3}\div4$，复习分数除以整数的计算法则（等于乘这个数的倒数），再推想分数除法的计算还可能有什么，如整数除以分数、分数除以分数。原有的计算法则还能用吗？敢挑战吗？把计算法则、分数除法的3种基本类型等呈现于课始，“倒置”课堂结构，点燃学生的探究热情，并为分数除法计算法则的统一准备好认知素材与认知基础。

**环节二：**尝试探究。独立探究“$4\div\frac{2}{3}=?$”，学习有困难的学生可以借助圆片或学习卡的提示进行学习。设计有一定难度的问题情境，促使学生充分联通已有的认知经验展开多向探究，在同化或顺应中理解算理、掌握算法。

方法1：联通分数乘法的已有经验。因为$6\times\frac{2}{3}=4$，所以$4\div\frac{2}{3}=6$。

方法2：分小圆片。学生在分一分、数一数中理解算式意义：$4\div\frac{2}{3}$就是求4里面有几个$\frac{2}{3}$。

方法3：迁移分数除以整数的经验，$4\div\frac{2}{3}=4\times\frac{3}{2}=6$，再进行验证。

方法 4：利用商不变的规律，$4\div\frac{2}{3}=\left(4\times\frac{3}{2}\right)\div\left(\frac{2}{3}\times\frac{3}{2}\right)=4\times\frac{3}{2}=6$。教师可借助长方形面积模型理解算理（如图），使分数除法与分数乘法建立本质联系，即转化为求 4 个$\frac{3}{2}\left(4\times\frac{3}{2}\right)$。

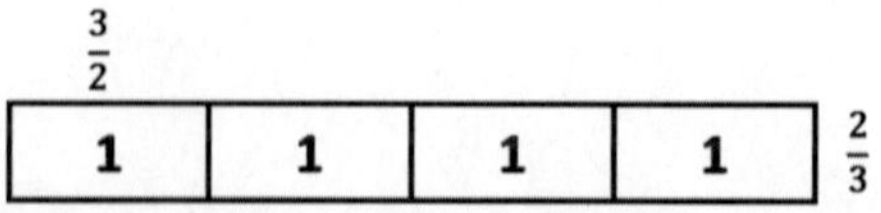


最后，教师引导学生对以上 4 种方法进行分析、优化，发现原有计算法则同样适用，完成二者统一。

**环节三**：自主迁移。（　　）$\div\frac{2}{3}=$（　　），让学生独立列举分数除以分数的例子，尝试解答，通过收集并有序地展示学生的作品，从被除数与除数的整数倍关系向非整数倍关系递进，既发展学生的学习能力又达成计算法则的第三次统一。教师可同时呈现整数除法、小数除法、分数除法的例子，追问：“什么不同？什么相同？”于此设置“反转”，让学生在习以为常的计算中惊喜地发现“所有除法都可以用分数除法的计算法则计算”，进一步体会到数学知识间的联系，感受数的运算的一致性。

**环节四**：应用迁移。$4\div\frac{2}{3}$可以解决哪些问题？把实际生活应用的解释“倒置”于后，以题组的形式呈现，让学生进一步认识分数除法的价值。最后，可以通过一组计算题，强化分数除法的计算技能，提升学生的运算能力。

要设计好教学的“波澜”，需同时关注“情”与“知”两方面，找准角度，把握力度，设好广度，创设好的数学问题或数学情境，让学生常处于“愤悱”状态中。要做到这一点，教师需深入地梳理和把握学生的认知盲区，在“最近发展区”设问、设疑、设卡；需深入地考量教学的难度和认知的深度，让数学素养在“波澜”起伏中留下印迹。

思路决定出路，更影响教学品质。只要我们不断地化名师备课经验为自己所用，自觉实践、自律探索，课堂终会成为教师与学生共同成长的乐园。

（执笔：晋江市第二实验小学　许贻亮）

# 四、课堂增效策略——向“减”求“增”

减轻学生的课业负担，并不是当前才讨论的话题，其由来已有40年左右，只是在不同阶段有不同的要求。2021年，《关于进一步减轻义务教育阶段学生作业负担和校外培训负担的意见》下发后，减负工作进入一个新的历史阶段，也被赋予新的历史使命。透过纷繁的现象，其实最为核心的是构建良好的教育体系、教育生态，强化学校教育主阵地的作用。因此，向40分钟的课堂要质量，可以说是减负的关键点。这样一来，对于“减”的理解便至关重要，不能误解。否则，不仅会误工，更会误人。“减”并非只是“减少”“剪去”，它追求的应是少一些“低附值”、少一些“碳排量”。因此，与“减”相对应的便应是“增”。通过“提质”“增效”，课堂教学更丰富、更生动、更深刻。那么，具体落实到课堂教学中，如何向“减”求“增”呢？下面提一些个人的思考与实践，请大家指正。

## （一）减“生”增“师”，从学情定位切入

教学是一场有目的地的旅行。教师和学生，都是主体。作为教的一方，教师是重要主体；作为学的一方，学生是重要主体。要切实达到“减负”目标，就应切实做到“教为学服务”“教师为学生的发展服务”。为此，教师要精准地读懂学生。唯有真读懂，才能真服务。有意识地增加教师对学情的摸排、透析，作为“教什么”“不教什么”“怎么教”等的“攻略”依据，才能更有效地减轻学生的作业负担，甚至使学生在愉悦的学习中不感到沉重。

**1. 读懂学生的生活现实**

不同地域学生的生活现实是不一样的，农村生活、城市生活、边区生活、城乡接合部生活等，各有各的特点，不能大而化之，也不能视而不见。读懂学生的生活现实，才能撷取学生感兴趣的、有意义的、富有挑战性的学习素材，从而使生活与数学融合得更紧密，使教学的展开更有血有肉、有情有味。

**2. 读懂学生的数学现实**

学生的学习并非从无到有的过程。小学阶段的数学学习，常常是螺旋形上升的，此知识与彼知识之间、此方法与彼方法之间互相联系、可以联通。而且，不少学生从课外阅读、网络等渠道已经获取了不少与小学数学内容相关的碎片化信息，也应有选择地将其作为教学资源。这样，教学才能真正地落在“最近发展区”的合理区间，不会因起点过低或过高而浪费时间。

只有读懂学生的生活现实及数学现实，摸清其学习前的“底”，教学方可有的放矢、事半功倍。例如，教学北师大版四年级下册《折线统计图》。教材设计的是和前一节课《条形统计图》连续的情境——“栽蒜苗”，通过 6 个不同生长时间蒜苗的不同高度引入折线统计图。但通过调查访谈，发现学生对折线统计图并不陌生，如运动中的步数腕表、微信中的步数统计、医学中的心电图等，这是他们鲜活的生活现实；与此同时，它与前面学习的“条形统计图”、四年级上册学习的“用数对确定位置”都有密切联系，如用图中的一个点，对照横轴与纵轴的内容表达数学信息，这是他们厚实的数学现实。因此，教学便可基于学生的现实起点，融入生活素材和已有数学经验，从一周步数记录入手（如图），紧扣折线统计图的两个核心要素（“点”和“线”），让学生一开始就充分地感受到图形语言的“简洁”魅力。这样，切入点准、素材生动，就达成了很好的教学效果。

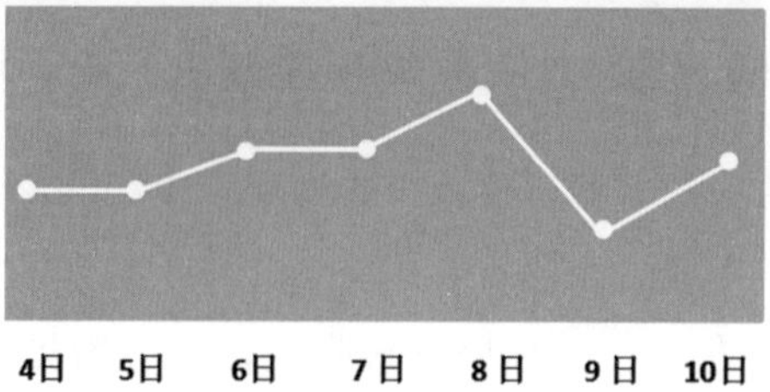


当然，学习过程是动态变化的，是当下发生的。“教为学服务”，还应时刻关注“学”在当下的状态和动态。因此，“读懂学生”还应包括教学中、教学后的“读”。

（1）教学中的“读”

教学中的“读”主要是针对课堂教学中教师的过程判断、过程调控与过程推进。要关注学生的表情、行为，错误的资源与精彩的生成等。通过课堂教学中不间断地“读”学生，感受和把握课堂教学“现在在哪”，才能更好地导向“要去哪”及“怎么去”。

（2）教学后的“读”

教学后的“读”主要是针对课堂教学中教师的自我评价、自我反思与自我调整。要实现这一目标，应重点关注两个方面。其一，要关注学生课间的交流情况。如：学生还在讨论课堂上的学习内容吗？是否有意愿和教师对某个问题再进行交流？判断教学是否真正走进学生的内心，是“要我学”还是“我要学”？其二，要关注学生课后的作业情况。如：基础知识、基本技能是否理解、掌握？认知盲区是否消除？数学思考、学习习惯等是否得到培养？

仍以《折线统计图》一课为例，根据某商店2015年至2018年智能音箱的销售情况（分别是300台、600台、800台、1600台）猜测2019年的销售情况，如果问2019年的销售量会是多少，学生的表情会是淡然的。而如果问“2019年，想邀请你来投资共同经营，你投不投?”，学生的参与就是积极的。他们会基于生活经验及对数据变化趋势的预判，进行合情推理。如：“投！因为从2015年到2018年每年销量都在不断上升，这是个阳光产业，必须投。”“不投。2017年到2018年增长得太快了，市场应该很快就会饱和。”这些都为课堂教学推进提供线索或依据，使学习能够逐步推进、合力前行。

“读懂”学生，是许多名师的成名秘籍。一线教师在这一方面做得不够，需要填补的空白还有很多。这一方面，教师不妨多做一点、多想一点，唯有如此，教学才能够行稳致远，使每一节课都到位、入味，切实地减轻学生的课业负担。

## （二）减“复”增“序”，从教学预设切入

教学是一场有目的地的旅行，要减少走弯路、走回头路和反复走同一条路的情况。教学，要像登山一般，能够有一步一景、移步换景的愉悦体验。在行进过程中，若学生不断有新发现、新感悟、新收获，则这场旅行就不会让人昏昏欲睡。因此，在教学预设时要做好规划、定好路线。

**1. 做好单元教学内容的罗列**

教师眼中不能只有一节课的教学内容，而要胸怀全单元、全册、全套教材。要把知识点、技能点、思考点、方法点、体验点等一一罗列出来，做到心中有数，这样教学才不会有缺漏，学生在解决问题时也不会因知识、技能的缺失而无从下手或错误频出。

例如，教学北师大版六年级上册第一单元《圆》。知识点有圆心、半径、直径、轴对称图形、圆的周长、圆周率、半圆、圆周长的一半、圆的面积等。技能

点有用圆规画圆、利用半径与直径的关系互求长度、度量圆的周长和面积等。思考点包括：为什么围成圆的方式更公平？圆和其他平面图形有什么不同点？怎样求圆的周长？大圆的半径等于小圆的直径，它们的周长有什么关系？半圆的周长和圆周长的一半区别在哪？把圆转化成近似长方形的过程中，什么变了，什么不变？方法点包括：圆规两脚之间的距离是圆的半径，针尖不动，手怎样转更好画圆？圆和其他图形组合中如何推算半径或直径？如何运用绕圆法、剪拼法？体验点有圆的轴对称特性应用、圆图案的欣赏与设计、圆周率的历史等。

教师可以通过解析教材例题、“练一练”等内容得到上述各“点”。这不仅需要一定的硬功夫，还需要一定的眼力，能看得出。把它们做全、做足了，教学材料便有了一定的“模样”或择取方向。

**2. 做好单元教学内容的阵列**

罗列出来的东西还是比较零散的，需要“排兵布阵”，才能成为有价值的教学材料。因此，要安排好次序、轻重，做到既容量适宜又比例适中。

例如，《圆》这一单元，基础内容是“圆的认识”，应用内容是“圆的周长”和“圆的面积”。其中，“圆的周长”起承上启下的作用，应该既在“圆的认识”中有所渗透，又在“圆的面积”中有所辨析。如教学“半径决定圆的大小”，除了要让学生直观地感受到半径变大时圆的面积也变大了，还应让其感受到圆周长也变大了；在圆与其他平面图形组成的轴对称图形中，要观察、分析圆与其他平面图形的长度关系（如正方形中内切最大的圆，正方形的边长等于圆的直径）。在教学圆的面积公式推导中，要使学生明确“把圆剪拼成近似的长方形，面积不变，周长变大了，多了两条半径的长度”等。

除安排不同教学内容之间的阵列，同一教学内容之间也常自有阵列。如《圆的周长》一课包含圆周长的测量、公式推导、圆周率、求完整圆的周长、求半圆的周长及有关圆周长的解决问题等，可以设计成一组有递进性的教学阵列：第 1 课时，侧重圆周长公式推导及简单应用，包括圆周率的历史及取值等；第 2 课时，侧重寻找解决问题的信息，求解完整的圆的周长，包括正方形中内切最大的圆、时钟上分针转动 1 小时针尖走过的路程以及在表格填空中完成圆周长计算公式的逆推导等；第 3 课时，侧重对半圆的理解和掌握，包括圆周长的一半怎么求，半圆的周长怎么求，二者有什么区别并建立图像表征，借助教材内容强化“大圆的半径等于小圆的直径，大圆周长是小圆周长的 2 倍”关系，以及从已知半径求半圆的周长到已知半圆的周长倒推圆的半径的深度思考等；第 4 课时，侧重圆周长的综合应用，特别是在求阴影部分的周长中发展学生读懂图形信息的能力，学会数据分析、曲线组合、图形转化等，化难为易、化繁为简地解决问题。

“物有本末，事有终始。知所先后，则近道矣。”教学，要改变零散式的“单兵作战”，有阵列地集结、成阵列地推进，使课堂教学点清、线明、面全、体实，更好地发挥整体教学的作用。

**3. 做好单元教学内容的专列**

要牢牢把握教学的“发力点”：我们不是在教数学，而是用数学教思考；我们不是在教知识，而是用数学知识教怎样思考问题、怎样变通地解决问题。因此，要懂得针对学习中的重点、难点，进行专题性的解读与设计，使“深度游”获得好口碑，既减少学生反复性的错误，又提升教师的研究意识和研究能力。

仍以《圆的周长》为例，教学的难点是什么？学生能力的生长点在哪？我以为在于第 4 课时圆周长的综合应用。一方面，信息比较隐蔽，需要学生懂得从图中读出有用的数据、有用的关系等；另一方面，需要学生懂得灵活地解决问题，在阴影部分的直线与曲线之间进行组合、转化。因此，这部分内容需要一组专题来加以启发、强化，如求下列阴影部分的周长。

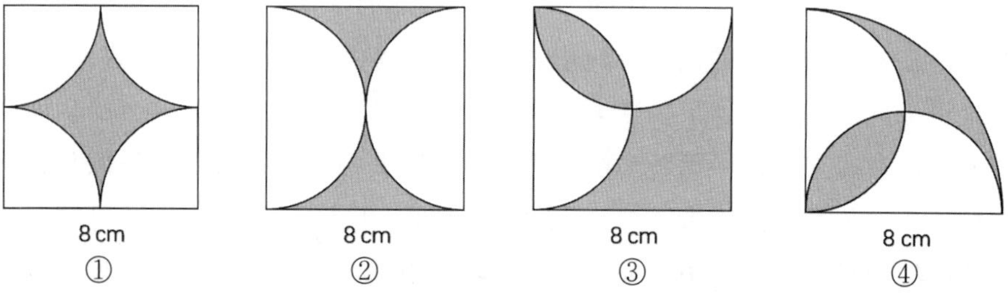


从图①把阴影部分的 4 条圆弧组合成一个完整的圆，到图②不仅组合成一个完整的圆还需要多加 2 条直径，再到图③对图②的变式应用，最后进入图④的关系转化，即图④阴影部分的周长等于其中小圆周长的一半的 3 倍。

质量 5 千克的东西对 3 岁孩童是大负担，但对于 10 岁少年来说就不成其负担，因为他长大了，有能力了。我们的教学，就应致力于适应未来的能力发展，避免出现课堂教学的简单重复、错误反复等情况，使教学依序而行，循序渐进。每一堂课都像一次新奇的出发，教学从知识、技能走向方法、素养，学生的学习能力不断地提升，通过高品质的发展来解决课业负担问题。

## （三）减“熟”增“变”，从课堂练习切入

教学是一场有期待的旅行。总渴望去陌生的地方，去值得品味的地方。景点

在变，路线在变，视野随之开阔，体验随之深刻。课堂教学中的练习，既是改革的重点，也是改革的要点，要引发我们更多的关注与实践，不能习惯性地按时“炒冷饭”。

**1. 变更练习的时间**

练习，不只是教师新知讲解后的“再做一次”，也不只是课后的书面作业。课堂教学中，其实有许多可以开展练习的时间和机会。我更愿意给“练习”下另一个定义：让学生在锻炼自己中学习，在“练”中长本事、长见识。

（1）新知教学前

让学生在尝试中发现问题、自我迁移、学会变通。

例如，教学北师大版五年级下册《百分数的应用（四）》时，可以直接板书“利息”让学生展开交流：利息是什么？怎么会有利息？然后，出示信息（“存入银行 2000 元，可得利息多少元?”）让学生尝试解决。这时，学生会产生困惑：存多久？怎么算？在“愤悱”状态中引入教材中的银行年利率表并补充信息（“整存整取五年”），再次放手让学生尝试解决。学生大胆迁移之前学习分数、百分数解决问题的经验，通常会出现两种不同的列式（①2000×3.60%，②2000×3.60%×5），再组织学生进行对比、分析（要不要乘以年限“5”，理由是什么），使课堂动态生成进一步转化为课堂教学资源，让学生在识错、理错、化错中无痕地达成新知建构。

（2）新知推进中

让学生在练习中感知变化、发现规律、发展能力。

仍以《百分数的应用（四）》为例，在理解求取存款利息的方法及基础练习后，设计两次练习推进。练习 1：王叔叔把 5 万元存入银行，整存整取三年，到期时共可取回多少元？让学生自主迁移到更大金额及不同存取年限的利息问题，并从只求利息过渡到求取本息，从而实现在数学信息的收集、整理、分析中提升解决问题的能力。练习 2（对教材练习第 5 题进行改编）：乐乐的爸爸打算把 5000 元存入银行（三年后使用），哪种存取方法可得到更多的利息？请说明理由。①逐年存取，每年到期时全额取出后再存入；②一次性存取，等三年到期后全部取出。让学生比较两种不同存款方式分别得到的利息，进而推理判断，从复杂走向简洁，从计算走向推理，发展数学素养。

新课与练习并不是截然分开的两部分教学内容。要不断地尝试，既融新课于练习之中，又融练习于新课之中，使其合二为一。在增加课内作业量的同时减少课外作业量，使学生在课堂练习反馈出来的信息成为教学资源，教学便在不知不觉中向上生长。

**2. 变更练习的形式**

完成作业不是教学的终极目的，发展人、成全人、培养人才是终极目的。为此，应基于学生的“未来”设计“现在”的练习，使“今天”更好地成全“明天”。

（1）更导向于核心素养发展

紧扣《义务教育数学课程标准（2022 年版）》提到的 11 个核心概念，增加练习的题型变化，增添练习的思维含量，改变练习的呈现形式，使练习“实”起来。例如，把“判断下面各数是不是 3 的倍数：48、102、37、98”改为“判断下面各数是不是 3 的倍数：$\overline{AAA}$（A 是非零自然数）、三个连续自然数的和”，使学生从模仿型的简单判断转向举例验证、数学推理的逻辑判断，发展合情推理等数学素养。

（2）更导向于拓展育人目标

改变练习的呈现方式，增添生活的情境化，设计情境的陌生化，呈现问题的多元化（策略开放、结论开放）等，使练习“活”起来。例如，把“一个平行四边形的底扩大 3 倍，要使面积不变，高应该（　　　　）”改为“王大爷家有块平行四边形的地，种菜的面积本来是 200 平方米，现在想把面积扩大到原来的 3 倍。如果现在的底是 15 米，他可以怎么做？请写出来或者画图表示出来”（策略开放题）。学生在阅读分析中撷取有用信息，通过文字、图文结合等方式创造性地解答，发展解决问题的综合能力。

要切实减轻学生的课业负担，就要使课堂教学的质量扎实。通过进一步学习课程标准理念，进一步解读教材，进一步提高课堂教学水平、优化教学方式，求取“提质”“增效”的“增”，从而实现学生非必要课业负担的“减”。未来已来，站在教学研究的新历史阶段，我们要因势而动、顺势而为，更好地为学生的数学学习服务，并实现个人教学水平的提升，最终达成高品质的教学相长。

（执笔：晋江市第二实验小学　许贻亮）

# 附　录

# 工作坊团队建设思考

“一个人可以走得很快，一群人可以走得很远。”近年来，各地工作室、工作坊、教学联盟等组织的数量呈井喷式增长。我曾经历许多工作室（坊）成功组建的过程，也听闻一些工作室（坊）从诞生、成熟到消退的过程。自 2016 年组建晋江市许贻亮小学数学工作坊开始，我们便对团队建设有了更多维度的思考。简单地说，团队应更好地达成“名”与“实”的比翼双飞，而不是只有“金字招牌”无“核心产品”。在建设中，除了对领衔人需要有更高要求外，对于整个工作坊的建设工作，我们以为可以着重围绕“míng”（明、鸣、名）来展开整体设计与筹划。

## （一）应严“明”，形成共识

工作坊的成员常来自不同学校，如何使大家心往一处想、劲往一处使？团队在拟成立初期，对相关的工作机制、工作目标、工作策略等，就要有明确的认识和严明的规定，这样才能保证在后续诸多的培训任务、送教送研等活动中不忘初心，善作善成。

**1.“明”目标愿景**

“有目的的前行叫旅行，没目的的前行叫流浪。”对于一个好的团队，目标愿景应该是明晰的，是经过努力可以实现的。工作坊，应该成为骨干教师培养的催化剂、名师成长的孵化地。简而言之，团队建设以培养教师为中心，着眼于业务能力、教学能力、理念更新等方面的发展。吴正宪老师提出名师需要“四会”（会上课、会交流、会总结、会推广），工作坊成员还要会主持（活动）、会培养（青年教师），简称“六会”。一手抓教学素养，一手抓科研能力，确立工作坊共同研究的课题或追求的教学主张。这样一来，团队在工作推进中才能有方向，使全体成员教好数学、爱上数学，并让学生也学好数学、爱上数学，以点带面，使自己、学生、学校获得更多的幸福。

**2. “明”工作策略**

作为工作团队，只有先“内强素质”才能“外树形象”。倘若团队成员缺乏不断学习的丰厚积淀，可能一开始还能够应对，但时间一长肯定会不断地出现短板。因此，团队活动开展的全过程，也应该是成员学习的全过程。要把精力向成员的业务提升倾斜，包括购书推荐、邀请专家培训、组内成员主题分享、外出参与较有质量的教研活动等，甚至还可以有团队内部的技能提升培训等。只有仰望星空（了解、把握前沿研究热点），才能更好地脚踏实地（开展送教送研等活动）。除此之外，领衔人还可以根据成员的特点和追求的目标，拟定更具个性化的工作机制或工作策略，更好地推动团队前行。

**3. “明”质量要求**

对于工作坊成员所展示的课堂教学、所作的专题分享等，都应该有较高质量的要求。教学设计上要体现研究课题、教学主张或活动主题的特点，有一定的创新性；课堂实践中要有较高的教学技艺，从容、灵活、生动；课堂目标达成度高，突出重点，突破难点，对一线老师有很好的示范性或启发性。专题分享，要拧干水分，不要左一个“专家说”右一个“名师说”，而应有更多的干货，有自己的观点、鲜活的案例、可行的策略等，让与会者觉得有价值，对自身成长有帮助。对于上课与讲座的质量，领衔人可以私下打分，对质量高的要公开提出表扬，并提供更好的、受众更多的展示机会；而对于应付了事、敷衍随意的，虽不公开批评，但可以适当减少其近期的展示机会，直到其真正做好了充分的展示准备。

**4. “明”功利观念**

要凝聚成真正的“团队”，不能有好处就上，有难处就躲；不能有证书就上，没证书就推；不能有安排到自己就参与，没安排自己就不到位。如果这样的话，工作坊就难以形成一个良好的教研氛围。在团队中，要推崇“高风度”的作风，有好的想法、好的建议，开诚布公，而不是抱着“就不告诉你，以后我自己用”的自私想法。放空自己，把当下的想法、建议说出来，才有可能在大脑中装入更多有质量的新东西。因此说，放空既成就别人，也会成就自己。

只有严“明”工作坊的目标愿景、工作策略、质量要求、功利观念，并在今后的工作中一以贯之、持续推进，团队的向心力、凝聚力才会不断增强，展现出不一样的精神气质。

## （二）应争“鸣”，增强活力

工作坊应该是教学问题、教学创新、教学经验的聚集地、提升地和交流地。虽然整个团队应该有共同的目标愿景、研究课题或教学主张追求，但是具体到每个成员身上，要承认差异、承认个性，允许有不同的教学风格、教学思路、研究角度等。这样，才有可能使团队长葆青春活力。

**1. “鸣”研究专题**

在团队成立初期或推进过程中，可以让每个成员根据自己的兴趣、风格、特长等，在共同的目标愿景、研究课题或教学主张追求的基础上，确定自己的研究专题或研究的小课题，以“小切口”实现“深挖掘”。也可以在团队的成果展示中，不断地推陈出新，挑战不同的研究专题，让工作坊成员走出自己业务成长的舒适区，在挑战中获得成长。同时，也为一线教师的日常教学作先行示范、答疑解惑，如练习课、复习课的教学，有关统计与概念的教学，运算能力提升的教学，项目式学习及大观念教学等。这些研究专题，相当于一个个阵地、堡垒，每“攻占”一个，就前进一步，就发展一批，实现研究与成长的同步同频。

**2. “鸣”观点交锋**

在团队活动中，特别是内部分享、培训中，要多带点“劲”，这样才不至于使思维停滞。这个“劲”，我们以为就是对不同观点、不同思考的一种包容、一种鼓励和引领。教学有法，但教无定法。任何教学节点都是可以当作公开课来展示的，只是应思考怎样设计教学才更符合学生的现实，更能体现自己的教学思考或教学追求。教学方法上，没有绝对的优劣之分，只有是否更适宜之别。允许不完美的存在，允许个性的存在，允许不同观点的存在。对于教学研讨，不设置一般性“禁区”，除非与课程标准相关理念、教学规律、学生心理等严重违背。只有观点不断交锋，才可以不断地产生“惑”，才能内在地增长“不知足”或“知不足”的动能，拓展成员业务进步的空间。

**3. “鸣”最新成果**

团队活动的推进过程，应该是不断推陈出新的过程。不能把一节或几节经典课，在不同场合换上不同课题名称一次又一次地重演。可以老课新备，可以挑战经典，突出新的思考、新的做法、新的素材、新的视角、新的理念等。在工作坊的活动中，应该把成员的最新研究成果（新的课、新的讲座、新的文章等）当作礼物分享给承担活动、参与活动的知心朋友。要秉承“有创新不一定是好课，但没创新一定不是好课”的理念，要秉承“快乐与他人分享，快乐增长一倍”的信条，虽然自身会累一点，但这种“痛并快乐着”的经历将成为自己业务成长历程中的美好回忆。

**4. “鸣”对话教研**

在团队的教研活动特别是课堂教学展示活动结束后，要安排较长时间的对话研讨环节。一方面，便于执教者对课堂教学的设计思路、某些环节进行说明，使观课者能够产生更多的共鸣；另一方面，要构建起一个观课者与执教者、主持人、参会名师、教研员等的对话渠道。现在有些教研环节质量不高，参与者常是“人在曹营心在汉”。有时课一上完，留下来参与教研的人数还不到一半。其根本原因在于，一进入低效的教研环节，就如同比赛进入“垃圾时间”，没有内容，没有启发，没有促进。因此，工作坊的教研环节，要有意识地改变教研活动的形式，变点评式评课为对话式交流。以问题为核心，执教者、观课者、主持人等都可能是问题的提出者、分享者和回答者，从而形成多元的、立体的参与式、卷入式对话空间。这样的组织方式，有新鲜感、有吸引力，有助于提升课堂教学展示、主题活动研讨的效果。回顾梳理、高位提升、观点分享，活动虽已结束，思考却永不停步。

通过研究专题、观点交锋、最新成果、对话教研的争“鸣”，既实现了成员间的共享共进，也实现了成员内部与外部间的共生共长，从而使团队整体保持思考的延伸力和思维的创新力，活动质量日益精进，成员的业务水平更上一层楼。

## （三）应惜“名”，勠力前行

工作团队活动的开展，最终是要成“名”的，成为响当当的、众人称赞的“名师工作坊”。俗话说，面子不能靠别人给予，应自己去挣。作为一个教研团队，其“名”不是一纸文件就能涵盖的。它来之不易，需要长时间的努力与经营。成之不易，守之不易，扬之更不易。因此，需慎始慎终，始终保持初心和清醒的认识，“凡是过往，皆是序章”。

**1. “名”精品打造**

团队之“名”，应该成于精品课例、精品讲座或精品活动的打造。这些精品，可以说是工作坊的核心竞争力。当然，不同工作团队因成员的特长不同、目标愿景不同，所打造的精品也各有不同。有的侧重研究成果展示交流，有的侧重教科研活动一体化，有的侧重微课、翻转课堂的实践，有的侧重教材解读，有的侧重质量监测评价等，百花齐放，各自芬芳。从另一个角度讲，既然打造的是精品，肯定要有别于一般的、常见的课例、讲座、活动。这个不同，不拘泥于形式，更重要的是质量水平、研究深度。

**2. “名”一线服务**

团队之“名”，在于一线教师的口碑，大家说好才是真的好。因此，团队的研究成果要面向一线教师开放，大部分的内部培训活动要大方地邀请一线教师参与。同时，针对农村教师、一线青年教师的业务成长，不仅要有“配餐式”服务，还要提供“点菜式”服务。服务对象可以依据切身需要，提请工作坊作专题培训或指导，如日常教学诊断、教学技能提升、教学基本功训练、校本教研组织等，使适岗期教师更快地适应工作，青年教师更快地进入成熟期，并使学校的教研氛围、教研机制、教研水平等在原有基础上切实提升起来，借由外部的“输血”滋养慢慢地增强自身的“造血”功能。

**3. “名”团队交流**

视野决定境界。工作坊不能局限于小范围内的自我满足，而应该走出去，与其他团队、其他地域的一线教师展开多元的交流对话。一方面，向其他团队、其他地域的一线教师展示自身最新的研究成果，从而收获更多的口碑；另一方面，向其他团队、教师、教研员等学习，找到自身的不足，确立进一步思考、实践的思路和角度。其中，既要积极地争取上级部门的支持，又要创造性地开展活动，淡化功利观念，以成长、成全为终极目标，保持真诚、谦虚、包容、对话的姿态，以他山之“玉”攻自身之“石”，实现辐射、交流、成长同步同频。

**4. “名”品牌经营**

团队的品牌打造不可能一蹴而就，需要有长期、精心经营的心理准备。除了上文所说的严“明”与争“鸣”的要求与思考外，除了精品打造、一线服务、团队交流外，还要重视团队微信公众号的经营。工作坊活动的报道，不能是流水账式的，也不能是过于文学抒情式的，最好能够有“血”有“肉”，既有文字可读性，也有业务影响力，详略得当，突出主旨。当然，除了外在的“物”需品牌经营，内在的“人”也是品牌经营不可或缺的一部分。领衔人要作为团队第一品牌加以经营，增强学术影响力；与此同时，团队中较为成熟的成员，也应有意识地创设相关平台加以推介。二者结合，形成有梯队、有核心的研究团队。在此基础上，可以在合适时机出版研究专著，总结阶段性的研究成果，让更多的一线教师受益。

借由精品打造、一线服务、团队交流、品牌经营，工作坊不仅可以提高竞争力，更可增强辐射力。这样的团队方可称为真正的“名师工作坊”，为区域教育的均衡发展，为课程改革的深度推进，尽一份心，出一份力。

综上，为使工作坊的团队建设可以更加“实”至“名”归，我们以为可整体设计与筹划：以严“明”为根，提升成员的向心力和凝聚力；以争“鸣”为枝，增强思考的延伸力和创新力；以惜“名”为实，增强整体的竞争力和辐射力。

（执笔：工作坊领衔人　许贻亮）

# 工作坊“前沿发布” 内容清单

| 场次 | 时间 | 主讲教师 | 主 题 |
|---|---|---|---|
| 第一场 | 2016 年 4 月 11 日 | 孙娟娟 | 磨课分享：《温度——从困惑到收获》 |
| | | 庄美雅 | 名师推介：《走近徐斌》 |
| | | 许贻亮 | 学习分享：《关于核心素养的自我思考》 |
| 第二场 | 2016 年 6 月 11 日 | 余智英 | 专题分享：《让复习课更通、更融》 |
| | | 朱阿娜 | 名师推介：《走近吴正宪》 |
| | | 许贻亮 | 思考交流：《从骨干教师走向教学名师》 |
| 第三场 | 2016 年 12 月 24 日 | 庄美雅 | 课例分享：《倍数与因数》 |
| | | 吴奇宣<br>王荣妙<br>孙娟娟 | 集体分享：《命题与析题》 |
| | | 许贻亮 | 专题分享：《福建省教师技能比赛的经历与思考》 |
| 第四场 | 2017 年 6 月 17 日 | 黄珍玲 | 课例分享：《折线统计图》 |
| | | 余智英 | 名师推介：《走近俞正强》 |
| | | 许贻亮 | 学习分享：《前概念与通融课堂》 |
| 第五场 | 2018 年 1 月 13 日 | 蔡达娜 | 课例分享：《让数学好玩起来：密铺》 |
| | | 曾淑惠 | 经验分享：《关注学生的生活经验，让数学教学更鲜活》 |
| | | 李伟明 | 专题讲座：《我的教育写作心得》 |
| | | 许贻亮 | 专题分享：《核心问题设计的思考与实践》 |

续表

| 场次 | 时间 | 主讲教师 | 主　　题 |
| --- | --- | --- | --- |
| 第六场 | 2018 年 6 月 23 日 | 郑惠玲 | 课例分享：《体积与容积》 |
| | | 庄美雅 | 专题讲座：《以通促融谈教学设计》 |
| | | 许贻亮 | 专题分享：《通融视角下的教材使用策略》 |
| 第七场 | 2019 年 1 月 12 日 | 朱阿娜 | 课例分享：《什么是周长》 |
| | | 唐德志 | 专题分享：《图形度量的通融实践与思考》 |
| | | 许贻亮 | 专题分享：《关于深度学习的一些再思考》 |
| 第八场 | 2019 年 6 月 2 日 | 曾秋芸 | 课例分享：《平均数》 |
| | | 黄珍玲 | 专题分享：《灵活拓展，关注发展》 |
| | | 许贻亮 | 思考分享：《通融：磨课的苦与乐》 |
| 第九场 | 2020 年 1 月 4 日 | 黄珍玲 | 课例分享：《平面图形面积的整理与复习》 |
| | | 庄美雅 | 课例分享：《倍数与因数的整理与复习》 |
| | | 许贻亮 | 专题分享：《关于复习课的一些思考》 |
| 第十场 | 2021 年 1 月 16 日 | 庄锦霞<br>朱阿娜 | 课例教学的片段分享 |
| | | 余垂治 | 专题分享：《分数单元的教学实践》 |
| | | 许贻亮 | 专题分享：《教材解读与设计思考》 |
| 第十一场 | 2021 年 6 月 12 日 | 朱阿娜 | 课例分享：《什么是面积》 |
| | | 庄美雅 | 专题讲座：《度量的思考》 |
| | | 许贻亮 | 名师推介：《走近苏明强》 |
| 第十二场 | 2022 年 3 月 5 日 | 曾秋芸 | 课例分享：《可能性》 |
| | | 庄美雅 | 经验分享：《单元作业设计》 |
| | | 许贻亮 | 专题分享：《单元整体教学》 |

# 主要参考文献

## 图书

华罗庚．聪明在于勤奋　天才在于积累［M］．北京：中国少年儿童出版社，2006．

教育部基础教育课程教材专家工作委员会．义务教育数学课程标准（2011 年版）解读［M］．北京：北京师范大学出版社，2012．

孔凡哲，曾峥．数学学习心理学［M］．2 版．北京：北京大学出版社，2012．

李善良．现代认知观下的数学概念学习与教学［M］．南京：江苏教育出版社，2005．

王永春．小学数学核心素养教学论［M］．上海：华东师范大学出版社，2019．

徐斌．徐斌与无痕教育［M］．北京：北京师范大学出版社，2016．

许贻亮．通融课堂：追寻智慧且有品质的教学生活［M］．福州：福建人民出版社，2020．

俞正强．种子课：一个数学特级教师的思与行［M］．北京：教育科学出版社，2013．

张丹，于国文．问题引领数学学习：内涵与实践策略［M］．北京：教育科学出版社，2021．

中华人民共和国教育部．义务教育数学课程标准（2011 年版）［M］．北京：北京师范大学出版社，2012．

中华人民共和国教育部．义务教育数学课程标准（2022 年版）［M］．北京：北京师范大学出版社，2022．

## 期刊

安富海．促进深度学习的课堂教学策略研究［J］．课程·教材·教法，2014，34（11）：57-62．

郭华．深度学习及其意义［J］．课程·教材·教法，2016，36（11）：25-32．

郭华．深度学习之“深”［J］．新课程评论，2018（6）：11-16．

马云鹏．深度学习的理解与实践模式——以小学数学学科为例［J］．课程·教材·教法，2017，37（4）：60-67．

斯苗儿，江萍，丁杭缨．从“千字文”到三张数字卡片——“1000以内数的认识”的材料选择与教学改进历程［J］．小学数学教育，2015（4）：25-30．

许贻亮．生本·序列·波澜：小学数学教学设计的三种思路［J］．小学数学教与学，2021（8）：36-39．

许贻亮，苏茜茗．从“教材”到“教学材料”［J］．小学数学教育，2020（1/2）：16-18．

张齐华．“平均数”教学实录［J］．小学教学（数学版），2009（4）：16-20．

郑毓信．数学教师如何才能用好教材［J］．小学教学（数学版），2016（3）：10-13．

# 后　记

许贻亮小学数学工作坊于2016年3月2日成立，这一天也就成了团队的“集体生日”。虽没有仪式，但每年大家在群里互发表情的时候，我的脑海中便会浮现出有关这一段时光的温暖回忆。

工作坊的成立真是因缘巧合，有天时、地利、人和的共同成全。我于2013年7月参评高级教师并顺利通过，2014年5月经考核被认定为福建省学科教学带头人，2015年11月参加福建省第三届教师技能比赛，非常幸运地获得小学组特等奖并被授予福建省五一劳动奖章。于是，我得到了很多师友的肯定与鼓励，但内心深处却有些迷茫——高级职称评上了，省级学术荣誉取得了，省级比赛获奖了，今后教育教学的路该往哪里走？“走得再远也不能忘记来时的路”，作为从农村走出来的老师，我该如何回馈生我养我的土地？这些念头，在头脑中不停地发酵，我终于萌生了组建工作坊的念头，并得到了时任晋江市第二实验小学校长许长华，晋江市教育局初教科科长蔡金禄、副科长洪清松，晋江市教师进修学校小学教研室副主任蔡福山、教研员林培育的热情支持和用心指导，他们不仅应允担任这个民间研究团队的学术顾问，还对工作坊的工作目标、工作措施、工作策略等进行了诸多有针对性的引领。

我很幸运，工作在晋江这片教育热土上。“爱拼敢赢”的晋江精神、“兼包并蓄”的海洋文化给予这个团队成长的土壤。于是，才有了我们这群从晋江四面八方走来的伙伴，才有了团队携手走到晋江各个乡镇的交流对话，才有了晋江市区域名师团队联研活动、“通融论坛”教研活动等高质量活动的举办。其间，在泉州市教育科学研究所教科室主任柳惠斌的支持下，工作坊开展了多场次的教研专场活动，也应邀到安徽合肥等地与同行们作了多场次的展示交流，这是成立初期预料不到的。《小学教学》杂志还于2020年11月对工作坊的组建经验进行了报道。

我很幸运，工作在晋江市第二实验小学这个集体中。“和而不同，止于至善”的办学理念，“不落下一位教师的专业成长”的庄严承诺，让我可以在10年左右的时间里完成教学业务大跨越，从乡村骨干教师一路走来享受着教师集体的阳光与春雨，让我这朵“野百合”也有了“春天”。

我很幸运，工作在朝气满满的工作坊中。每次的相聚，都有温情；每次的活动，总想分享；每次的交流，都无拘无束；每次的任务，都互相分担。“通融课堂”是我们共同的追求，当时成立仪式上播放的宣传短片就叫《我们的通融课堂》，是“我们”，不是“我”。我们一起经历初创时期的尝试、创新、坚持、推广等过程，一同见证每个阶段工作坊的成长和蜕变。我们一起参与工作坊的品牌活动，如观首映课堂、干货式讲座、对话式教研、组内培训、前沿发布、农村小学课堂诊断等，特别是在圆桌会议上恣意的交流，更令人回味。

感谢伙伴的支持与信任。我们常说：“一路同行，一起成长。”我们相信，“一群人可以走得很远”。我们也在时间的更迭中，欢送优秀伙伴独立发展，成为另一个“光源”，其中有省级学科带头人、市级名师，如蔡彬彬老师、孙娟娟老师、蔡丽霜老师、施莞楠老师等。我们也同步悦纳了一批35周岁以下的青年教师，打造“可进可出”的团队建设新生态。

作为民间研究团队，扎根教学、共同分享是我们的服务宗旨，也是我们所坚守的“土气”“根气”和“傻气”。目前已完成送研送教下乡活动25场次，常态的组内培训17场次（邀请农村一线教师参加），以及每学年2次左右在周末举行的前沿发布活动12场次等。在回馈与付出的同时，我们也获得分享的快乐和成长的动力。

一转眼，工作坊已经成立6年多了。在此时间节点上，把这些年的思考与实践结集成册，既是为了在过往的岁月中镌刻回忆，也是为了更全面、更真实、更坦诚地与诸多师友汇报、交流。“对话，成就你我。”本书所撷取的仅是当前工作坊成员基于教育部2012年、2013年审定的北师大版教材设计的部分课例或撰写的论文，尚有许多精彩未能尽录，即使不舍也只能忍痛，在此谨以文字向伙伴们致歉。本书的出版，得到了全国著名特级教师徐斌、原晋江市第二实验小学校长许长华的关注，分别作序给予鼓励与推荐，得到了卓和平老师、苏茜茗教研员、苏明强教授、蔡福山主任、张海生校长、杜晓晴书记的关心，得到了工作坊全体伙伴的共同协作，秋芸、美雅、阿娜、荣妙、达娜、垂治对文稿的修改不时提出宝贵的建议……从筹划到讨论，从撰写到修改，历时近一年，最终在油墨香的挥洒中成册。

“在教学研究中成长”，是我们为本书所取的名字，也是我们给自己的一种提醒。教无止境，学无止境。在高品质的教学相长中，我们既不能故步自封，也不能随风而动。要实现“作业又少，质量又好”的目标，在追寻智慧且有品质的教学路上，还有许多的空间，需要我们不断探索。以教师自己先行一步的成长带动学生的持续成长，让课堂教学一步一步地成为师生共同成长的乐园。“在教学研究中成长”，是我们内心的回声，也将是我们在践行“通融课堂”教学主张时持续的脚步声。

似乎还有千言，却难以诉诸笔端。那就暂且搁笔，以未来的实践和声音为今日的所思所行作注解。

是为记。

许贻亮

写于工作坊成立6周年之际